高职高专改革创新示范教材



QICHE SHIYONG YU WEIHU

# 汽车使用与维护

广州合赢教学设备有限公司 组织编写
毛彩云 柯志鹏 主 编
朱 军 王海林 主 审

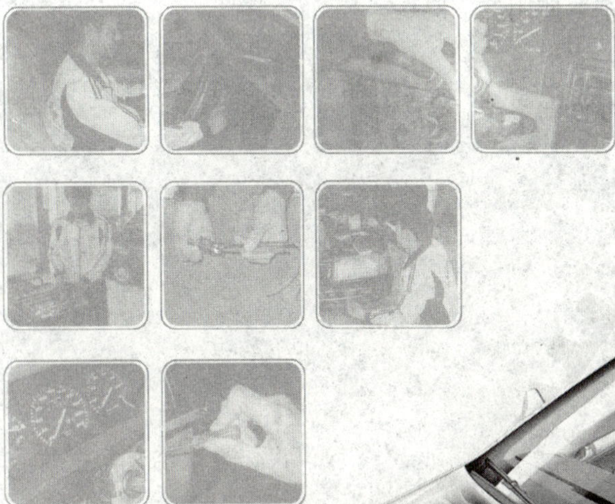

人民交通出版社
China Communications Press

## 内 容 提 要

本书是高职高专汽车运用技术专业和汽车检测与维修技术专业改革创新示范教材，以汽车使用与维护工作过程为主线，系统阐述了汽车的使用方法和汽车检查站的维护作业。主要内容包括汽车总体认识、汽车使用方法、汽车维护，以及汽车检测、维护、故障诊断技术规范和附录等。

本书主要供高等职业院校、本科院校教学使用，也可作为专业汽车检查站技术指导书，同时还可作为车主自行用车指导或日常维护用书。

**图书在版编目（CIP）数据**

汽车使用与维护 / 毛彩云，柯志鹏主编. —北京：人民交通出版社，2012.4

ISBN 978-7-114-09300-5

Ⅰ. ①汽…　Ⅱ. ①毛…②柯…　Ⅲ. ①汽车-使用基本知识②汽车-维护-基本知识　Ⅳ. ①U472

中国版本图书馆 CIP 数据核字（2011）第 146909 号

高职高专改革创新示范教材

**书　　名：** 汽车使用与维护
**著 作 者：** 毛彩云　柯志鹏
**责任编辑：** 于志伟
**出版发行：** 人民交通出版社股份有限公司
**地　　址：**（100011）北京市朝阳区安定门外外馆斜街 3 号
**网　　址：** http://www.ccpress.com.cn
**销售电话：**（010）59757973
**总 经 销：** 人民交通出版社股份有限公司发行部
**经　　销：** 各地新华书店
**印　　刷：** 北京市密东印刷有限公司
**开　　本：** 787×1092　1/16
**印　　张：** 15.25
**字　　数：** 338 千
**版　　次：** 2012 年 4 月　第 1 版
**印　　次：** 2017 年 8 月　第 4 次印刷
**书　　号：** ISBN 978-7-114-09300-5
**定　　价：** 28.00 元

（有印刷、装订质量问题的图书由本社负责调换）

# 高职高专汽车运用技术专业和汽车检测与维修技术专业改革创新示范教材编委会

（排名不分先后）

# 前言 QIANYAN

《国家中长期教育改革和发展规划纲要(2010—2020年)》中提出:大力发展职业教育,把职业教育纳入经济社会发展和产业发展规划,把提高质量作为重点;以服务为宗旨,以就业为导向,推进教育教学改革。实行工学结合、校企合作、顶岗实习的人才培养模式;满足人民群众接受职业教育的需求,满足经济社会对高素质劳动者和技能型人才的需要。

高等职业教育的发展是国家当前教育发展的战略重点之一。我们认为,当前我国高等职业教育需要解决"三个改革"和"三个建设"两大问题。三个改革,即课程体系改革、教学模式改革和教学内容改革;三个建设,即师资队伍建设、教学设施建设、教材建设。

目前,高等职业院校汽车运用技术专业所使用的教材普遍存在以下几个方面的问题:

(1)专业定位不明确,受本科教育的影响较大,学生反映难,教师反映不好教;

(2)职业特征不明显,企业反映脱离实际,与他们的需求距离很大;

(3)教学方式落后,不适应新一轮教学改革的需要,不利于长远发展;

(4)立体化程度薄弱,教学资源质量不高,教学方式相对落后。

针对以上问题,结合人民交通出版社汽车类专业教材的出版优势,我们开发了《高等职业教育改革创新示范教材》。本套教材以"积极探索教学改革思路,提升学生职业素质"的指导思想,采用职教专家、行业一线专家、学校教师、出版社编辑、教学设备研发企业"五结合"的编写模式。教材内容的特点是:明确高等职业教育定位,准确体现职业教育特点(以工作岗位所需的知识和技能为出发点);理论内容"必需、够用";实训内容贴合工作一线实际;选图讲究,易懂易学。

本书在编写过程中,认真总结了各专业汽车检查站的工作流程,注意吸收各种先进的汽车维护理念和方法。我们从高职教育的实际出发,结合教学和实际的需要,确定了编写的指导思想和教材特色。以汽车维护服务顾问岗位典型工作任务必需的维护知识和技能为基础，辅之以汽车使用的基本认识和技能，力求内容系统、准确、新颖。

本书共分四章，第一章从汽车整体构造入手，多以插图和文字相配合的形式展开，通俗易懂，直观性强。第二章介绍了汽车使用方法，从驾驶操纵装置的使用、运行操作方法和技巧等必需知识切入、深入强化维护保养、故障应急处理技能。第三章系统介绍了维护服务顾问岗位典型工作流程，从传统的杂乱无章的汽车维护方法中解脱出来，从而更加全面、快速、准确地对汽车进行检测维护。第四章系统介绍了汽车检测、维护、故障诊断技术规范，本书结尾的附录包括两份最新的轿车保养表格及大众快修服务技师操作指导手册。通观全篇，内容图文并茂，阐述条理清晰，循序渐进，富有启发性。

本书由华南农业大学车辆工程系毛彩云、华南理工大学汽车学院柯志鹏主编，朱军、王海林主审。在本书的编写工作过程中，得到了工程学院及实验中心各位领导和同事的大力支持，在此对他们表示衷心的感谢。

限于编者的经历和水平，书中难免有不妥或错误之处，敬请广大读者批评指正，提出修改意见和建议，以便再版修订时改正。

**职业教育改革创新示范教材编委会**

**2011 年 7 月**

# 目录 CONTENTS


## 第一章 汽车总体认识

第一节 汽车外围结构 …… 1
第二节 汽车驾驶室的认识 …… 6
第三节 汽车发动机舱的结构认识 …… 13
第四节 汽车底盘的结构认识 …… 29

## 第二章 汽车使用方法

第一节 汽车驾驶操纵装置的使用 …… 39
第二节 汽车运行操作方法和技巧 …… 49
第三节 汽车的维护 …… 56
第四节 汽车故障应急处理 …… 65

## 第三章 汽车维护

第一节 概述 …… 68
第二节 汽车处于位置 1 的维护 …… 70
第三节 汽车处于位置 2 的维护 …… 110
第四节 汽车处于位置 3 的维护 …… 127
第五节 汽车处于位置 4 的维护 …… 147
第六节 汽车处于位置 5 的维护 …… 161
第七节 汽车处于位置 6 的维护 …… 167

## 第四章 汽车维护、检测、诊断技术规范

## 附录

附录 1 上海大众桑塔纳系列车型维护表 …… 194

附录2　上海大众帕萨特2.0/1.8T/2.8V6车型维护表 ………………… 197
附录3　大众快修服务技师操作指导手册 ……………………………… 200

参考文献

# 第一章 Chapter 1 汽车总体认识

## 第一节 汽车外围结构

### 一 外部照明灯与信号灯

汽车外部照明灯主要有前照灯、后照灯、雾灯、牌照灯、示廓灯等。图 1-1 所示是常见的汽车外部灯具及其位置。

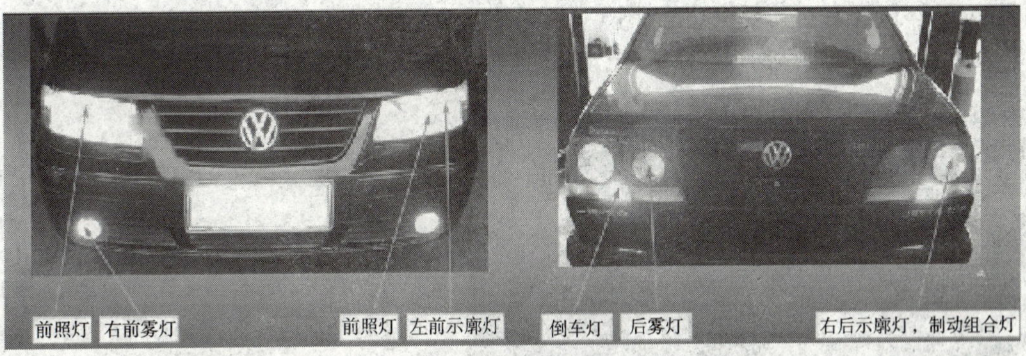


图 1-1 外车灯种类

汽车外部灯光除照明灯外，还有一些信号灯。汽车上常用的信号灯主要有转向信号灯、危急报警闪光灯、制动灯、倒车灯等，各灯的功能见表 1-1。

外部照明及灯光信号　表 1-1

| | |
|---|---|
| 前照灯 | 前照灯的主要用途是照明车前的道路和物体，确保行车安全。还可以利用远光、近光交替变换作为夜间超车信号。前照灯安装在汽车头部的两侧，每辆车装 2 只或 4 只。灯泡功率为：远光灯 45 ~ 60W，近光灯 25 ~ 55W |
| 雾灯 | 雾灯装在前照灯附近或比前照灯稍微低的位置。它是在有雾、下雪、大雨或尘埃弥漫等能见度低的情况下，作为道路照明并为迎面来车提供信号的灯具。灯光多为黄色，这是因为黄色光波较长，有良好的透雾性能。灯泡功率一般为 35W |
| 牌照灯 | 牌照灯装在汽车尾部牌照上方，其用途是照亮车辆后牌照板。其要求是夜间在车后 20m 处能看清牌照上的号码。灯光为白色，功率一般为 8 ~ 10W |
| 转向信号灯 | 转向灯装在汽车的四个角，有独立式、一灯两用式和组合式。转向信号灯的作用是在汽车行驶转向时，发出明暗交替的闪光信号，使前后车辆、行人等知其行驶方向 |
| 危急报警闪光灯 | 在紧急情况下能发出闪光报警信号的灯具，通常由转向灯兼任，紧急情况下，所有转向灯同时闪亮 |
| 制动灯 | 安装在汽车后部，表示行驶的汽车减速或停车，灯光为红色，功率为 20 ~ 40W，其开关与制动踏板相连 |
| 示廓灯 | 安装在前部和后部，标志汽车外廓 |
| 倒车灯 | 倒车灯安装在汽车尾部，用于照亮车后道路和告知车辆和行人，车辆正在倒车或准备倒车。它兼有灯光信号装置的功能。灯光为白色，功率为 28W |

## 二　刮水器

刮水器（雨刮）的作用：清扫风窗玻璃上的雨水、雪或尘土，保证汽车在雨天或雪天行驶时，驾驶人有良好的视线，确保行驶安全。刮水器普遍具有高速、低速及间歇三个工作挡位，而且除变速外，还有自动复位功能，图 1-2 所示为汽车刮水器。

刮水器由刮水片、刮水臂、摇臂、电动机、连杆、摆杆等组成，如图 1-3 所示。

图 1-2　汽车刮水器

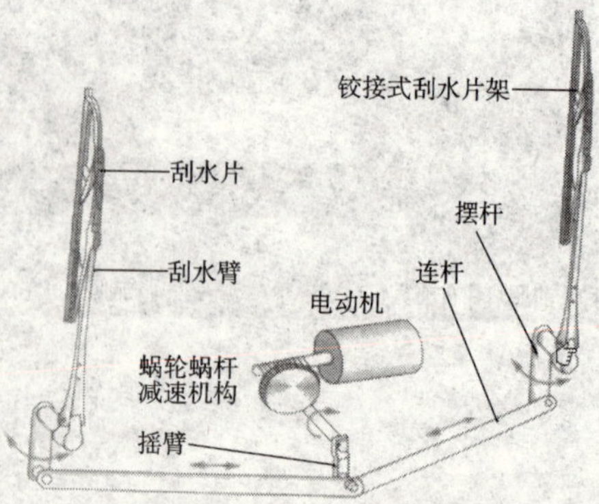


图 1-3　刮水器的组成

## 三 风窗玻璃

### 1 前风窗玻璃

图 1-4 所示是前风窗玻璃，一般是减速玻璃，减速玻璃其实就是夹层汽车前风窗玻璃，一些钢化前风窗玻璃因为光学性能差，过渡不平滑，驾驶人长时间开车的话易引起眼睛疲倦、头晕的感觉。而夹层玻璃的光学性能好，没有光畸变，从车向外看视觉很清楚，再加上现在夹层玻璃引进新技术，使光线变得很柔和，从而能给人一种减速的感觉。

夹层玻璃是两层玻璃中间加一层 PVB 胶片制成的一种安全玻璃，现在一些汽车玻璃制造商利用最先进的玻璃和胶片制造的前风窗玻璃有吸热的效果，从而在炎热的夏天，在车内增加了清凉的感觉。

汽车风窗玻璃在与车体接触的边缘处有弧度变形，正是因为这个弧度可以使车外景物在透过弧度时发生变形，从而影响车内乘客的视觉，产生减速的效果。就像用放大镜看报纸时一样，中间的景物移动得慢，边缘的景物移动得快。并且在风窗玻璃边缘都有渐淡的点状黑色装饰边，同样也起到一定效果。

### 2 后风窗玻璃

后风窗玻璃上横向间隔有黑色的电阻丝，用以除霜。当行车时有霜覆盖到后风窗玻璃上的时候，会挡住视线，此时电阻丝通电发热，起到除霜作用。图 1-5 所示为汽车后风窗玻璃。

图 1-4 汽车前风窗玻璃

图 1-5 汽车后风窗玻璃

## 四 车外后视镜

汽车后视镜反映汽车后方、侧方和下方的情况，使驾驶人可以间接看清楚这些位置的情况，它起着“第二只眼睛”的作用，扩大了驾驶人的视野范围。汽车后视镜属于重要安全件，它的镜面、外形和操纵都颇讲究。图 1-6 所示为车外后视镜。

图 1-6　车外后视镜

后视镜有一个视界的问题,也就是指镜面所能够反映到的范围。业界有视界三要素的提法,即驾驶人眼睛与后视镜的距离,后视镜的尺寸大小和后视镜的镜面的曲率半径。这三要素之间具有一定的关系,当后视镜的距离和尺寸相同时,镜面的曲率半径越小,镜面反映的视界越大。当后视镜的镜面的曲率半径相同时,镜面的尺寸越大,镜面反映的视界越大。但是,事物总有两重性,虽然镜面的曲率半径越小视野范围越大,但同时镜面反映的物体变形程度也越大,这有些像哈哈镜,往往会造成驾驶人的错觉。从行车安全的角度出发,行业标准规定,平面镜的失真率不得大于 3%,凸面镜的失真率不得大于 7%,要求不能反映有歪曲变形的实物图像。

## 五 车门

车门按其开启方式可分为以下五种:

(1)图 1-7 所示是顺开式车门,即使在汽车行驶时仍可借气流的压力关上,比较安全,而且便于驾驶人在倒车时向后观察,故被广泛采用。

(2)图 1-7 所示是逆开式车门,在汽车行驶时若关闭不严就可能被迎面气流冲开,因而用得较少,一般只是为了改善上下车方便性及适于迎宾礼仪需要的情况下才采用。

(3)图 1-8 所示是水平移动式车门,其优点是在车身侧壁与障碍物距离较小的情况下仍能全部开启。

图 1-7　顺开式车门及逆开式车门

图 1-8　水平移动式车门

(4)如图1-9所示是上掀式车门，广泛用作乘用车及轻型客车的后门，也应用于低矮的汽车。

(5)折叠式车门：广泛应用于大型、中型客车上。

## 六 保险杠

图1-10所示为汽车保险杠(防撞梁)，位于汽车前方和后方的大部分区域，整体被设计成避免车辆外部损坏，但其并不具有在高速撞击时减少驾乘人员伤害的能力。

图1-9 上掀式车门

图1-10 汽车保险杠

随着汽车工业的发展，汽车保险杠作为一种重要的安全装置也走向了革新的道路上。今天的乘用车前后保险杠除了保持原有的保护功能外，还要追求与车体造型的和谐与统一，追求本身的轻量化。为了达到这种目的，目前乘用车的前后保险杠采用了塑料，人们称为塑料保险杠。塑料保险杠具有较好的强度、刚性和装饰性，从安全上看，汽车发生碰撞事故时能起到缓冲的作用，保护前后车体；从外观上看，可以很自然的与车身结合(图1-11)成一体，具有很好的装饰性，成为装饰乘用车外形的重要部件。

图1-11 一体式汽车保险杠

## 七 尾翼

图 1-12 所示为尾翼(扰流板),属于汽车空气动力套件中的一部分。尾翼的主要作用是为了减少车辆尾部的升力,如果车尾的升力比车头的升力大,就容易导致车辆过度转向、后车轮抓地力减少以及高速稳定性变差。

图 1-12 汽车尾翼

### 思考练习

1. 汽车外部照明有哪些,分别起什么作用?
2. 汽车前风窗玻璃和后风窗玻璃有什么区别?
3. 车门分为哪几类?

# 第二节 汽车驾驶室的认识

## 一 仪表板

(1)仪表板上一般有以下 12 种指示灯,各指示灯如图 1-13 所示。

①机油指示灯:该指示灯用来显示发动机内机油的压力状况。起动发动机时,车辆自检,指示灯点亮后自动熄灭。该指示灯常亮,表示油压低于标准值。

②驻车指示灯:该指示灯是用来显示车辆驻车的状态,平时为熄灭状态。当驻车拉杆被拉起后,该指示灯自动点亮。

③燃油指示灯:提示燃油不足的指示灯,该灯亮起时,表示燃油即将耗尽,一般从该灯亮

起到燃油耗尽之前,车辆还能行驶 50km 左右。

④前后雾灯指示灯:该指示灯是用来显示前后雾灯的工作状况,前后雾灯接通时,两灯点亮。

⑤转向指示灯:转向灯亮时,相应的转向灯按一定频率闪烁。按下双闪警示灯按键时,两灯同时亮起,转向灯熄灭后,指示灯自动熄灭。

图 1-13 仪表板上的指示灯

⑥远光指示灯:显示前照灯是否处于远光状态,通常的情况下该指示灯为熄灭状态。在远光灯接通和使用远光灯瞬间点亮功能时亮起。

⑦安全带指示灯:显示安全带状态的指示灯,按照车型不同,灯会亮起数秒进行提示,或者直到系好安全带才熄灭,有的车还会有声音提示。

⑧示廓指示灯:示廓指示灯是用来显示车辆示廓灯的工作状态,平时为熄灭状态,当示廓灯打开时,该指示灯随即点亮。

⑨车门指示灯:该指示灯用来显示各车门状况,任意车门未关上或者未关好,该显示灯点亮,当车门关好后,该指示灯熄灭。

⑩发动机自检灯:该灯用来指示发动机的工作情况。当起动发动机时,车辆自检,该指示灯点亮后熄灭,若该灯常亮,表示发动机出故障。

⑪ABS 指示灯:该指示灯用来显示 ABS 的工作状况。当起动发动机时,车辆自检,该指示灯点亮数秒后熄灭,若该灯常亮或不亮,表示 ABS 出故障。

⑫O/D 挡指示灯:O/D 挡指示灯用来显示自动挡的 O/D(Over-Drive)超速挡的工作状态,当 O/D 挡指示灯闪亮,说明 O/D 挡已锁止。

(2)仪表板上一般有以下 4 种仪表,如图 1-14 所示。

①车速-里程表:车速表指示出车辆行驶的速度,它显示的是瞬时速度。速度表的指示

图 1-14　仪表板

要靠车速传感器,传感器装在变速器上,通过不同的车轮转速,得到不同的脉冲信号,然后转换为指针输出,就是当前速度。里程表是用来记录汽车行驶总里程,车速表和里程表通常安装在一个共同壳体中。

②燃油表:燃油表指示出油箱当前燃油余量,一般为指针显示和数字显示。

③发动机转速表:发动机转速表可以直观地指示发动机转速,是发动机工况信息重要的指示装置,便于驾驶人选择发动机最佳的速度范围,把握好换挡的时机,以及充分利用经济车速。

④冷却液温度表:指示发动机冷却水套中冷却液的温度。

## 二 转向盘及其附件

### 1 转向盘

转向盘是用来操纵汽车行驶方向的装置,通过控制转向轮,实现车辆的转向。转向盘一般通过花键与转向轴相连。转向盘设置在驾驶人与车轮之间,引入操作灵活的齿轮系统,很好地隔绝了来自道路的剧烈振动。图 1-15 所示为汽车转向盘。

图 1-15　转向盘

转向盘后方一般有 2 根控制杆,位于驾驶人左手边的是转向杆,位于驾驶人右手边的是刮水器开关。

### 2 刮水器控制杆

图 1-16 所示为刮水器控制杆,刮水器控制杆有 4 个挡位:OFF 为停止挡,AUTO 为间歇挡,LO 为慢速挡,HI 为快速挡。刮水器控制杆还有一个功能:向转向盘方向扳动开关,此时位于风窗玻璃下方的喷水口会对风窗玻璃进行喷水,当控制杆回复原位时,停止喷水。

### 3 转向杆

图 1-17 所示为转向杆,转向杆是驾驶人控制前照灯(远光和近光)、雾灯、转向灯、示宽灯等灯具的控制杆。

图 1-16　刮水器控制杆

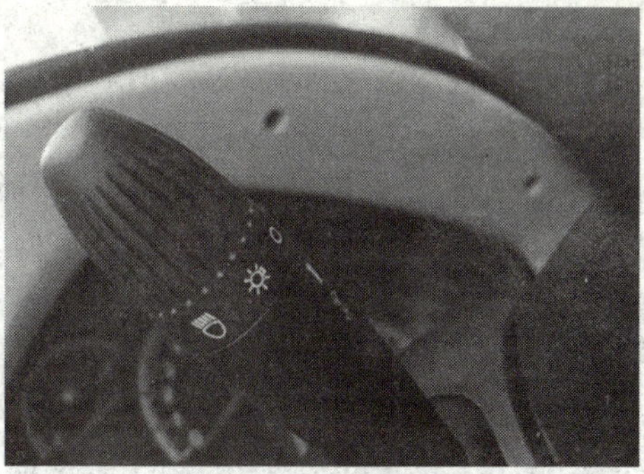
图 1-17　转向杆

## 三 变速杆

变速杆通过改变不同比例的变速器齿轮的合分,使汽车加速、减速或停车。

### 1 手动挡汽车变速杆

以 5 挡汽车为例(图 1-18):该汽车有 5 个前进挡,1 个倒车挡。越低挡,汽车速度越慢,动力越大;越高挡,汽车速度越快,动力越小。

### 2 自动挡汽车变速杆

(1)P 驻车挡:驻车时,起动发动机时应在这个挡位。
(2)R 倒车挡:倒车时使用这个挡位。
(3)N 空挡:不传动动力挡。
(4)D 驱动挡:通常行驶使用这个挡位。
(5)2 挡:发动机制动,必要时使用。
(6)L 低速挡:较强的发动机制动,必要时使用。
(7)O/D 超速挡:换入超速挡后,就会以规定速度以上的速度自动行驶。
图 1-19 所示为自动挡汽车变速杆。

图 1-18　手动挡汽车变速杆

图 1-19　自动挡汽车变速杆

## 四 汽车踏板

手动挡汽车有离合器踏板、制动踏板和加速踏板，如图 1-20 所示。

而自动挡汽车只有制动踏板和加速踏板，如图 1-21 所示。

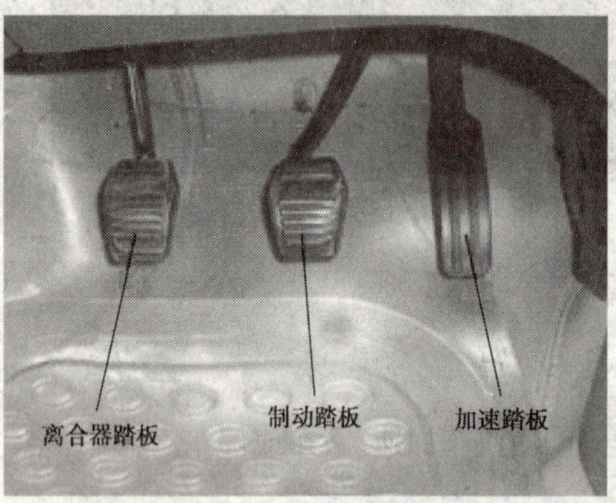


图 1-20　手动挡汽车踏板

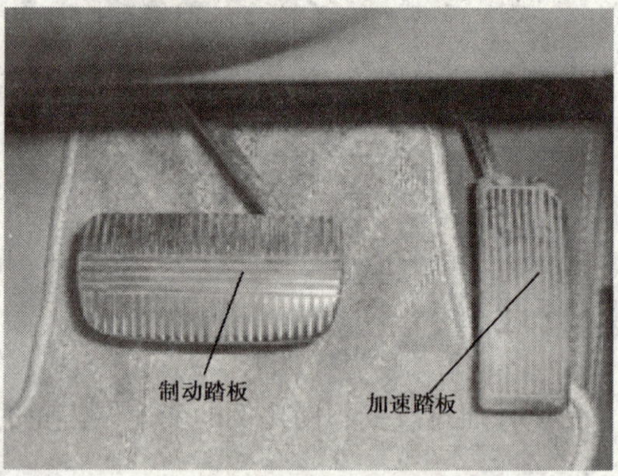


图 1-21　自动挡汽车踏板

(1)制动踏板：驾驶人能通过踩下制动器踏板来实现控制汽车的制动或减速。

(2)加速踏板：驾驶人能通过踩下加速器踏板来实现控制汽车加速。

(3)离合器踏板：对于手动挡汽车，当进行换挡操作时，要先踩下离合器踏板再完成换挡动作。

## 五 驻车制动器操纵手柄

驾驶人通过拉动驻车制动器操纵手柄(图 1-22)来实现驻车制动的动作，锁住传动轴或者后轮。

## 六 安全装置

### 1 安全气囊

如图 1-23 所示，安全气囊分布在车内前方(正副驾驶位)，侧方(车内前排和后排)和车顶三个方向。

在正驾驶位的气囊安装在转向盘的中间位置，副驾驶位的安全气囊安装在正前方的平台内部，在发生意外的瞬间，可以有效地保护驾驶人和副驾驶位乘员的头部和胸部，因为正面发生的猛烈碰撞会导致车辆前方大幅度的变形，而车内乘员会随着这股猛烈的惯性向前俯冲，造成与车内的构件相互撞击，另外车内正驾驶位置的安全气囊可以有效的防止在发生碰撞时转向盘顶到驾驶人的胸部，避免致命的伤害。

侧面气囊系统是保护汽车遭侧面碰撞以及车辆翻滚时乘员的安全，一般安装在车门上，在车辆遭到侧面碰撞时会导致车门严重变形，以至于无法开启车门，车内乘员被困于车内，侧面安全气囊可以有效地保护车内驾乘人员遭受来自侧面撞击导致的腰部、腹部、胸部外侧以及胳膊的伤害，保证身体上肢的活动能力和逃生。

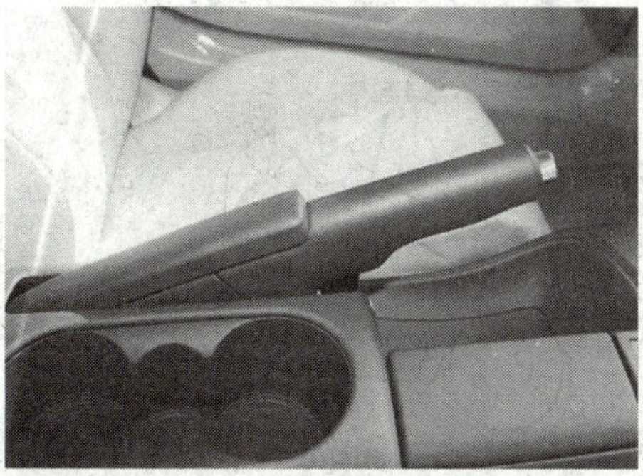

图1-22　驻车制动器操纵手柄

图1-23　安全气囊

## 2 安全带

安全带是汽车发生碰撞过程中保护驾乘人员的基本防护装置。理想的安全带作用过程是：首先，及时收紧，在事故发生的第一时刻毫不犹豫地把人"按"在座椅上；然后，适度放松，待冲击力峰值过去，或人已能受到气囊的保护时，即适当放松安全带，避免因拉力过大而使人肋骨受伤。

(1)图1-24所示为预紧式安全带，其特点是当汽车发生碰撞事故的一瞬间，乘员尚未向前移动时它会首先拉紧织带，立即将乘员紧紧地绑在座椅上，然后锁止织带防止乘员身体前倾，有效保护乘员的安全。

(2)图1-25所示为三点式安全带，将斜挂带的扣接点置于座后，这种安全带与一个放在腹部上的扣环相连，称为组合式肩—腰安全带。

图1-24　预紧式安全带

图1-25　三点式安全带

## 七 内部照明装置

内部照明装置包括顶灯、仪表灯、工作灯、指示灯、车厢灯、车门灯等。图 1-26 所示为常见的汽车内部照明灯具及其位置。

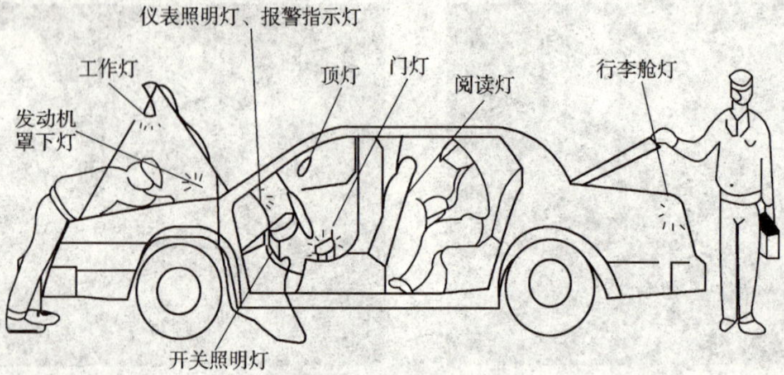


图 1-26　常见汽车内部灯具

表 1-2 是内部照明的部分灯具。

内部照明灯具　　表 1-2

| | |
|---|---|
| 顶灯 | 安装在驾驶室或车内顶部，供驾驶室内照明的灯具。顶灯灯光为白色，灯罩大多采用透明塑料制成，灯泡功率一般为 5～8W |
| 踏步灯 | 它是用来照明车门踏步处，方便乘客上下车的灯具。灯光为白色，灯泡功率一般为 5～8W |
| 行李舱灯 | 它是乘用车内行李舱内的灯具。灯光为白色，功率为 5～8W |
| 工具灯 | 它是修理汽车时使用的灯具，在汽车上装设工作灯插座，配带有导线的移动式灯具。灯光为白色，灯泡功率一般在 8～20W |
| 仪表灯 | 仪表灯装于汽车仪表板上，用于仪表照明，以便于驾驶人获取行车信息和进行正确操作，其数量根据仪表设计布置而定。灯光为白色，灯泡功率一般为 2～8W |

## 八 其他附属装置

### 1 汽车空调

汽车空调系统是实现对车厢内空气进行制冷、加热、换气和空气净化的装置。它可以为乘车人员提供舒适的乘车环境，降低驾驶人的疲劳强度，提高行车安全。图 1-27 所示为汽车空调系统。

### 2 汽车导航系统

图 1-28 所示为汽车导航系统，汽车导航系统除了确定自身位置和行进方向，避免在生

疏地带或夜间行车时迷失方向外，还可以引导汽车在繁忙交通状态和复杂道路网络中，选择最佳路径，使其在最短时间和路程内到达目的地。目前，汽车导航系统已经从最早的单一的"示向"系统，发展成为具有汽车导航、防盗、调度、工况检测和报警功能的综合系统，而且民用的导航系统已经达到米级。

汽车导航系统可分为：无引导功能导航系统、自主导航系统和 GPS 导航系统。

图 1-27　汽车空调系统

图 1-28　汽车导航系统

## 思考练习

1. 仪表板上有哪几种指示灯？各指示灯作用是什么？
2. 自动挡汽车与手动挡汽车变速操纵机构有哪些不同之处？
3. 汽车内部照明有哪些？分别起什么作用？
4. 汽车安全装置有哪些？

# 第三节　汽车发动机舱的结构认识

发动机是汽车的动力源，目前应用最广泛、数量最多的汽车发动机为水冷、四冲程往复活塞式内燃机，如图 1-29 所示。

图 1-29　发动机

发动机一般由两大机构、五大系统组成。两大机构即曲柄连杆机构和配气机构，五大系统即燃油供给系统、点火系统、润滑系统、起动系统和冷却系统。

另外，发动机舱还包括空调系统等。

## 一　曲柄连杆机构

曲柄连杆机构的作用是提供燃烧场所，把燃料燃烧后气体作用在活塞顶上的膨胀压力转变为曲轴旋转的转矩，不断输出动力。将气体的压力变为曲轴的转矩，将活塞的往复运动变为曲轴的旋转运动。

曲柄连杆机构由机体组、活塞连杆组、曲轴飞轮组三部分组成。

### 1 机体组

机体组的组成：汽缸体、汽缸垫、汽缸盖、曲轴箱及油底壳。机体组是构成发动机的骨架，是发动机各机构和各系统的安装基础，其内、外安装着发动机的所有主要零件和附件，承受各种载荷。因此，机体必须要有足够的强度和刚度。

#### ① 汽缸体

汽缸体是发动机各个机构和系统的装配基体，是发动机中最重要的一个部件，如图1-30所示。汽缸体有水冷式汽缸体和风冷式汽缸体。

水冷式汽缸体一般与上曲轴箱铸成一体。汽缸周围的空腔相互连通构成水套。下半部分是用来支承曲轴的曲轴箱。

汽缸体有直列、V形和水平对置三种形式，在汽车上常用直列和V形两种。汽缸体下部的结构有一般式、龙门式和隧道式三种形式。

风冷式汽缸体和曲轴箱采用分体式结构，汽缸体和曲轴箱分开铸造，然后再装配到一起。

汽缸体和汽缸盖外表面铸有许多散热片来保证充分散热。汽缸体的材料一般用灰铸铁。为提高汽缸的耐磨性，有时在铸铁中加入少量合金元素，如镍、钼、铬、磷等。

#### ② 汽缸盖及汽缸垫

汽缸盖的主要作用是封闭汽缸上部，与活塞顶部和汽缸壁一起构成燃烧室。图1-31所示为汽缸盖。

图1-30 汽缸体

图1-31 汽缸盖

汽缸盖与汽缸体之间装有汽缸垫，其作用是保证汽缸盖与汽缸体间的密封，防止燃烧室漏气、水套漏水。图1-32所示为汽缸垫。

#### ③ 油底壳

油底壳的主要作用是储存机油并封闭曲轴箱。油底壳受力很小，一般采用薄钢板冲压而成。图1-33所示为油底壳。

图 1-32　汽缸垫

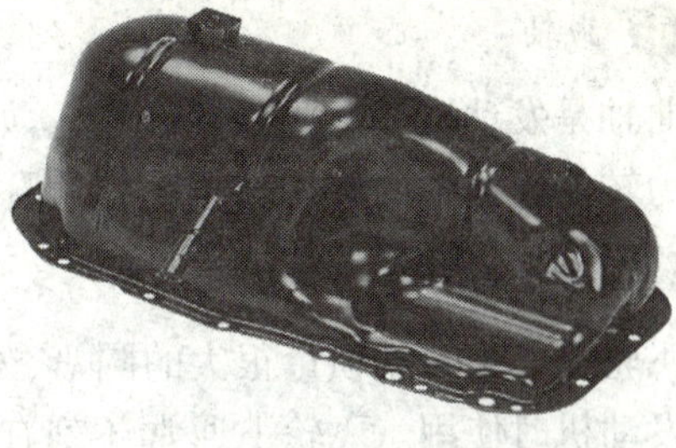

图 1-33　油底壳

## 2 活塞连杆组

活塞连杆组由活塞、活塞环、活塞销、连杆、连杆轴瓦等组成。

### 1 活塞

活塞与汽缸盖、汽缸壁等共同组成燃烧室，并承受汽缸中的气体压力，通过活塞销将作用力传给连杆，以推动曲轴旋转。活塞由头部、环槽部和裙部三部分组成。图 1-34 所示为活塞。

### 2 活塞环

活塞环安装在活塞槽内，用来密封活塞与汽缸壁之间的间隙，防止窜气，同时使活塞往复运动更顺畅。活塞环分为气环和油环两种，如图 1-35 所示。

图 1-34　活塞

图 1-35　活塞环

### 3 连杆

连杆的作用是将活塞承受的力传给曲轴，并使活塞的往复运动转变为曲轴的旋转运动。连杆由连杆体、连杆盖、连杆螺栓和连杆轴瓦等零件组成，连杆体与连杆盖分为连杆小头、杆身和连杆大头，如图 1-36 所示。

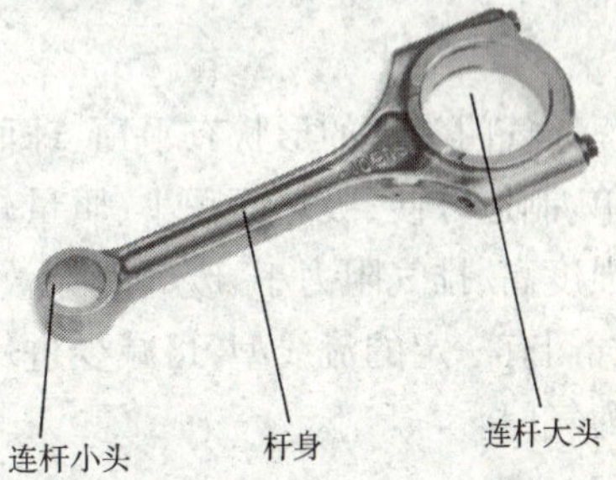


图 1-36　连杆

## 3 曲轴飞轮组

曲轴飞轮组主要由曲轴和飞轮以及其他不同作用的零件和附件组成。

❶ 曲轴

曲轴是发动机最重要的零件之一，如图 1-37 所示。其作用是将活塞连杆组传来的气体作用力转变成曲轴的旋转转矩对外输出，并驱动发动机的配气机构及其他辅助装置工作。

❷ 飞轮

飞轮是一个转动惯量很大的圆盘，外缘上压有一个齿圈，与起动机的驱动齿轮啮合，供起动发动机时使用。飞轮上通常还刻有第一缸点火正时记号，以便校准点火时刻。图 1-38 所示为飞轮。

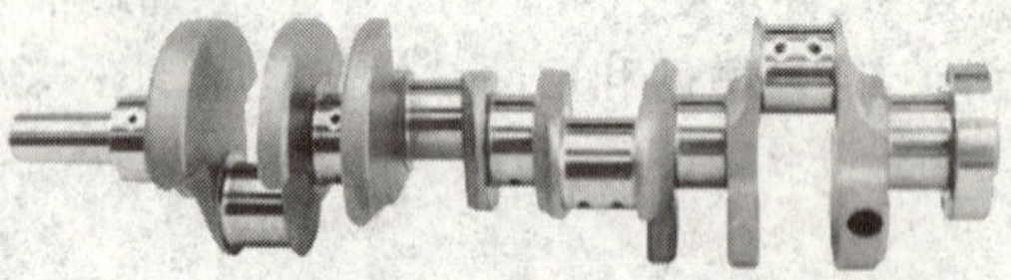

图 1-37　曲轴

图 1-38　飞轮

## 二 配气机构

根据发动机每一缸内所进行的工作循环和发火顺序的要求，定时开启和关闭各汽缸的进、排气门，使新鲜可燃混合气（汽油机）或空气（柴油机）得以及时进入汽缸，废气得以及时从汽缸排出。配气机构主要由气门组和气门传动组组成。

### 1 气门组

气门组包括气门、气门导管、气门座及气门弹簧等零件，有的进气门还设有气门旋转机构。

❶ 气门

气门头部的形状有平顶、球面顶和喇叭顶等。一般使用平顶气门，平顶气门头部结构简单、制造方便、吸热面积小、质量较小、进排气门都可以使用。球面顶气门适用于排气门，其强度高、排气阻力小、废气消除效果好，但其受热面积大、质量和惯性大、加工复杂。喇叭顶气门有一定的流线型，可减少进气阻力，但其头部受热面积大，只适合进气门。图 1-39 所示为气门。

❷ 气门导管

气门导管的作用是起导向作用，保证气门做直线运动。图 1-40 所示为气门导管。

### 3 气门弹簧

气门弹簧的功用是克服在气门关闭过程中气门及传动件的惯性力，防止各传动件之间的惯性的作用产生间隙。保证气门及时落座并紧密接触，防止气门在发动机振动时发生跳动，破坏其密封性。图1-41所示为气门弹簧。

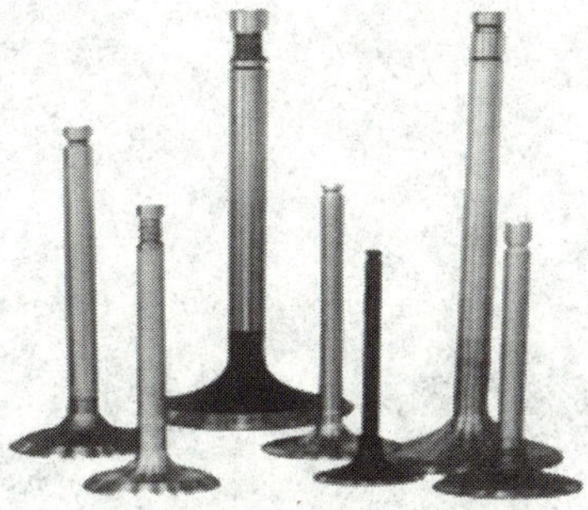

图1-39　气门

图1-40　气门导管

图1-41　气门弹簧

## 2 气门传动组

气门传动组主要包括凸轮轴、正时齿轮、挺柱及其导管、推杆、摇臂和摇臂轴等，其作用是使进排气门按配气相位规定的时刻进行开闭，并保证有足够的开度

### 1 凸轮轴

凸轮轴是配气机构的关建部件，由它控制气门的配气相位，有些发动机还用来驱动机油泵、汽油泵和分电器。

凸轮轴主要由进排气凸轮、凸轮轴轴径、正时齿轮轴径、汽油泵偏心凸轮、机油泵及分电器驱动齿轮等组成的。图1-42所示为凸轮轴。

### 2 气门挺柱

挺柱的功用是将凸轮的推力传递给推杆（或气门杆），并承受凸轮轴旋转时所施加的侧向力。对于气门侧置式配气机构，其挺柱一般做成筒式，在挺柱的顶部装有调节螺钉，用来调节气门间隙。图1-43所示为气门挺柱。

图1-42　凸轮轴

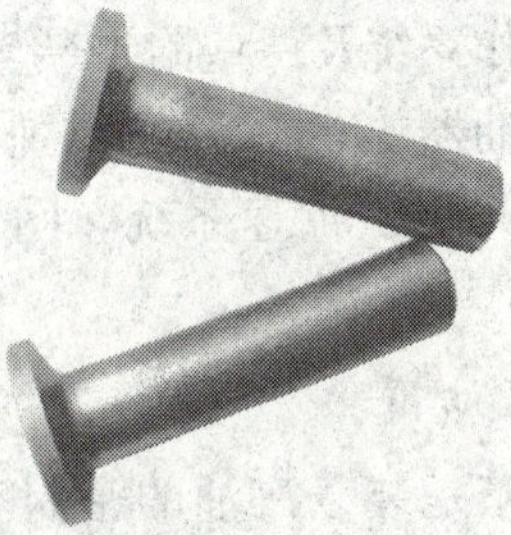

图1-43　气门挺柱

③ 推杆及摇臂

推杆的作用是将从凸轮经过挺柱传递来的推力传递给摇臂，它是气门机构中最易弯曲的零件。图 1-44 所示为推杆。

摇臂实际上是一个双臂杠杆，用来将推杆传递来的力改变方向，作用到气门杆端以推开气门。图 1-45 所示为摇臂。

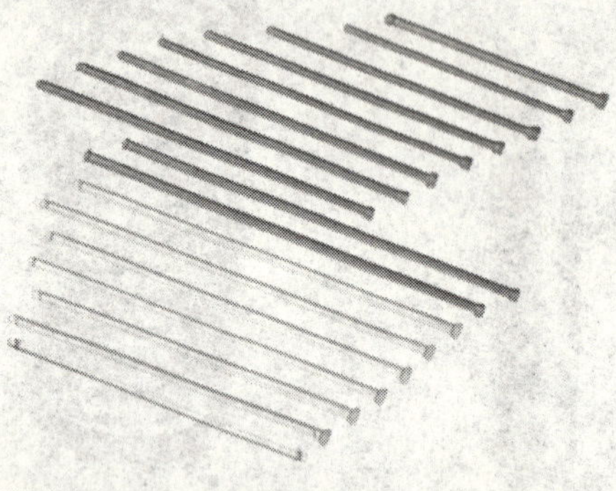

图 1-44　推杆

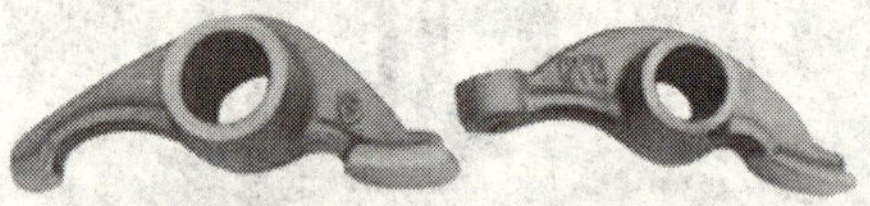

图 1-45　摇臂

## 三 燃油系统

根据发动机运转工况的需要，燃油系统向发动机供给一定数量的、清洁的、雾化良好的汽油，以便与一定数量的空气混合形成可燃混合气。同时，燃油系统还需要储存相当数量的汽油，以保证汽车有相当远的续驶里程。

### 1 汽油机燃油系统

化油器式燃油系统包括：化油器、汽油箱、汽油滤清器、汽油泵、油气分离器、油管和燃油表，图 1-46 所示为化油器式燃油系统的结构。

① 化油器

在发动机任何转速、任何负荷、任何大气压状况下，向发动机供给一定数量且成分符合发动机工况要求的可燃混合气。借助化油器的各工作系统及一些附加装置来实现这一功能。化油器的工作系统：怠速系统、主供油系统、加浓系统、加速系统。图 1-47 所示为化油器。

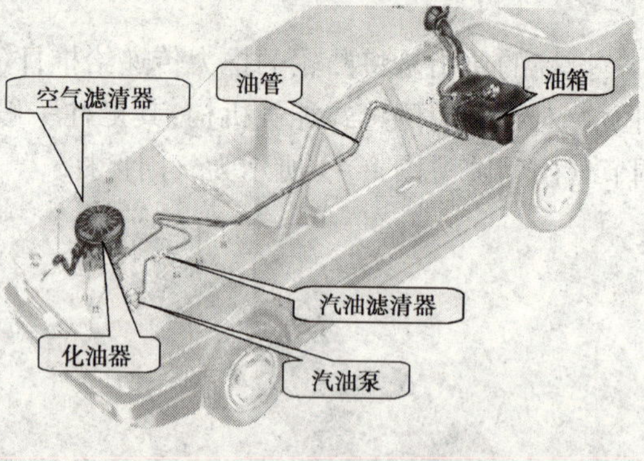


图 1-46　化油器式燃油系统的结构

② 汽油箱

汽油箱是装载汽油的密封容器，由钢板或塑料制造。为防止汽油从中溅出，其上部有加油口和加油口盖，如图 1-48 所示。

图 1-47　化油器

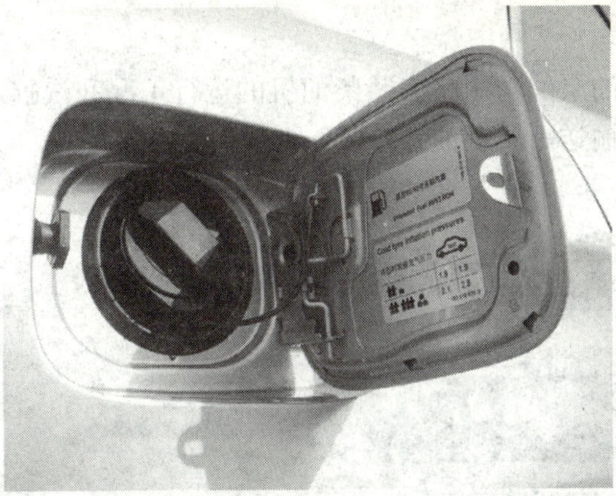

图 1-48　油箱加油口和加油口盖

❸ 汽油滤清器

汽油从汽油箱进入汽油泵之前，先经过汽油滤清器除去其中的杂质和水分，以减少汽油泵和化油器等部件的故障。图 1-49 所示为汽油滤清器。

❹ 汽油泵

汽油泵的功用是将汽油从汽油箱吸出，经油管和汽油滤清器泵入化油器浮子室。图 1-50所示为汽油泵。

图 1-49　汽油滤清器

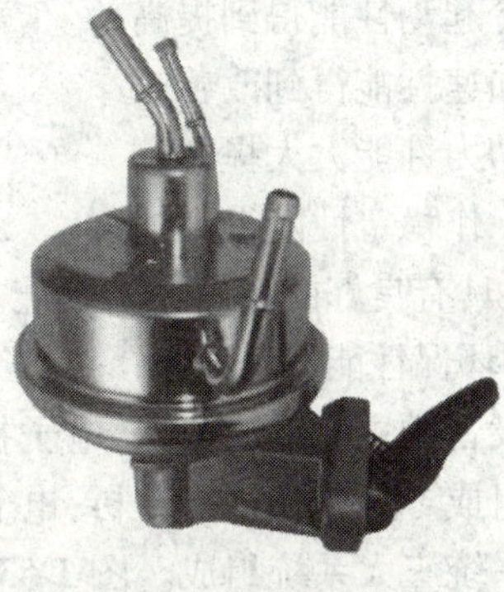

图 1-50　汽油泵

## 2 柴油机燃油系统

柴油机燃油系统包括喷油泵、喷油器和调速器等主要部件及柴油箱、输油泵、油水分离器、柴油滤清器、喷油提前器和高、低压油管等辅助装置。

❶ 喷油器

喷油器是柴油机燃油供给系中实现燃油喷射的重要部件，其功用是根据柴油机混合气形成的特点，将燃油雾化成细微的油滴，并将其喷射到燃烧室特定部位。图 1-51 所示为喷油器。

**2 喷油泵**

喷油泵的功用是按照柴油机的运行工况和汽缸工作顺序，以一定的规律、定时定量地向喷油器输送高压燃油，图 1-52 所示为喷油泵。

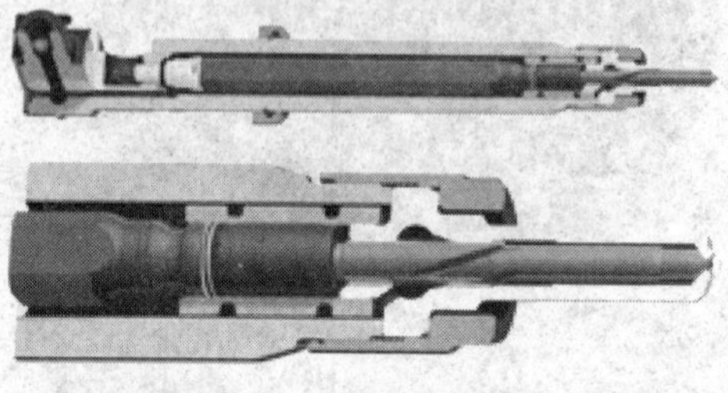

图 1-51　喷油器

图 1-52　喷油泵

## 3 电子控制汽油喷射系统

汽油喷射式发动机的燃油系统简称汽油喷射系统，它是在恒定的压力下，利用喷油器将一定数量的汽油直接喷入汽缸或进气管内的汽油机燃油供给装置。

电子控制燃油喷射式汽油机的特点：

(1)具有良好的使用性能。

①冷起动性能得到提高；

②加速性能得到改善；

③动力性能大大提高；

④工作稳定性能得到加强。

(2)具有良好的燃料经济性能。

(3)环保性能充分改善。

从设备的主体构成分析，电子控制燃油喷射装置由传感器、电控单元(ECU)、执行器三大部分组成。从工作情况分析，电子控制燃油喷射装置由燃油供给系统、空气供给系统、电子控制系统三大系统组成。图 1-53 所示为电子控制汽油喷射系统的总览。

**1 电控单元**

电控单元(ECU)是根据自身存储的程序对发动机各种传感器输入的各种信息进行运算、处理、判断，然后输出指令，控制有关执行器动作，达到快速、准确、自动控制发动机工作的目的。电控单元是发动机的综合控制装置，其基本构成主要是微型计算机。图 1-54 所示为电控单元。

**2 传感器**

传感器是把非电量信号转换成电量信号，或将物理量、电量、化学量的信息转换成电控单元能够理解的信号。

汽车上主要的传感器有：转速传感器、氧传感器(图 1-55)、进气压力传感器、温度传感器

(如冷却液温度、进气温度等)、空气流量传感器、曲轴位置传感器(图 1-56)、爆震传感器、节气门位置传感器、车速传感器、点火信号传感器等。

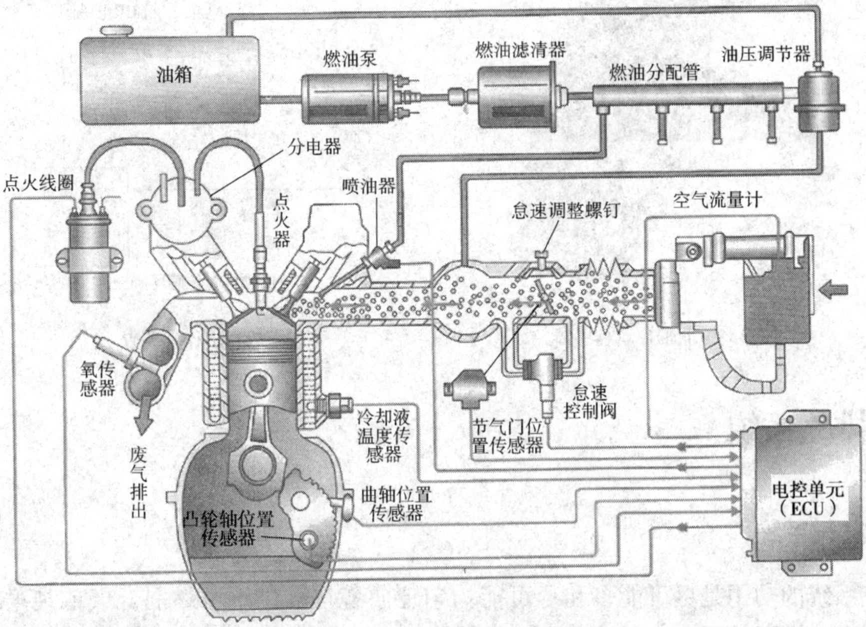


图 1-53 电子控制汽油喷射系统的总览

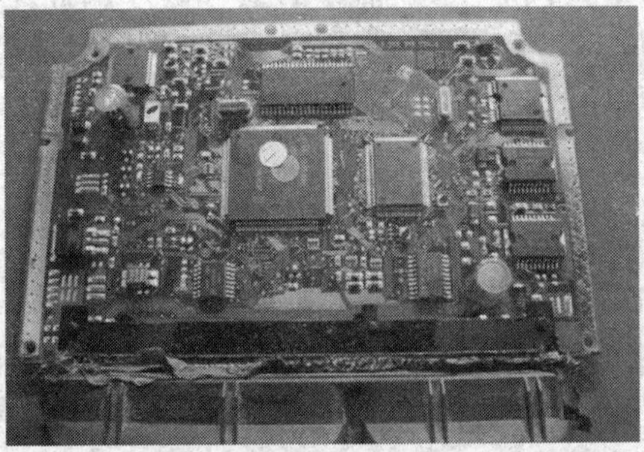

图 1-54 电控单元

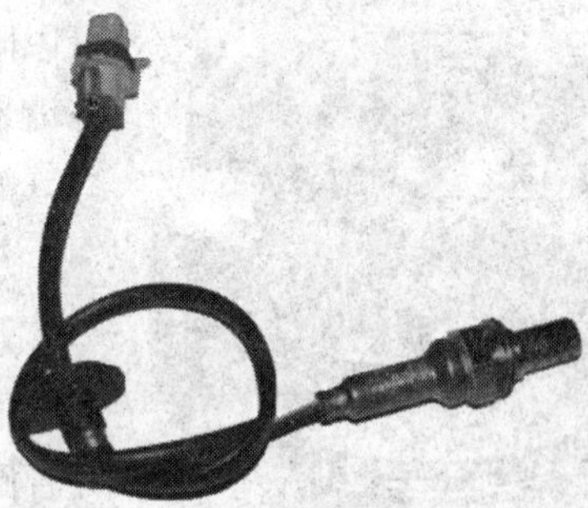

图 1-55 氧传感器

❸ 执行器

执行器根据电控单元输出的电控信号完成所需的机械动作,以实现某一系列的调整与控制。

汽车上主要的执行器有:电动汽油泵、电磁喷油器、怠速电控阀、点火装置、废气再循环装置等。图 1-57 所示为废气再循环装置示意图。

图 1-56　曲轴位置传感器

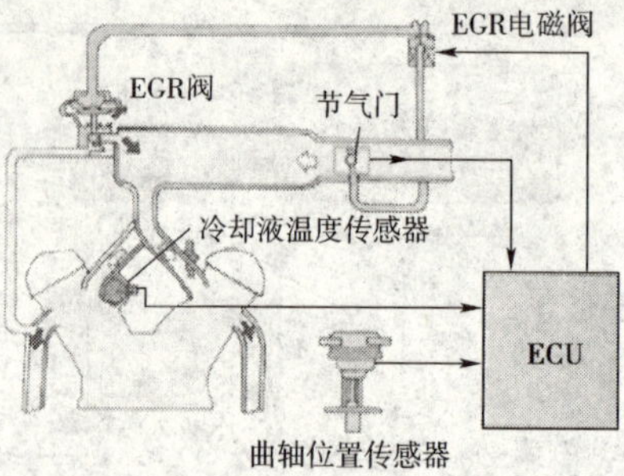


图 1-57　废气再循环装置



## 四 进排气系统

### 1 进气系统

进气系统的功用是尽可能多和尽可能均匀地向各汽缸供给可燃混合气或纯净的空气。一般进气系统主要包括空气滤清器和进气歧管。一般化油器式和节气门体汽油喷射式发动机上还安装有进气预热装置。

#### 1 空气滤清器

空气滤清器的主要功用是滤除空气中的杂质或灰尘，让洁净的空气进入汽缸；同时，还可以降低进气噪声。空气滤清器一般由进气导流管、空气滤清器盖、空气滤清器外壳和滤芯组成。图 1-58 所示为空气滤清器。

图 1-58　空气滤清器

#### 2 进气歧管

对于化油器式或节气门体汽油喷射式发动机，进气歧管指的是化油器或节气门之后到汽缸盖进气道之前的进气管路。它的功用是将空气—燃油混合气由化油器或节气门体分配到各汽缸进气道。图 1-59 所示为进气歧管。

### 2 排气系统

排气系统的功用是把汽缸中的废气净化、消声，最后排放到大气中。排气系统包括：排气歧管、排气管、催化转换器和消声器。

#### 1 消声器

消声器通过逐渐降低排气压力和衰减排气压力的脉动，使排气能量耗散殆尽，最终达到降低排气噪声的效果。图 1-60 为消声器。

图 1-59　进气歧管

### 2 催化转换器

催化转换器是利用催化剂的作用将排气中的一氧化碳、碳氢化合物、氮氧化合物转化为对人体无害的气体的一种排气净化装置。催化转换器一般有两种:氧化催化转换器和三元催化转换器。图 1-61 所示为催化转换器。

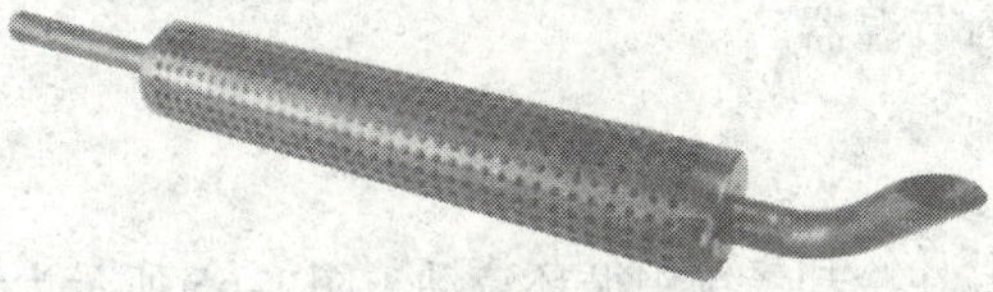

图 1-60　消声器

图 1-61　催化转换器

## 五 冷却系统

冷却系统的功用是使发动机在所有工况下都保持在适当的温度范围内。冷却系统既要防止发动机过热,也要防止冬季发动机过冷。在发动机冷起动之后,冷却系统还要保证发动机迅速升温,尽快达到正常的工作温度。

冷却系统包括水泵、散热器、冷却风扇、节温器、膨胀水箱、发动机机体和汽缸盖中的水套以及其他附加装置。

### 1 冷却液

冷却液在发动机冷却系统中循环流动,将发动机工作中产生的多余热能带走,使发动机能以正常的工作温度运转。冷却液是水与防冻剂的混合物。图 1-62 所示为冷却液。

### 2 冷却风扇

冷却风扇的功用是当风扇旋转时吸住空气使其通过散热器,以增强散热器的散热能力,加快冷却液的冷却速度。图1-63所示为冷却风扇。

图1-62　冷却液

图1-63　冷却风扇

### 3 节温器

节温器是控制冷却液流动路径的阀门。当发动机冷起动时,冷却液温度低,这时节温器将冷却液流向散热器的通道关闭,使冷却液经水泵入口直接流入机体或汽缸盖水套内,以便使冷却液能顺迅速升温。图1-64所示为节温器。

### 4 水泵

水泵的功用是对冷却液加压,保证其在冷却系统中循环流动。图1-65所示为水泵。

图1-64　节温器

图1-65　水泵

## 六 点火系统

点火系统在发动机运转时所扮演的角色是在任何发动机转速及不同的发动机负荷下,均能在适当的时机提供足够的电压,使火花塞能产生足以点燃汽缸内混合气的火花,让发动机得到最佳的燃烧效率。点火系统的基本装置包括电源(蓄电池)、点火触发装置、点火正时控制装置、高压产生器(高压线圈)、高压电分配装置(分电盘)、高压导线及火花塞。

## 1 火花塞

火花塞的功用是将点火线圈或磁电机产生的脉冲高压电引入燃烧室，并在其两个电极之间产生电火花，以点燃可燃混合气。图1-66所示为火花塞。

图1-66 火花塞

## 2 分电器

分电器的功用是按汽缸点火顺序定时地将高压电流传递至各汽缸火花塞。图1-67所示为分电器。

## 3 蓄电池

蓄电池的作用：它是一种将化学能转变成电能的装置，属于直流电源，它的作用有：

(1)起动发动机时，给起动机提供强大的起动电流(一般高达200～600A)。

(2)当发电机过载时，可以协助发电机向用电设备供电。

(3)当发动机处于怠速时，向用电设备供电。

(4)当发电机端电压高于铅蓄电池的电动势时，将一部分电能转变为化学能储存起来，也就是进行充电。

(5)蓄电池还是一个大容量电容器，可以保护汽车的用电设备。

图1-68所示为蓄电池。

图1-67 分电器

图1-68 蓄电池

# 七 润滑系统

润滑系统的功用是在发动机工作时连续不断地把数量足够、温度适当的洁净机油输送到全部传动件的摩擦表面，并在摩擦表面之间形成油膜，实现液体摩擦，从而减少摩擦阻力、降低功率消耗、减轻零件磨损，以达到提高发动机工作可靠性和耐久性的目的。

润滑系统由机油泵、机油滤清器、机油冷却器、集滤器等组成。

## 1 机油

机油循环在润滑系统中能起到润滑、冷却、清洗、密封和防锈作用。由于机油的工作环境恶劣，所以机油应具备的性能有：黏度适中、优异的氧化稳定性、良好的防腐性、较低的起泡性、强烈的清净分散性、高度的极压性。图1-69所示为机油。

图1-69　机油

## 2 机油泵

机油泵的功用是保证机油在润滑系统内循环流动，并在发动机任何转速下都能以足够高的压力向润滑部位输送足够数量的机油。机油泵结构形式可以分为齿轮式和转子式两类。图1-70所示为机油泵。

## 3 机油滤清器

机油滤清器的功用是滤除金属中的金属磨屑、机械杂质和机油氧化物。一般润滑系中安装有几个不同滤清能力的滤清器——集滤器、粗滤器和细滤器，分别并联或串联在主油道中。其中粗滤器串联在主油道中，为全流式；细滤器并联在主油道中，为分流式。图1-71所示为机油滤清器。

图1-70　机油泵

图1-71　机油滤清器

## 4 机油冷却器

机油冷却器是一种加速润滑机油散热使其保持较低温度的装置，能避免机油温度升高导致润滑作用减弱。按照冷却介质的不同，机油冷却器可分为风冷式和水冷式两种。风冷式利用车辆行驶时产生的气流对机油进行冷却。水冷式通常安装在汽车散热器的冷却液室内或单独循环的冷却液系统中，通过和冷却液之间的热交换，对高温机油进行冷却。

## 八 起动系统

要使发动机由静止状态过渡到工作状态，必须先用外力转动发动机的曲轴，使活塞作往复运动，汽缸内的可燃混合气燃烧膨胀做功，推动活塞向下运动使曲轴旋转。发动机才能自行运转，工作循环才能自动进行。因此，曲轴在外力作用下开始转动到发动机开始自动地怠速运转的全过程，称为发动机的起动。完成起动过程所需的装置，称为发动机的起动系统。

起动系统由蓄电池、点火开关、起动继电器、起动机等组成。起动系统的功用是通过起动机将蓄电池的电能转换成机械能，起动发动机运转。

起动系统的作用：

(1)起动开关接通起动机电磁开关电路，以使电磁开关通电工作。汽油发动机的起动开关与点火开关组合在一起。

(2)起动继电器由起动继电器触点(常开型)控制起动机电磁开关电路的通断，起动开关只是控制起动继电器线圈电路，从而保护了起动开关，有单联型(保护起动开关)和复合型(既保护起动开关又保护起动机)。

现代汽车的起动方式多为电力起动机起动，电力起动机简称起动机，图1-72所示为起动机。

图1-72 起动机

## 九 空调系统

汽车空调系统是实现对车厢内空气进行制冷、加热、换气和空气净化的装置。它可以为乘车人员提供舒适的乘车环境，降低驾驶人的疲劳强度，提高行车安全。空调装置已成为衡量汽车功能是否齐全的标志之一。

现代空调系统由制冷系统、供暖系统、通风和空气净化装置及控制系统组成。

汽车空调一般主要由压缩机、电控离合器、冷凝器、蒸发器、膨胀阀、储液干燥器、管道、冷凝风扇、真空电磁阀、怠速器和控制系统等组成。汽车空调分高压管路和低压管路。高压侧包括压缩机输出侧、高压管路、冷凝器、储液干燥器和液体管路；低压侧包括蒸发器、积累器、回气管路、压缩机输入侧和压缩机机油池。

### 1 压缩机

在蒸气压缩式制冷装置中，压缩机是其主要部件之一，如图1-73所示。压缩机在压缩式制冷系统中的作用是将气态制冷剂加压然后送到冷凝器中冷却和冷凝。压缩机为制冷系统的运行提供了动力。

## 2 储液干燥器

储液干燥器实际上是一个储存制冷剂及吸收制冷剂水分、杂质的装置。一方面,它相当于汽车的油箱,为泄漏制冷剂多的空间补充制冷剂。另一方面,它又像空气滤清器那样,过滤掉制冷剂中掺杂的杂质。储液干燥器中还装有一定的硅胶物质,起到吸收水分的作用。图 1-74 所示为储液干燥器。

图 1-73 压缩机

图 1-74 储液干燥器

## 3 冷凝器与蒸发器

冷凝器(图 1-75)和蒸发器(图 1-76)有着相似的结构。它们都是在一排弯绕的管道上布满散热用的金属薄片,以此实现外界空气与管道内物质的热交换的装置。冷凝器的冷凝指的是其管道内的制冷剂散热从气态凝成液态,其原理与发动机的散热器相近(区别只在于散热器的冷却液一直是液态而已),所以它经常被安装在车头,与散热器在一起。蒸发器与冷凝器正好相反,它是制冷剂由液态变成气态(即蒸发)吸收热量的装置。

图 1-75 冷凝器

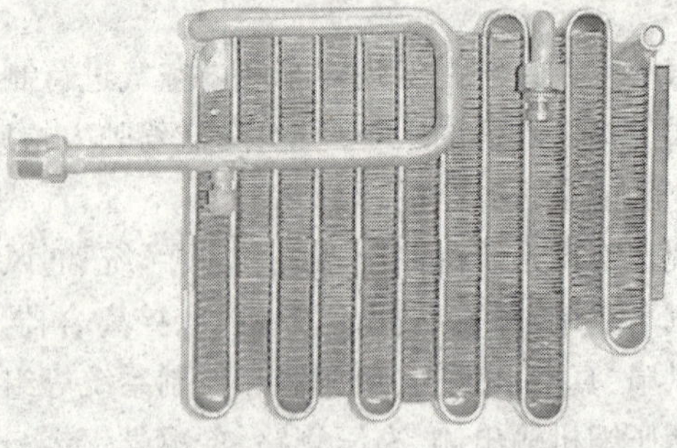

图 1-76 蒸发器

## 思考练习

1. 发动机的两大机构、五大系统分别是什么?

2. 配气机构的作用是什么？由哪几部分组成？

3. 电子控制汽油喷射系统由哪几部分组成？各部分的作用是什么？

4. 冷却系统由什么组成？

## 第四节　汽车底盘的结构认识

### 一 传动系统

#### 1 离合器

离合器是汽车传动系统中直接与发动机相联系的部件，其功用为：保证汽车起步平稳，保证传动系统换挡时工作平顺，防止传动系统过载。目前汽车上采用比较广泛的是用弹簧压紧的摩擦离合器。

膜片弹簧离合器目前在现代汽车上得到了广泛应用，不仅在乘用车上，在各类型客车、货车上也得到应用，其构造如图 1-77 和图 1-78 所示。

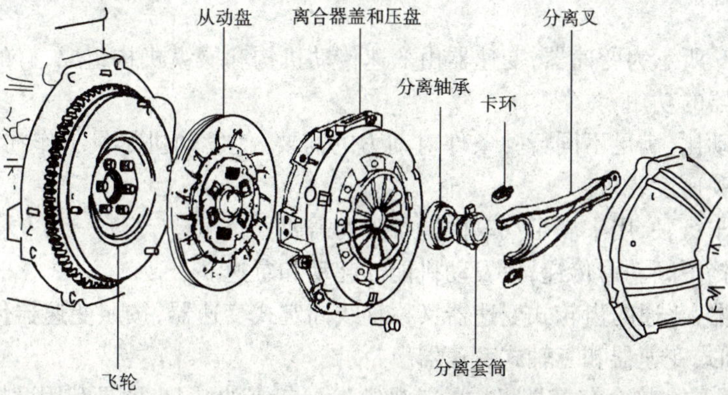


图 1-77　膜片弹簧离合器分解图

膜片弹簧离合器由主动部分、从动部分、压紧机构和操纵机构组成。

主动部分由飞轮、离合器盖和压盘组成。离合器盖通过螺栓固定在飞轮上，为了保持正确的安装位置，离合器盖通过定位销进行定位。压盘与离合器盖之间通过周向均布的三组或四组传动片来传递转矩。传动片用弹簧钢片制成，每组两片，一端用铆钉铆在离合器盖上，另一端用螺钉连接在压盘上。

从动部分包括从动盘和从动轴，从动盘一般都带有扭转减振器。发动机传递到传动系统的转速和转矩是周期性变化的，使传动系统产生扭转振动，这将使传动系统的零部件受到冲击性交变载荷，使寿命下降、零件损坏。

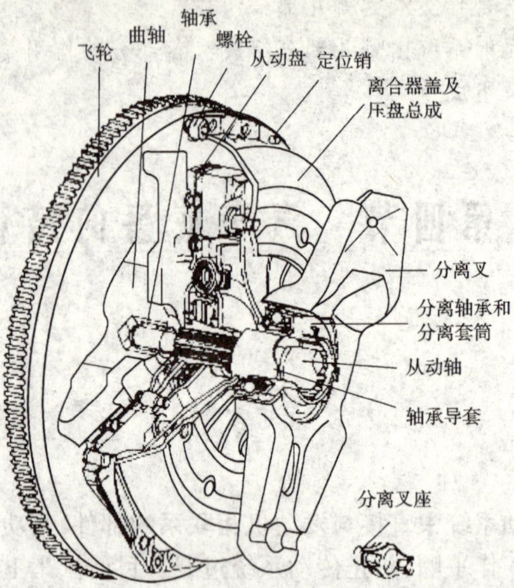


图 1-78　膜片弹簧离合器

## 2 变速器

(1)图 1-79 所示为变速器,变速器由变速传动机构和操纵机构组成,有的还加装动力输出装置。变速器的功用:

①改变传动比,满足不同行驶条件对动力的需要,使发动机尽量工作在有利的工况下,满足可能的行驶速度要求。

②实现倒车行驶,用来满足汽车倒退行驶的需要。

③利用空挡中断动力传递,使发动机能够起动和怠速。

齿轮变速器:普通的齿轮式变速器又称轴线固定式变速器,按照变速器传动齿轮轴的数目,可分为两轴式变速器和三轴式变速器。

(2)同步器是在接合套换挡机构的基础上发展起来的,同步器是利用摩擦的原理实现同步的,可以分为常压式、惯性式、自行增力式等形式。现代汽车上广泛采用的是惯性式同步器,它可以从结构上保证接合套与待接合的花键齿圈在达到同步之前不可能接触,以避免齿间冲击和噪声。图 1-80 所示为同步器。

图 1-79　变速器

图 1-80　同步器

## 3 万向传动装置

万向节传动装置一般由万向节和传动轴组成，有时候还需加装中间支承块。其功用是实现汽车上任何一对轴线相交且相对位置经常变化的转轴之间的力的传递。万向传动装置一般应用于：变速器与驱动桥之间、变速器与分动器之间、主减速器与驱动轮之间。

### 1 万向节

按万向节在扭转方向上是否有明显的弹性可分为刚性万向节和挠性万向节。刚性万向节又可分为不等速万向节（常用的为十字轴式）、准等速万向节（如双联式万向节）和等速万向节（如球笼式万向节）三种。表1-3为各万向节的分类及优缺点。

**万向节分类及有优缺点** 表1-3

| 各类万向节 | | | 优 缺 点 | 结 构 图 |
|---|---|---|---|---|
| 刚性万向节 | 不等速 | 十字轴式 | 结构简单，工作可靠，传动效率高，且允许两传动轴之间有较大的交角，故普遍应用于各类汽车的传动系统中 | 图1-81 |
| | 准等速 | 双联式 | 允许较大的轴间夹角，结构简单，制造方便，工作可靠，但零件数目较多，外形尺寸较大 | 图1-82 |
| | | 三销轴式 | 允许相邻两轴有较大的交角，但所占空间较大 | 图1-83 |
| | 等速 | 球叉式 | 结构简单，压力装配，拆装不方便，只有两个钢球传力，钢球与曲面凹槽单位压力大，磨损快 | 图1-84 |
| | | 球笼式 | 工作时在任何传动方向，六个钢球全部传力。与球叉式万向节相比，承载能力强，结构紧凑，拆装方便 | 图1-85 |
| | | 三枢轴式 | 因三枢轴的自动定心作用，能使两轴轴线重合，并有一定的伸缩量 | 图1-86 |
| 挠性万向节 | | | 消除制造安装误差和车架变形对传动的影响；吸收冲击，衰减扭转振动；结构简单无须润滑 | 图1-87 |

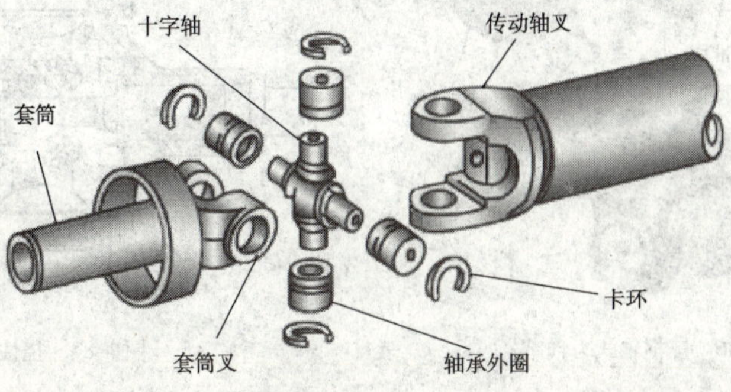


图1-81 十字轴式万向节

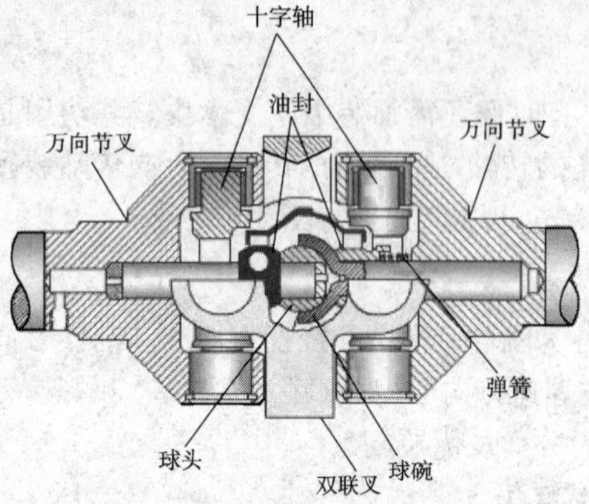


图 1-82 双联式万向节

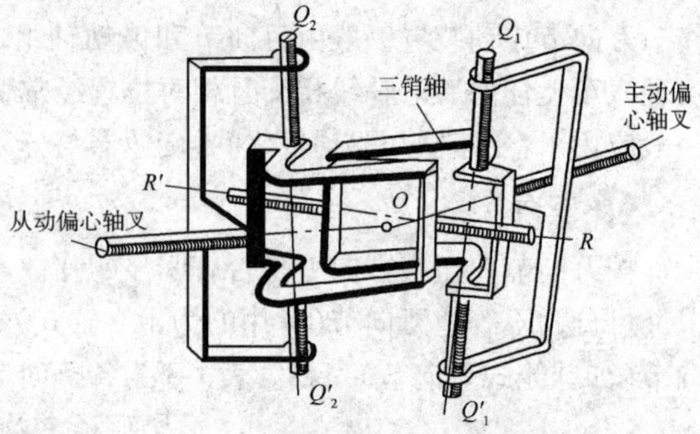


图 1-83 三销轴式万向节

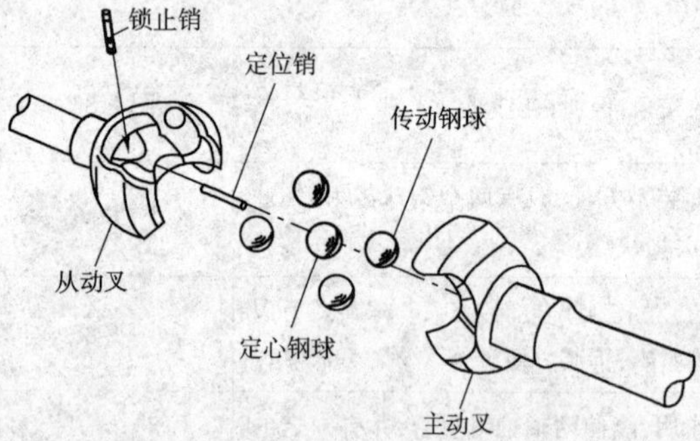


图 1-84 球叉式万向节

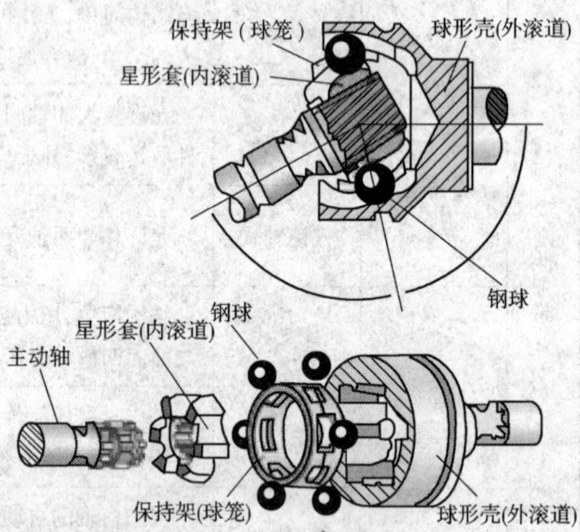


图 1-85 球笼式万向节

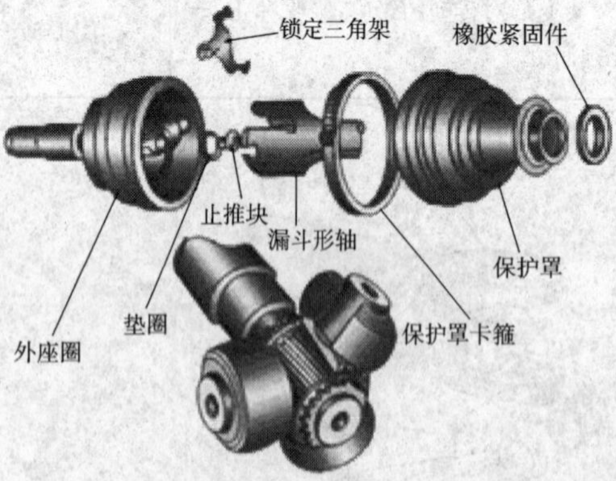


图 1-86 三枢轴式万向节

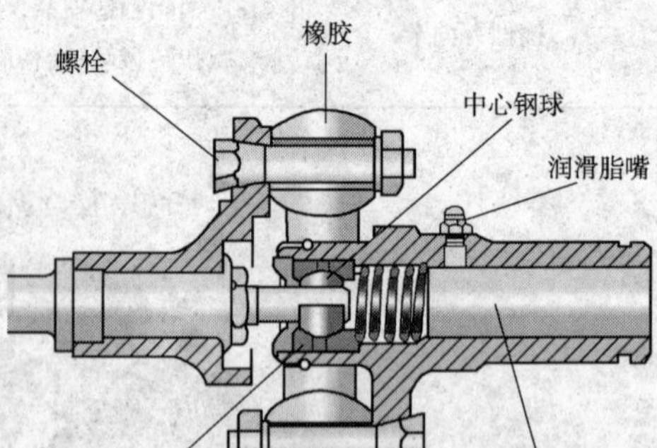


图 1-87 挠性万向节

## ❷ 传动轴

在有一定距离的两部件之间采用万向传动装置传递动力时，一般需要在万向节之间安装传动轴。若两部件之间的距离会发生变化,而万向节又没有伸缩功能时,则还要将传动轴制作成两段,用滑动花键相连接。图 1-88 所示为传动轴。

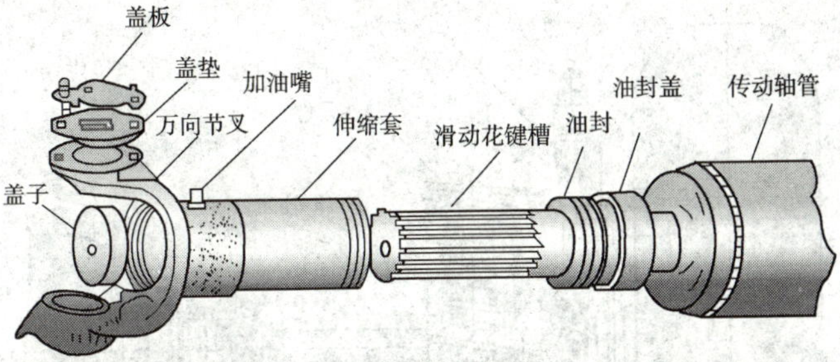


图 1-88　传动轴

## 4 驱动桥

驱动桥处于动力传动系统的末端,其基本功能是:①将万向传动装置传递来的发动机转矩通过主减速器、差速器、半轴等传递到驱动车轮,实现降速增大转矩;②通过主减速器锥齿轮副改变转矩的传递方向;③通过差速器实现两侧车轮差速作用,保证内、外侧车轮以不同转速转向;④通过桥壳体和车轮实现承载及传力作用。驱动桥由主减速器、差速器、半轴、万向节、驱动车轮和桥壳组成。

### 1 非断开式驱动桥

非断开式驱动桥又称整体式驱动桥,其半轴套管、主减速器壳均与轴壳刚性地相连成一个整体梁,因而两侧的半轴和驱动轮相关地摆动,通过弹性元件与车架相连,如图 1-89 所示。

### 2 断开式驱动桥

驱动桥采用独立悬架,即主减速器壳固定在车架上,两侧的半轴和驱动轮能在横向平面相对于车体有相对运动的则称为断开式驱动桥,如图 1-90 所示。

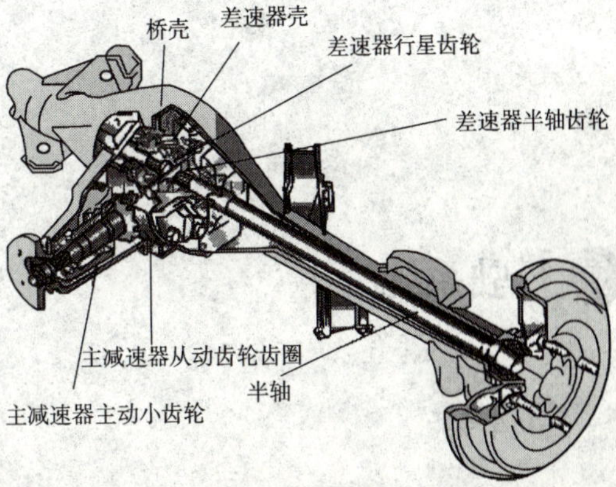


图 1-89　非断开式驱动桥

### 3 主减速器

主减速器是汽车传动系统中减小转速、增大转矩的主要部件。对发动机纵置的汽车来说,主减速器还利用锥齿轮传动以改变动力方向。主减速器的种类繁多:有单级式和双级式;有单速式和双速式;还有贯通式和轮边式等。图 1-91 所示为主减速器。

### 4 差速器

汽车差速器是驱动桥的主件,其作用就是在向两边半轴传递动力的同时,允许两边半轴以不同的转速旋转,满足两边车轮尽可能以纯滚动的形式作不等距行驶,减少轮胎与地面的摩擦。图 1-92 所示为差速器。

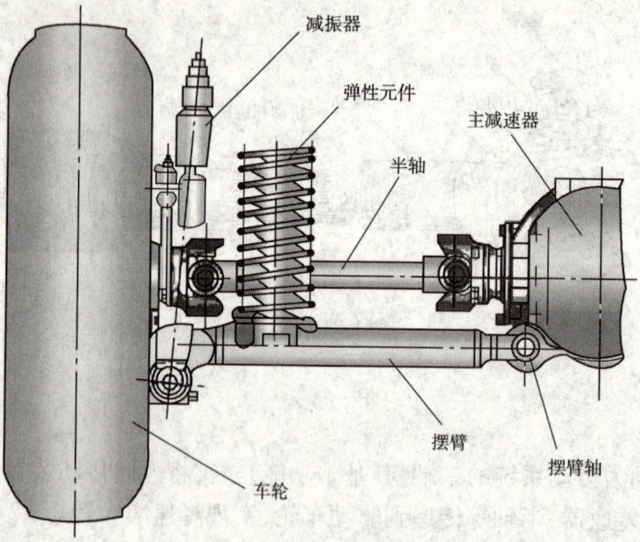


图 1-90　断开式驱动桥

图 1-91　主减速器

图 1-92　差速器

## 二 行驶系统

### 1 车架

车架是汽车的基体,一般由两根纵梁和几根横梁组成,经由悬架装置、前桥、后桥支撑在车轮上。车架具有足够的强度和刚度,以承受汽车的载荷和从车轮传来的冲击。图 1-93 所示为车架。

图 1-93　车架

## 2 悬架

悬架是汽车的车架与车桥或车轮之间的一切传力连接装置的总称,其作用是传递作用在车轮和车架之间的力和力矩,并且缓冲由不平路面传递给车架或车身的冲击力,并衰减由此引起的振动,以保证汽车能平顺地行驶。

悬架一般由弹性元件、减振器和导向机构组成。

悬架可分为以下几类:非独立悬架、独立悬架、横臂式悬架、多连杆式悬架、纵臂式悬架、烛式悬架、麦弗逊式悬架、拖曳臂式悬挂。图 1-94 所示为悬架。

## 3 车桥

车桥(车轴)通过悬架和车架(或承载式车身)相连,两端安装汽车车轮。其功能是传递车架(或承载式车身)与车轮之间各方向的作用力。车桥可以是整体式的,犹如一个巨大的杠铃,两端通过悬架系统支撑着车身,因此整体式车桥通常与非独立悬架配合;车桥也可以是断开式的,各自通过悬架系统支撑车身,所以断开式车桥与独立悬架配用。图 1-95 所示为车桥。

图 1-94 悬架

图 1-95 车桥

## 4 车轮

车轮与轮胎是汽车行驶系统中的重要部件,其功用是:支持整车;缓和由路面传来的冲击力;通过轮胎同路面的附着作用来产生驱动力与制动力;保证汽车正常转向及保持直线行驶。车轮通常由两个主要部件轮辋和轮辐组成,轮辋是在车轮上安装和支撑轮胎的部件,轮辐是在车轮上介于车轴和轮辋之间的支撑部件。车轮除上述部件外,有时还包含轮毂。图 1-96 所示为车轮及其结构。

# 三 转向系统

汽车转向系统分为两大类:机械转向系统和动力转向系统。完全靠驾驶人手力操纵的转向系统称为机械转向系统。借助动力来操纵的转向系统称为动力转向系统。

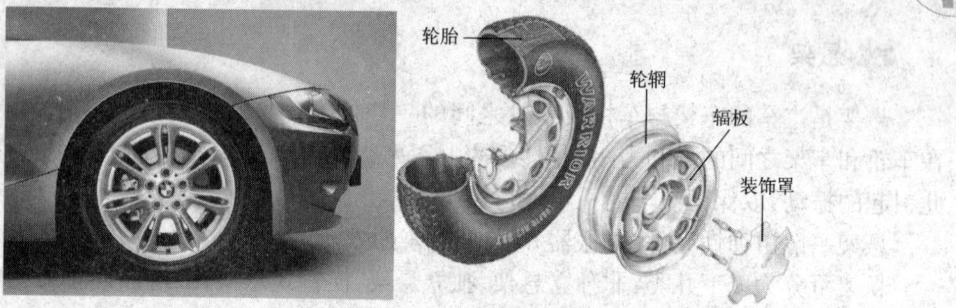


图 1-96　车轮及其结构

## 1 转向器

转向器（也常称为转向机）是完成由旋转运动到直线运动（或近似直线运动）的一组齿轮机构，同时也是转向系统中的减速传动装置。目前较常用的有齿轮齿条式转向器（图 1-97）、循环球式转向器（图 1-98）和蜗杆曲柄指销式转向器等。

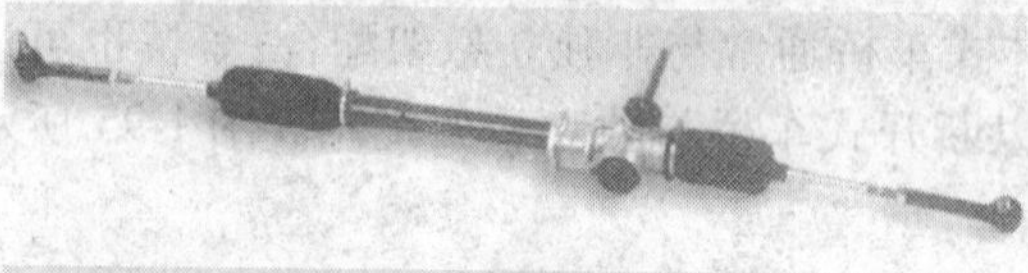

图 1-97　齿轮齿条式转向器

## 2 转向传动机构

转向传动机构的功用是将转向器输出的力和运动传递到转向桥两侧的转向节，使转向轮偏转，并使转向轮偏转角按一定关系变化，以保证汽车转向时车轮与地面的相对滑动尽可能小。

### 1 转向摇臂

图 1-99 所示为转向摇臂，转向摇臂是转向器传动副与转向拉杆之间的传动件。

图 1-98　循环球式转向器

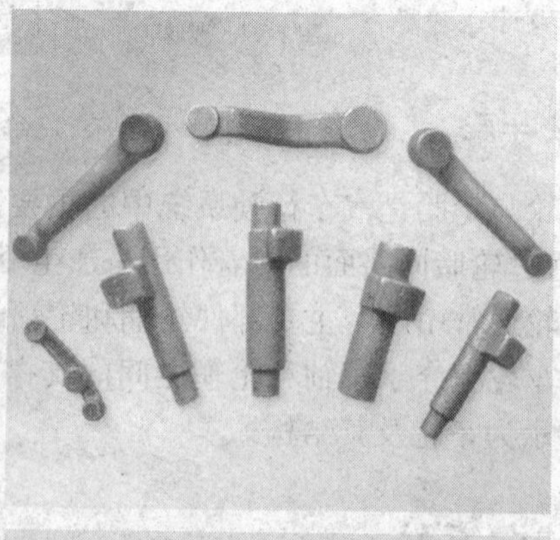

图 1-99　转向摇臂

### 2 转向拉杆

图 1-100 所示为转向拉杆，转向拉杆是转向摇臂与转向节臂之间的传动杆件。

### 3 动力转向系统

图 1-100　转向拉杆

使用机械转向装置可以实现汽车转向，当转向轴负荷较大时，仅靠驾驶人的体力作为转向能源则难以顺利转向。动力转向系统就是在机械转向系统的基础上加设一套转向加力装置而形成的。转向加力装置减轻了驾驶人操纵转向盘的作用力。以常压式液压助力转向系统为例，常压式液压助力转向系统由转向油罐、转向动力缸、转向油泵、转向控制阀组成。图 1-101 所示为转向油罐，图 1-102 所示为转向油泵。

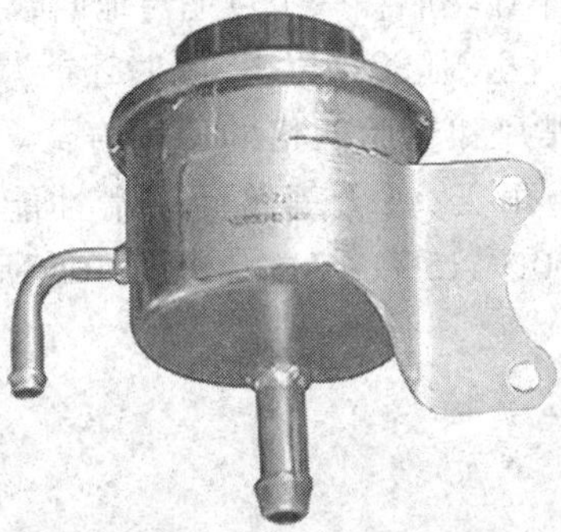
图 1-101　转向油罐

图 1-102　转向油泵

## 四 制动系统

制动系统的作用：使行驶中的汽车按照驾驶人的要求进行强制减速甚至停车；使已停驶的汽车在各种道路条件下（包括在坡道上）稳定驻车；使下坡行驶的汽车速度保持稳定。

制动系统由 4 个基本部分组成：供能装置、控制装置、传动装置、制动器。

### 1 制动器

制动器是制动系统中，具有使汽车减速、停止或保持停止状态等功能的装置。目前各类汽车所用的摩擦制动器可分为鼓式制动器（图 1-103）和盘式制动器（图 1-104）两大类。

图 1-103　鼓式制动器

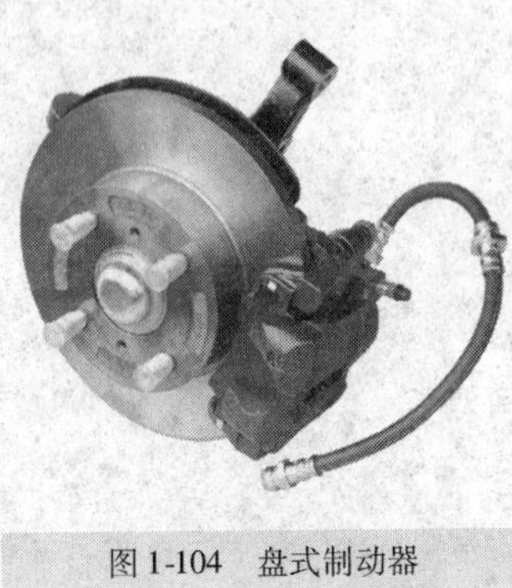
图 1-104　盘式制动器

### 2 防抱死制动系统(ABS)

防抱死制动系统是利用阀体内的一个橡胶气囊,在踩下制动踏板时,给予制动液压力,充斥到 ABS 的阀体中,此时气囊利用中间的空气隔层将压力返回,使车轮避过锁死点。当车轮即将到达下一个锁死点时,制动液的压力使得气囊重复作用,如此在一秒内可作用 8 ~ 30 次,相当于不停地制动、放松,即相似于机械的"点制动"。因此,ABS 能避免在紧急制动时方向失控及车轮侧滑,使车轮在制动时不被锁死,不让轮胎在一个点上与地面摩擦,从而加大摩擦力,使制动效率达到 90% 以上,同时还能减少制动消耗,延长制动轮鼓、碟片和轮胎两倍的使用寿命。装有 ABS 的车辆在干柏油路、雨天、雪天等路面防滑性能分别达到 80% ~90%、10% ~30%、15% ~20%。图 1-105 所示为防抱死制动系统。

图 1-105　防抱死制动系统

## 思考练习

1. 变速器的功用是什么?
2. 在传动系统中,动力的传动顺序什么?
3. 万向节可分为几类?每一类又有哪些优缺点?
4. 悬架可以分为几类?

# 第二章 Chapter 2 汽车使用方法

## 第一节 汽车驾驶操纵装置的使用

### 一 正确的驾驶姿势

正确的驾驶姿势就是既能够保证驾驶人观察到周围的情况,又能方便操作各种装置,并且保持身体处于放松、自然的状态。不正确的姿势会使操作转向盘和踩踏板困难,影响安全。正确的驾驶姿势如图 2-1 所示。

### 二 座椅和后视镜的调整

#### 1 座椅的调整

用一只手握住转向盘,另一只手控制座位调节柄,调整到使脚能将离合器踏板和制动踏板轻松踩到底,如图 2-1 所示。

#### 2 正确的后视镜位置

(1)中央后视镜如图 2-2 所示。

调整要领:水平摆中间、耳际放左边。远方的水平线横置于中央后视镜的中线位置,然后再移动左右,把自己右耳的影像刚好放在镜面的左缘。

(2)左侧后视镜如图 2-2b)所示。

调整要领:把水平线置于后视镜的中线位置,然后再把车身的边缘调到占据镜面影像的

1/4。

(3)右侧后视镜如图 2-2c)所示。

调整要领:把水平线置于后视镜的 2/3 位置,然后再把车身的边缘调到占据镜面影像的 1/4。

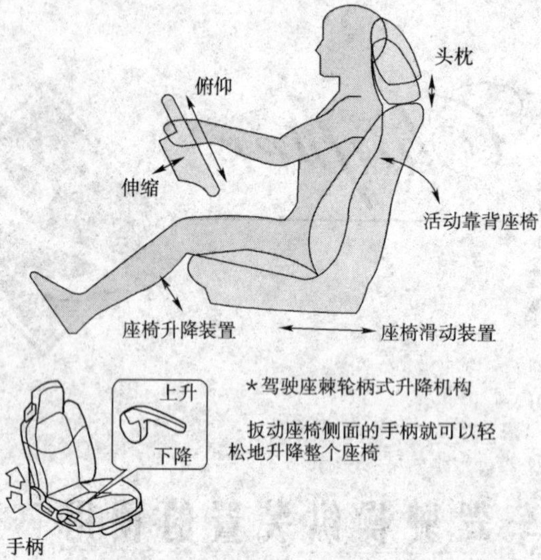


图 2-1 正确的驾驶姿势

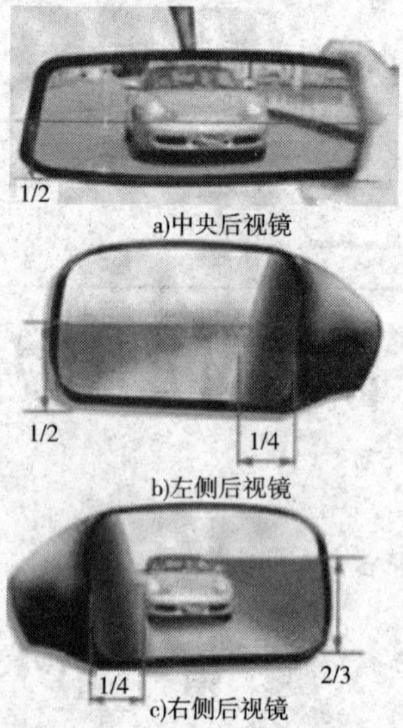


图 2-2 后视镜的调整

### 3 清理后视镜小秘方

左、右后视镜因为暴露在外,很容易沾到空气中的油污,用一般的面纸擦拭,总是力不从心,一遇到雨水,还是模糊不清。

牙膏是很好的后视镜清洁剂,用废弃的牙刷沾一点牙膏,由中心向外画圆方式把镜面刷均匀,再用清水洗净即可。牙膏本身除了具有清洁效果外,也是很细致的研磨剂,可以把左、右后视镜上的油垢、顽垢清除干净。即使遇到雨水,水滴也会结成球状而快速排除,不会沾在镜面成一片,妨碍驾车安全。

## 三 安全带的正确使用

(1)要经常检查座椅安全带的技术状态,如果发现有所损坏要及时更换。

(2)以一般车辆所配附的三点式安全带为例,在系上安全带的同时,人体的背与腰部应尽量贴紧坐椅,并将制动踏板与离合器踏板踩到底,同时确保膝盖有微幅的弯曲,以避免车辆在遭受正面碰撞时,腿部遭受到严重的二次伤害;腰部安全带应系得尽可能低些,系在髋部,避免车辆遭受撞击时,人体腹腔内的内脏受到安全带挤压进而发生不可弥补的伤害;肩部安全带不要放在胳膊下面,应斜挎胸前,上部则应置于肩、颈部中央,大概在锁骨部位,如果太靠近肩膀外侧,车辆遭受撞击安全带自动束紧时,将会很容易从外部滑落,如图 2-3 所示。

(3)用安全带时不要让其压在坚硬易碎的物体上,如眼镜、钢笔等;一副安全带只能一个人使用,严禁双人共用;不要将安全带扭曲使用。

(4)座椅上无人时,要将安全带送回卷收器中,将扣舌置于收藏位置,以免在紧急制动时扣舌撞击在其他物体上。

(5)不要让座椅背过于倾斜,否则影响安全带的使用效果,要将安全带的扣带扣好,防止受外力时脱落而发生意外。

(6)摘安全带时,用左手拿安全带,用右手按下安全带扣将其摘下,左手慢慢将其送回。不要将摘下的安全带马上撒手,必须手拿安全带将其慢慢送回,以防安全带金属扣弹回,打碎玻璃或伤到人。

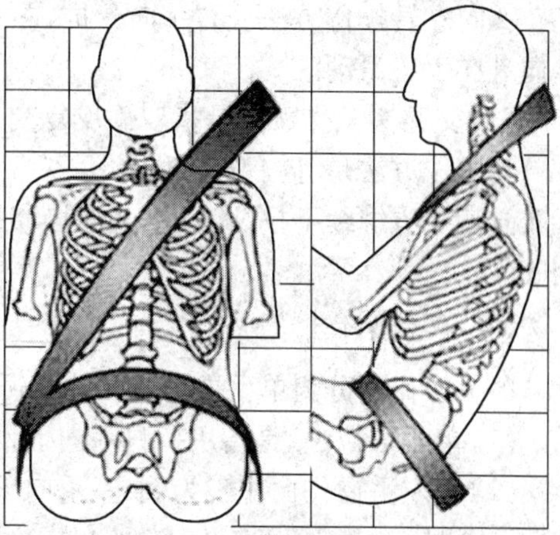

图 2-3 安全带的正确系法

## 四 转向盘的正确操作

### 1 转向盘的握法

转向盘的操作包括转向盘挥握法,双手操作和单手操作法。

**1 挥握法**

(1)人自然坐正,两眼平视正前方,双手平伸,两手手腕正好放在转向盘上,同时能略看见车头。

(2)两手轻握住转向盘:左手握在左上方,右手握在右中间,如果把转向盘比喻成时钟,左手握在 9 ~ 10 时位,右手握在 3 时位。两手稳握转向盘轮缘,拇指向上自然伸直,按在轮缘上缘,其余四指由外向里握住轮缘外缘,如图 2-4 所示。

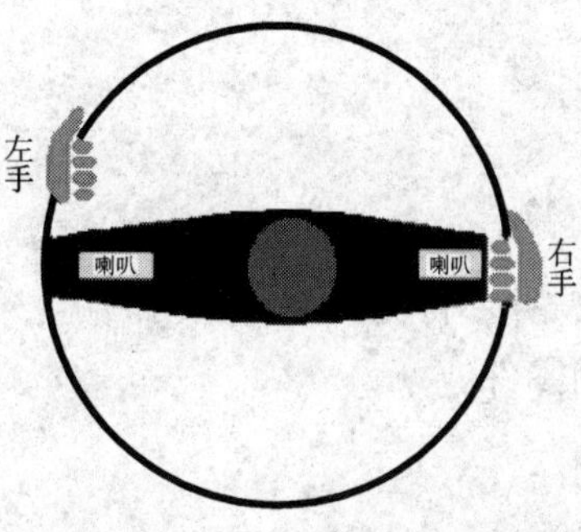


图 2-4 转向盘的握法

**2 双手操作法**

双手操作法又分为推拉法、推滑法和交叉法。

(1)推拉法。推拉法是指一手推、一手拉,以推为主的操作方法。

(2)推滑法。推滑法是由推拉法演变的,是指在推拉转向盘过程中,拉转向盘的手在不使拉动时虚握,让转向盘在手中滑移的操作方法。

①向右转操作方法。左手向上推,右手向下拉,拉到 5 时位时,放松拇指,变为虚握,使转向盘在手中滑动。

②向左转操作方法。右手向上推，左手向下拉，拉到 7 时位时，放松五指，变为虚握，使转向盘在手中滑动。

(3)交叉法。交叉法是指双手反复交替转动转向盘的操作方法。

其操作方法是：向右转操作方法，左手向上推，右手向下拉，拉到 5 时位，迅速从左手移握转向盘上方继续下拉，此时左手顺势移握 9～10 时位继续推，以此反复，直至把转向盘打到底。

#### 3 单手操作法

单手操作法分为单手推拉法和单手循环法。

(1)单手推拉法，是指用一只手向上推或向下拉转向盘的操作方法。

(2)以左手操作向左转为例，左手向下拉，拉到 8～7 时位时四指伸直，手掌压住转向盘转动。同时向右转腕，转向盘转到 4～3 时位时，五指并拢握住转向盘继续转动，以此反复，直至把转向盘打到底。

(3)以右手操作向左转为例。右手向上推，推到 8～7 时位时四指伸直，手掌压住转向盘转动，同时向右转腕，转向盘转到 3～4 时位时，五指并拢握住转向盘继续转动，以此反复，直至把转向盘打到底。用单手循环法操作转向盘也可采用翻腕的方法操作。

### 2 转向盘的转向

(1)左手为主用力开始转动，右手为辅自然握。

(2)左手为主继续转动，右手跟着转动，如图 2-5a)所示。

(3)左手继续转动转向盘，右手握着左手上方，左手松开，如图 2-5b)所示。

(4)右手为主转动转向盘，左手回应。

(5)采用与转向盘相反的顺序加位。

a)　　b)

图 2-5　转向盘的转向

### 3 注意事项

(1)汽车在行驶中转动转向盘不得用力过猛。

(2)不得两手不变位置的继续推送，防止出现交叉手。

(3)不得用双手集中一点或长时间用一只手掌握转向盘，并不得无故左右晃动。

(4)汽车没有行驶，不得原地硬转转向盘，以免损坏转向零件。

## 五 离合器踏板的使用

### 1 起步时的正确使用

(1)起步之前，试一下离合器踏板，体会一下离合器踏板的自由行程、工作行程和踏板的脚感。

(2)起步时,踩下离合器彻底分离,如图 2-6 所示。

(3)抬起离合器踏板时,按"一快、二慢、三联动"的要领操作。即踏板抬起的过程分三个阶段,开始快抬;当离合器出现半联动(此时发动机声音有变化)时,踏板抬起的速度稍慢;由半联动到完全接合的过程,将踏板慢慢抬起。在离合器踏板抬起的同时,根据发动机阻力大小逐渐踩下加速踏板,使汽车平稳起步。加速踏板的操作要平稳适当,如图 2-7 所示。

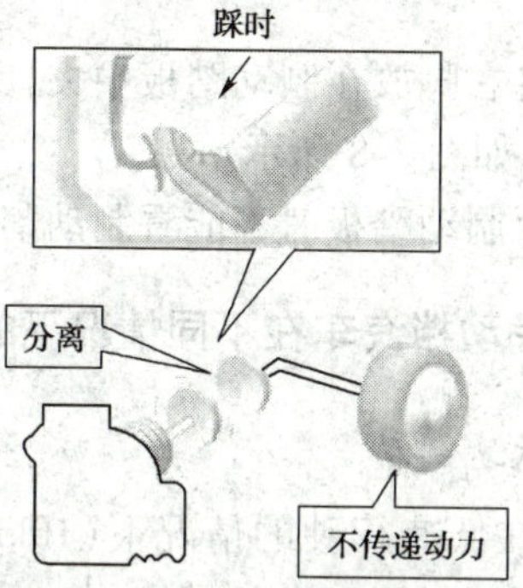


图 2-6 离合器踏板的使用

图 2-7 离合器踏板的使用

## 2 换挡时的正确使用

在行车中换挡时,操纵离合器踏板应迅速踩下并抬起,不要出现半联动现象,否则,会加速离合器的磨损,操作时注意与加速踏板配合。

注:为使换挡平顺,减轻变速器的换挡机构和离合器的磨损,提倡使用"两脚离合器换挡法"。即增挡时,踩下离合器踏板的同时将变速杆换到高一挡位上;在减挡时,踩下离合器踏板的同时变速杆换到空挡,抬起并再次踩下离合器踏板的同时变速杆换到空挡,抬起离合器踏板同时按车速情况适当加一脚空油,然后再次踩下离合器踏板,同时将变速杆换到低速挡上。这种"两脚离合器换挡法"虽然操作较复杂,确是开车省钱的好办法。

## 3 在制动时的正确使用

在汽车的行车中,除低速(20km/h 以上)制动停车需要踩下离合器踏板外,其他任意情况下制动都不要踩下离合器踏板。因为汽车在中、高车速制动时,踩下离合器踏板对改善汽车的制动能力丝毫无助,还会给行车安全带来危险。

而在低速行车中制动停车时,踩下离合器踏板的目的仅仅是为防止发动机熄火。这时正确的操纵方法是先踩下制动踏板,然后再踩下离合器踏板,使汽车平稳地停下来。

## 4 注意事项

(1)不允许用脚尖或脚心踩离合器踏板,以免操纵无力或滑离踏板。

(2)不准长时间使离合器处于半接合状态,以防止离合器处于打滑状态。

(3)严禁猛抬离合器踏板,以防止损坏传动系统的零部件。

(4)行车中,切忌左脚不离离合器踏板。

# 六 制动踏板的使用及注意的问题

## 1 制动踏板的踩法

原则上用右脚踩制动踏板。

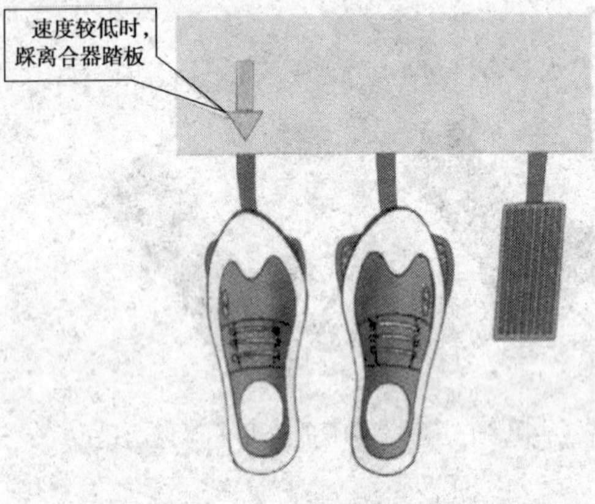


图 2-8　低速制动

(1)将右脚放在制动踏板中央，用脚趾跟部的脚掌踩，如图 2-8 所示。

(2)踩制动踏板时不能看制动踏板。

## 2 手动挡汽车在不同情况下的制动方法

### 1 低速制动

一般在低速行驶的情况下(10km/h 以下)的减速和停车，与正常的减速、停车不同的是，在放松加速踏板后先踩下离合器踏板，然后再踩下制动踏板减速、停车。

### 2 间歇制动

适用于冬季冰雪路面、夏季的泥泞路面，使用制动又不能踩死制动的情况时的一种特殊制动方法。

操作方法：制动时先放松加速踏板，然后踩制动踏板并逐渐加大制动力，当车轮即将抱死时，马上抬起制动踏板，紧接着再踩下制动踏板，估计快要抱死时再次踩下制动踏板，如此反复操作，就会使汽车得到最佳的制动效果，避免在湿滑路面上制动时使汽车方向失控。提示：每次抬起制动踏板时，还要保持一定的制动力，不要完全抬起。

### 3 预见性停车

这是行车过程中最常见的制动方法，是指驾驶人对前方出现的车辆、行人和道路情况的变化有所预料，而提前采取的有目的的减速、停车动作。

操作方法：先放松加速踏板，利用发动机制动和间歇性制动来控制车速到达停车地点，在车速降至 10km/h 后，再踩下离合器踏板，然后轻轻踩下制动踏板，使汽车停在预定的地点。

### 4 紧急制动

行车过程中，遇到突然情况，为了避免发生事故而采取的紧急停车措施。

操作方法：遇到突然情况，右脚迅速放松加速踏板，踩下制动踏板，左手握紧转向盘，身体向后倾，右手快速拉紧驻车制动器操纵手柄。左脚不要踩离合器，顶住地板，充分利用发动机牵阻作用，从而达到紧急停车的效果。

注：紧急制动对汽车各部件损害很大，不到万不得已时不要使用。

⑤ 定点制动

这是日常行车中经常会遇到的停车方式。等红灯时、高速公路收费口以及其他指定地点停车都会用到。该方法是离合器、制动器、加速踏板、变速杆、转向盘的联合操作。

操作方法：使用制动踏板的力度要遵循：轻、重、轻的原则。第一个过程，踩制动踏板要轻，不要过急过猛。第二个过程，逐渐加力踩制动踏板，车速的 80% ~90% 要在这个过程控制下来。第三个过程，这个阶段为调整阶段，可稍抬制动踏板，利用汽车的惯性使汽车到达预定的停止位置后，再轻踩制动踏板使汽车平稳停住。

### 3 制动踏板操作时的注意事项

(1)汽车在行驶中放松加速踏板后，不需用要做预见性动作时，不得将脚放在制动踏板上。

(2)汽车在窄路、雨雪、冰冻、泥泞道上行驶时，不得使用紧急制动。通过铁路口、桥梁、涉水路面及车轮的一侧在泥泞冰雪等光滑路面时，尽量避免使用制动，防止车辆突然熄火。

(3)汽车在通过涉水路段后，应连续地踩几下制动踏板，以消除制动蹄片上的水分，使制动恢复良好。

(4)汽车在下长坡前，应换入低挡，利用发动机的牵引阻力控制车速为主，以行车制动为辅，千万不能空挡滑行。

(5)当使用驻车制动作为辅助制动时，不能将驻车制动器操纵手柄一拉到底，正确做法是拉、松相结合。在任何情况下停车都要将驻车制动器操纵手柄拉紧，尤其在坡道上停车更应引起注意，不要因疏忽大意造成事故。

## 七 变速杆的使用

正确的操纵变速杆，可以使换挡动作迅速、准确、缩短换挡时间，避免变速器齿轮的碰击，减少磨损，变速器变速杆的操作方法如下。

### 1 变速杆球头的握法

以掌心贴住球头，五指握向掌心。操纵变速杆应以手腕和肘关节的力量为主，肩关节为辅，随着推拉方向的变化，掌心贴球头的方向可适当变换，以适应不同挡位用力方向的需要。

图 2-9　变速杆的错误操作

### 2 操纵变速杆的注意事项

(1)换挡时不能用眼睛看变速杆，如图 2-9 所示。

(2)将离合器踏板一脚踩到底。

(3)换挡力量不要太大，否则容易换错挡。

# 八 点火钥匙的使用

## 1 普通点火钥匙

使用点火开关钥匙时，应根据需要转到相应功能位置。注意发动机起动后应迅速松开点火钥匙，点火钥匙将从起动位置自动弹回到运行位置。汽车停驶状态听取音乐，可将点火开关置于附加功能位置。将点火钥匙转到锁止位置，即可取出钥匙，同时锁住转向盘，钥匙孔如图2-10所示。许多汽车为安全起见，点火钥匙拔出有其他约束条件时，需先解除约束后才能拔出钥匙。

一般汽车均带有钥匙提醒器，如果钥匙留在点火开关内，驾驶人打开车门时，报警信号将会闪烁或蜂鸣，以提醒驾驶人。

使用点火开关时，应禁忌以下事项：

(1)汽车在行驶期间，不得拔掉点火开关钥匙或将钥匙转到锁止位置，因为这样会锁住转向盘而失去转向控制能力。

(2)车辆因故障熄火时，应将点火开关钥匙转向关闭的位置，以防止车辆长时间处在放电状态，而引发事故。

(3)使用点火开关钥匙将转向盘锁住时，不可强行转动转向盘，以免扭坏转向盘和转向器。

## 2 智能钥匙

只要带上钥匙就能锁止和开启车门，并起动发动机，如图2-11a)所示。

图2-10 钥匙孔

a) b)

图2-11 智能钥匙

### 1 进入功能

可以不用将钥匙插入锁孔就能开启车门，并打开行李舱。

### 2 起动功能

当电子钥匙在车上钥匙感应区域时，可以通过起动按钮切换电源模式和起动发动机。

### 3 转向锁止功能

当关闭发动机后打开驾驶人车门时，转向盘将锁止。当按下"ENGING START STOP"开关时，如图 2-11b) 所示，转向锁止自动解锁。如果“ENGING START STOP”开关上的指示灯闪烁绿光，则表示转向盘已锁止。如果琥珀色指示灯闪烁，表示转向锁止有故障。

## 九 驻车制动器操纵手柄的使用

驻车制动器俗称手刹，有手操纵式和脚操纵式两种。

### 1 手操纵式

手操纵式驻车制动器操纵手柄的操作方法如图 2-12 所示，现在大多数汽车使用的驻车制动器操纵手柄位于驾驶人右手边，操纵方法是将四指并拢，虎口向上，大拇指虚按在操纵手柄顶的按钮上，将操纵手柄向后拉紧，即起制动作用；松放时，先将操纵手柄稍向后拉，然后用大拇指按下操纵手柄头上的按钮，再将操纵手柄向前推到底，即解除制动。

操纵驻车制动器操纵手柄时，应禁忌以下事项：

(1)在不了解本车驻车制动器操纵手柄的类型时，不能野蛮操作，否则会造成驻车制动器的损坏。

(2)驻车制动器操纵手柄未拉到底，使驻车制动器处于半制动状态，会危及停车安全或影响制动效果。

(3)驻车制动器操纵手柄未松到底，在驻车制动器还处于制动状态下就使车辆行驶，极易造成车辆起步困难，即使起步行驶了，也会增加油耗、损坏驻车制动器。

(4)在车辆未完全停止时，就使用驻车制动器操纵手柄，会使车辆紧急制动，损伤车辆各相关部件。

### 2 脚操纵式

脚操纵式驻车制动踏板如图 2-13 所示，直接用脚踩下驻车制动踏板，驻车制动器起作用。解除方法大致有两种，一种是直接再踩一下驻车制动踏板就会自动复位；还有一种是在驻车踏板的上方专门设有释放拉手，直接拉一下就可以解除。

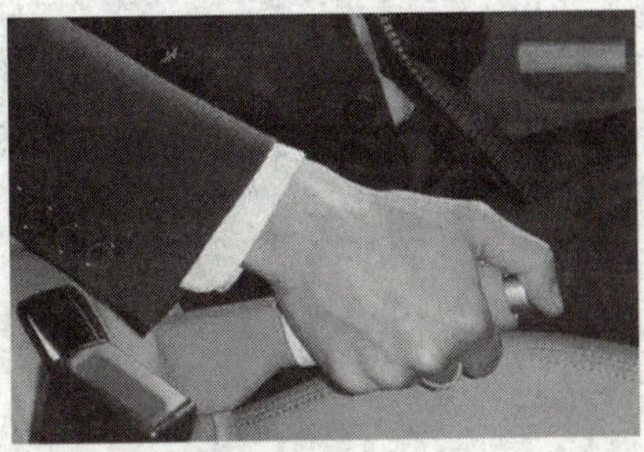

图 2-12 驻车制动器操纵手柄的操作方法

图 2-13 脚操纵式驻车制动器

# 十 装有安全气囊的汽车应注意的问题

## 1 安全气囊在车内的标志

驾驶人气囊放在转向盘毂内，有一个完整光洁的装饰外罩；副驾驶人气囊则藏在仪表板内，以发生前碰撞或近似前碰撞事故时，固装在组件内的气囊以规定方式冲破外罩充气膨胀。在转向盘外壳和仪表板上刻有“Air Bag”或“SRS”（辅助乘员保护系统）或“SIR”（辅助充气保护系统），表明该车装有气囊，如图 2-14 所示。装有驾驶人气囊的乘用车仪表板上有一个指示灯，向驾驶人表明气囊系统状态，汽车用户手册上说明了该指示灯的功能。尽管汽车厂规定了维护或检查要求，但大多数气囊系统不需要常维护就能处于可用状态。

## 2 安全气囊安装位置

驾驶人座的气囊在转向盘的中央，如图 2-15 所示。

图 2-14　安全气囊车内标志

图 2-15　转向盘中央的安全气囊

副驾驶人气囊在右侧仪表板内。

**注意**

如果在乘员和气囊中间有什么物件，气囊就可能无法正常膨开，或者可能会将此物件打到乘员身上，导致严重伤害甚至死亡。因此，在气囊膨开的空间内不能有任何东西，千万不要在转向盘上或气囊罩盖附近放置任何东西。

## 3 安全气囊使用注意事项

**1 安全气囊必须与安全带一起使用**

只有在中度至重度正面碰撞时，气囊才可能膨开。而在翻滚和后端碰撞时、或在低速正面碰撞时、或在大多数侧面碰撞时都不会膨开。车内的所有乘客都应当系好安全带，无论他的座位有没有设置安全气囊。

❷ 乘车时与气囊保持合适的距离

气囊膨开时的爆发力很大，如果离气囊太近，例如身体前倾，可能会受到严重伤害。

❸ 气囊不是为儿童设计的

气囊加上三点式安全带能够为成年人提供最佳的保护，但却不能保护儿童和婴儿的安全。汽车的安全带和气囊系统都不是为儿童设计的，他们需要用儿童座椅进行保护。

❹ 安全气囊的日常维修

车辆的仪表板上装有安全气囊的指示灯，在正常情况下，点火开关转到"ACC"位置或者"ON"位置时，警告灯会亮4～5s进行自检，然后熄灭。若警告灯一直亮着，则表明安全气囊系统有故障，应立即维修，以免出现气囊失灵或误弹出的情况。

### 思考练习

1. 在换挡时不完全踩下离合器会出现什么后果？
2. 后视镜应该如何调整？
3. 安全气囊必须与安全带一起使用吗？为什么？

## 第二节 汽车运行操作方法和技巧

### 一 汽车起动三步曲

汽车在起动时要做到"一看二查三起动"。

#### 1 看

绕汽车转一圈，如图2-16所示。主要以查看汽车的外表和环境为主，确定车前车后有无障碍物，停车位置的地面有无可疑的油渍或水渍，前后灯具总成是否有损坏，轮胎气压是否充足。

#### 2 查

查看发动机的机油、冷却液是否够量，前后照明灯、信号灯和仪表是否工作正常，主要以检查汽车内部的技术状态为主。掀起发动机罩，抽出油尺查看机油高度位置是否正常，拧开散热器盖查看冷却液液位是否正常。同时查看冷却液和制动液，这些液体的储液罐大多呈

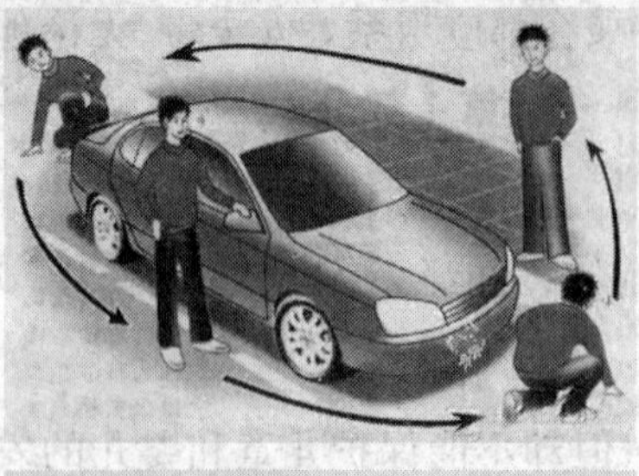

图 2-16　汽车周围安全确认

透明状，一目了然。将点火锁匙转到开的位置（并不是起动发动机），查看仪表板各个仪表和指示灯是否显示正常。依次开启和关闭小灯、前照灯、会车灯、雾灯、转向灯，故障灯、倒挡灯和制动灯等，尤其要重视转向灯和制动灯，确保它们在任何时候都保持良好的状态。

### 3 起动

在以上两项都正常的情况下，转动点火锁匙起动发动机，每次起动时间不要超过 10s，冷起动时，踩加速踏板要轻缓渐进，切忌一起动就立即重踩加速踏板使发动机转速急剧提升，否则会由于润滑不好而容易造成轴瓦损伤。发动机起动后，密切注意油压、冷却液温度、仪表灯的变化，待仪表符合正常值或仪表灯熄灭时才可以换挡汽车起步。

## 二 手动挡汽车的平稳起步及行车省油技巧

### 1 手动挡汽车的平稳起步

具体操作步骤：

（1）起动点火开关。

（2）打开左转向灯。

（3）彻底踩下离合器踏板并将挡位换到 1 挡，如图 2-17所示。

图 2-17　汽车手动挡变速杆

（4）通过内外后视镜和向左转头目测，确认左侧和后方的安全。

（5）按下驻车制动器按钮，松开驻车制动器。

（6）左脚缓慢抬起离合器踏板，直到车身轻微抖动后定住离合器踏板，右脚同时轻踩加速踏板。

（7）车身开始移动后，稍微重踩加速踏板。

（8）左脚慢慢松开至完全松开离合器踏板，起步完毕。

### 2 手动挡汽车行车的省油技巧

#### ❶ 脚轻

脚轻指脚踩加速踏板要轻。一是控制起动时的加速踏板，起动发动机时，加速踏板以略高于怠速时为好，不要将加速踏板踩到底，否则进入汽缸的燃油过多，会“淹死”火花塞，反而不容易起动；二是缓慢加速。

#### ❷ 手快

手快主要指换挡动作要迅速、准确、利索，缩短换挡操作时间，以便减少汽车的动能损失，从而节省燃油。

**❸ 多滑**

多滑指多利用汽车滑行。汽车在行驶中，解除发动机的动力传递，依靠汽车的动能（惯性力）或下坡时的位能继续行驶。但是必须注意：滑行时不得使发动机熄火；不得换空挡滑行，以保障行车安全。

**❹ 少带**

少带指少踩制动踏板。尽量减少紧急制动，防止车轮被抱死出现甩尾、侧滑而“一脚成祸”。为此，要采取预见性制动，当预计到必须减速或停车时，应提前放松加速踏板，将变速杆带入空挡，以滑行减速，待情况处理完后再加速前进，这样既安全又节油。

**❺ 使用经济车速**

经济时速为 60～80km/h。当汽车运行在经济时速时是最省油的，无论车速过高或过低对节油都不利。车速低时，活塞的运动速度低，燃烧不完全。车速高时，进气的速度增加，导致进气阻力增加，这些都使油耗增加。汽车燃油经济性曲线如图 2-18 所示。

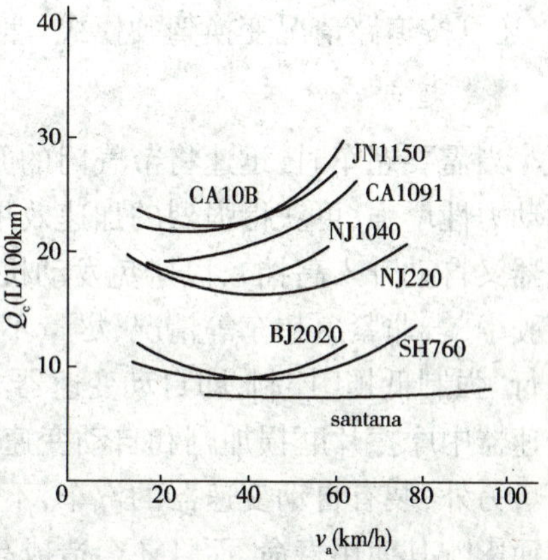


图 2-18　汽车燃油经济性曲线

## 三 自动挡汽车的起步、行车技巧及注意的问题

### 1 自动挡汽车的起步

具体操作步骤：

（1）踩制动踏板起动点火开关，仪表板显示“OK”，并将变速杆置于 D 挡，如图 2-19 所示。

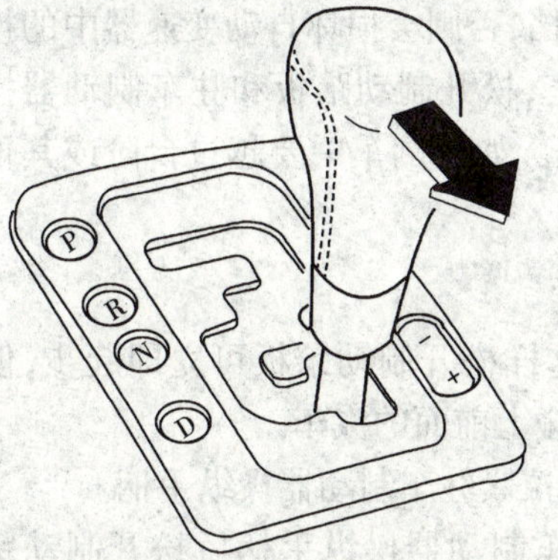


图 2-19　自动挡变速杆

（2）松开制动踏板，踩下加速踏板，并根据踩下加速踏板的轻重自动变换挡位。

（3）根据路况踩制动踏板或加速踏板，无须来回变换挡位。

（4）行驶中也可由 D 挡换 N 挡滑行，但会造成制动变软，且不省油。

### 2 自动挡汽车的行车技巧

**❶ 行车**

（1）平路行驶。行驶时，可将变速杆置于 D 挡，根据节气门开度的大小和车速高低来自动变换挡位，车速达到一定值后，做到“收加速踏板提前升挡，踩加速踏板提前降挡”。

(2)坡道行驶。一般的小坡道，可在D挡下用加速踏板和制动踏板来控制汽车的上、下坡速度。如遇到较长的陡坡，应将变速杆从D挡移至S挡或L挡(视坡度而定)。这样可以避免在D挡上坡时，因高挡位的动力不足而造成自动变速器“循环跳挡”(不断地减挡、加挡)，加剧自动变速器换挡执行元件的磨损。而下坡时，在S挡或L挡下则可以利用发动机的怠速牵制作用来控制好车速。

(3)泥泞路面。将变速杆从D挡移至S挡或L挡。对于有驾驶模式选择键的自动变速器，还可按道路情况变换驾驶模式，然后以手动换入适当的挡位行驶。

### 2 超车

当需要超车时，迅速将节气门的开度增大，这时自动变速器会自动降低一个挡位，汽车的动力性增强，可获得强烈的加速效果。待加速达到要求后，应立即松开加速踏板(自动变速器又自动升入高挡)，以避免发动机的转速过高和对高挡换挡执行元件造成过大的冲击。行驶中，若非紧急超车等情况，尽量不要将加速踏板迅速踩到底，因为这样做自动变速器会进行“强制低挡”控制，即自动变速器立即强制换入低挡，容易使发动机转速过高，造成自动变速器中摩擦片磨损加剧和自动变速器油温过高。

另外，装有自动变速器的汽车，不可使用N挡滑行，不然，不仅容易使自动变速器油温过高而影响其使用寿命，而且还会造成高速旋转的齿轮得不到充分润滑而烧蚀。

### 3 换挡

行驶中，用变速杆换挡时，不要踩下加速踏板，换上挡位后也不要立即猛踩加速踏板，否则，会使自动变速器中的离合器、制动器受损。切忌在车速很高的情况下从D挡换入S挡或L挡，否则会引起发动机强烈的制动作用，使低挡换挡执行元件受到较剧烈的摩擦而损坏。因此，应在车速下降以后再从高挡位换入低挡位。另外，在换入低挡位后，不要猛踩加速踏板，否则容易使发动机的转速过高，造成自动变速器中的摩擦片磨损加剧和自动变速器油温过高。

### 4 倒车

需要倒车时，应在汽车完全停稳后再将变速杆移至R挡，否则会损坏自动变速器中的换挡执行元件或停车锁止机构。如果是在平坦的路面上倒车，松开制动踏板和驻车制动器操纵手柄后，以发动机的怠速缓慢倒车即可，无需踩加速踏板。如果倒车中要越过台阶或其他障碍物，应缓慢踩下加速踏板，并在越过障碍物后及时制动。

### 5 停车

(1)停车时间很短：可在D挡下踩住制动踏板停车，这样松开制动踏板可立即起步，但要注意制动踏板不能有松动，否则，汽车将出现蠕动，可能碰上前面的汽车。

(2)停车时间稍长：可在D挡下踩住制动踏板的同时，拉紧驻车制动器操纵手柄。

(3)若时间较长：最好将变速杆置于N挡，并拉紧驻车制动器操纵手柄后松开制动踏板，以免造成自动变速器油温过高和因制动时间过长而使制动灯消耗过多的蓄电池电能。

此外，不要让发动机在N挡下长时间怠速运转，否则会使自动变速器油因循环不畅而导致温度升高。因此，如不想让发动机熄火，最好在这期间踩几次加速踏板，使油能循环流动，通过冷却器使油温下降。汽车停下后，应踩住制动踏板，将变速杆置于P挡，并拉紧驻车制动器操纵手柄，然后关闭点火开关，使发动机熄火。

### 3 自动挡汽车中途熄火应急措施

装备自动变速器的汽车没有离合器，也就从根本上避免了因操作不当造成的发动机意外熄火，但一些自动挡车型由于机械故障，还是有可能中途意外熄火。遇到这种情况时，把变速杆迅速推入空挡(N)，点火开关转到起动(START)位置，重新起动成功后，再迅速把变速杆拉到D挡，即可正常行驶。如果多次尝试，发动机仍无法起动，说明故障比较严重，这时就应该果断的停车检修。

应用这种方法，必须对车辆的操作比较熟悉，如果用力过大，把变速杆直接推入倒挡(R)，会对变速器造成较大损害，还有些车的点火开关有防止二次起动的功能，必须先转回到关闭的位置，才能重新起动，但一定小心不要让转向盘锁死，另外，发动机熄火后，制动和转向助力也随之失效，这时，需要更大的力量才能控制住车辆。

### 4 自动挡汽车使用的注意事项

(1)只有在P、N两挡时才可以起动车辆。

(2)自动挡汽车在行驶中切不可推入P挡。在行驶方向变动时，D挡与R挡切换一定要等车辆停稳后再做操作。

(3)一般挡位在N、D、3间切换时不用按换挡按钮。从3挡往下的限制挡上换必须按换挡钮，从低挡往高挡换不用按换挡钮。

(4)行驶中切不可换入N挡滑行。

(5)行驶结束停车时，自动挡车必须熄火换入P挡才能抽出钥匙。

## 四 特殊环境驾驶及其注意事项

### 1 行车基本注意事项

(1)行驶时，应注意观察仪表的工作情况，如有异常，应立即停车检查。

(2)行驶时若发现冷却液温度、机油压力、电源等红色指示灯发亮，应立即停车检查，切勿强行行驶，以免造成车辆损坏。

(3)在坏路面上行驶时，请减速慢行，避免因车辆受到冲击而造成轮胎、悬架、车身和底盘部件受到损坏。

(4)并道时，要先打转向灯，再看倒车镜，确认安全后再并道，注意每次并道只能并一个道，不可连续并2个道。

(5)超车时，要先鸣笛或用远近灯交替提示前车，超车后不要急于回原道，要确认与后车距离安全了再返回原道，避免后车提速发生碰撞。

(6)拐急弯，要先把速度减下来，然后拐弯，切忌边减速边拐弯，否则会因为速度过快拐不过来或侧翻。

(7)拐直角弯时可提前打半把轮，入弯后等车头基本朝向调整后方向时就回轮。

(8)拐弯入道，如果道上车较多，要先入最边上的道，再逐渐并道。

(9)在前方有行人站在路中间要减速，并鸣笛提示，即使人是背对着你也要减速，以防行人后退。

(10)行车时要不时的通过倒车镜观察车后的路况，以防紧急情况出现时能妥善应对。

(11)远看是绿灯不要急于加速，以免变灯制动不住车；远看红灯时，再看等信号车的数量，如果多，说明离变灯的时间较短了，如果少，说明刚变完不久，根据情况提前控制车速，不要盲目抢绿灯。

(12)倒车，要控制好车速，前后左右都看看，避免看后不看前，车头扫到旁边的物体。

## 2 雨天行车注意事项

(1)保证车辆刮水器完好且能正常工作方能出车。

(2)雨天能见度差，视线较模糊，行车时须更加集中注意力，专心驾驶。

(3)雨天路面较滑，制动距离较长，须尽量控制车速，并与前车保持比平时远一些的距离，以防发生追尾。

(4)雨天行车视线不好，在转弯、倒车、调头时，千万要特别小心谨慎，必须慢速行驶、仔细观察，确认安全再做操作。

图2-20 雾灯

(5)大雨天或大雾天，要打开示宽灯(小灯)或雾灯，给前后车提示你的车辆位置及宽度或以改善照明亮度，如图2-20所示。

(6)在涉水行驶时，必须减速，谨慎慢行，防止水被吸入发动机或浸湿电气设备而造成故障。涉水后。应注意检查、恢复车辆的制动性能，路面积水较深时不得强行通过。

(7)车辆过水后，应在减速行驶中试踩制动踏板，以确认制动踏板是否正常，确保行车安全。

(8)车辆行驶时，应主动避让电动车、摩托车、非机动车和行人，雨、雾天气更应注意。

(9)在使用刮水时，应避免无水干刮，因为干刮易造成刮水片和风窗玻璃表面的损伤。

## 3 夜间行车注意事项

夜间行车危险性大，在夜间行车时，驾驶人要做到"十个留意"。

### 1 留意开启灯光的时间

一般地，天一黑随着路灯的开启就要主动打开灯光；没有路灯的地方，要根据车速和视距尽量早开灯。开灯不仅仅是为了照明看清前面的路况，更重要的是要让其他的车辆、自行车和行人能够观察到你的车。

❷ 留意控制车速

夜间即使开灯行驶，可视距离也远远小于白天。所以，夜间行车的车速应该适度，以保证车辆的制动距离在前照灯照亮的距离之内，从而能及时应对危险情况。

❸ 留意尽量避免超车

当发现前方有车辆时，要保持比白天更大的车距，尽量不要超车。

❹ 留意在照明不好的地方尽量使用远光灯

只要不违反道路交通安全法律法规，在乡村道路、没有路灯的街道等照明不好的地点尽量使用远光灯，以提高视认距离。对面有来车时，要及时把灯光换成近光，不要使对面的驾驶人目炫。

❺ 留意在照明好的地方使用近光灯

这样可以最大限度借助路灯，把观察视野扩大到前照灯灯光以外的区域。

❻ 留意不要直视迎面而来车辆的前照灯

直视其前照灯，会因受强光照射而突然失去视觉，不能看清前方的道路情况。

❼ 留意车内灯尽量不要打开

夜间行驶，眼睛会逐渐适应黑暗的环境。若打开车内灯，则会使已经适应黑暗环境的视力突然下降。

❽ 留意遇对面车辆不关远光灯时要及时避让

驾驶人须冷静对待这种情况，应尽量减速行驶，注意不要直视对面的灯光，而应仔细观察道路右侧边缘的同时，用眼睛余光观察来车，千万不要赌气用强光“还击”，这样会使两个人都看不见，极易发生事故。

❾ 留意前方道路的情况

夜间行车时，常会遇到停靠的车辆、意外障碍物以及不易被观察到的行人或自行车等。另外，也会因突然出现的急转弯或陡坡而看不到前方的路面。因此在行车时要集中注意力，时刻观察前方道路情况，谨慎行驶，随时准备应对突发情况。

❿ 留意前方车辆灯光的异常情况

行车中会遇到对方来车是只有一个灯时，容易导致对来车横向距离的判断失误；有时前方顺行车辆只有一只尾灯，有的车辆甚至尾部没有亮光，制动灯、尾灯全没有等情况，若稍不注意，很容易造成追尾。

## 4 行车紧急情况的处理

❶ 上坡时车熄火

要立即紧紧踩住制动踏板，同时拉住驻车制动器操纵手柄，然后把车换到 1 挡，踩离合踏板点火；万一车制动不住，把转向盘向左或右打并鸣笛警示，让车驶到路肩上停住，千万不能任其自行下滑。

**2** 爆胎

不要急于迅速减速，先稳住方向，点制动、减挡，把车停到安全位置。

## 思考练习

1. 手动挡汽车和自动挡汽车在行驶中有什么不同？
2. 涉水行驶时，应注意哪些事项？
3. 夜间行车时，遇到对方一直开远光灯时应该如何处理？



# 第三节　汽车的维护

## 一　汽车日常维护作业

### 1 出车前的日常维护

(1)检查和清洁驾驶室内外、后视镜与风窗玻璃。

图 2-21　轮胎气压的检查

(2)检查转向装置和横、直拉杆等连接部件是否牢固可靠；制动器、离合器的工作情况是否良好。

(3)检视轮胎气压、外观，检查汽车外露部位的螺栓、螺母是否齐全有效，坚固可靠，如图 2-21 所示。

(4)检视变速器油、润滑油、冷却液、制动液、液压油液量是否符合要求，不足时及时补充，如图 2-22 所示。

(5)检视蓄电池电解液液面高度，如图 2-23 所示。

(6)检视照明、信号、喇叭、刮水器、后视镜、门锁是否齐全有效。

### 2 行车中的维护

**1** 行驶时的维护检查

(1)观察仪表显示的冷却液温度、润滑油压力、制动气压是否正常，各仪表工作是否正常，如图 2-24 所示。

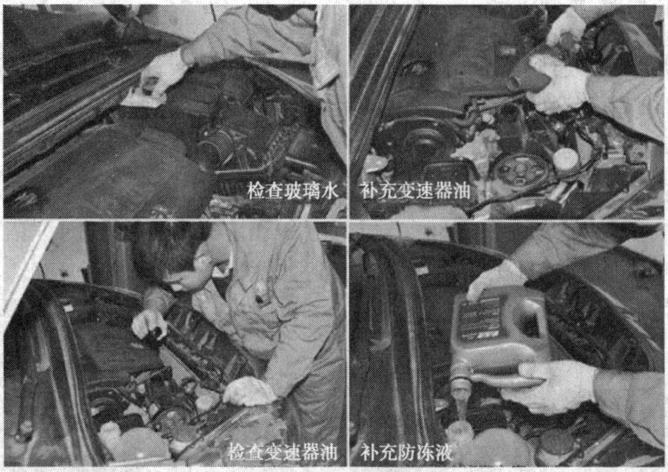


图2-22 “四液”的检查与添加

(2)注意信号灯、喇叭、音响是否正常。

(3)注意转向系统、制动系统是否灵活有效,离合器是否工作正常。

(4)注意发动机和底盘有无异响和异味。

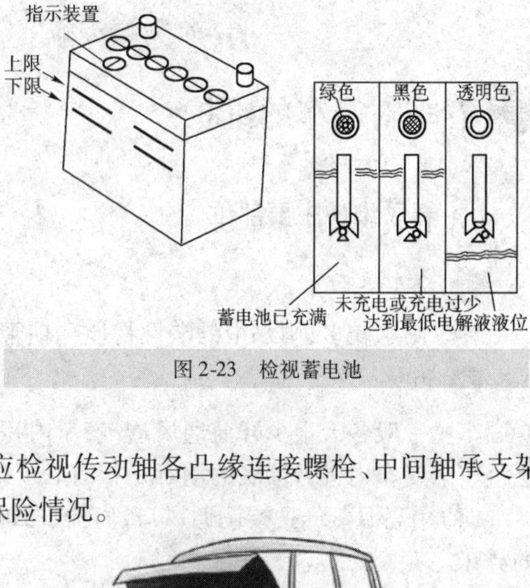


图2-23 检视蓄电池

**❷ 停车时的维护检查**

(1)检视车辆有无漏水、漏气、漏油、漏电现象,如图2-25所示。

(2)检视轮胎外表及气压,清除胎纹中的杂物。

(3)检视制动器有无拖滞发热现象,检视悬架系统。

(4)检视横、直拉杆球头销连接、锁止情况,对于发动机前置后轮驱动的载货汽车,还应检视传动轴各凸缘连接螺栓、中间轴承支架螺栓的紧固以及万向节十字轴轴承盖板锁片保险情况。

图2-24 仪表板

图2-25 “四漏”的检视

### 3 收车后的日常维护

(1)检查发动机是否运转正常,检查有无漏水、漏油、漏气现象。

(2)清洁汽车外表及驾驶室内部,检视轮胎压力,并清除胎纹中的杂物。

(3)检查制动器是否发热或过烫。

(4)及时补充燃油、机油等工作液,如图 2-26 所示。

(5)检视冷却系统,夏季需要定期换冷却液,冬季应采取必要的防冻措施。

(6)整理车辆证件、随车工具及附件等物品,如图 2-27 所示。

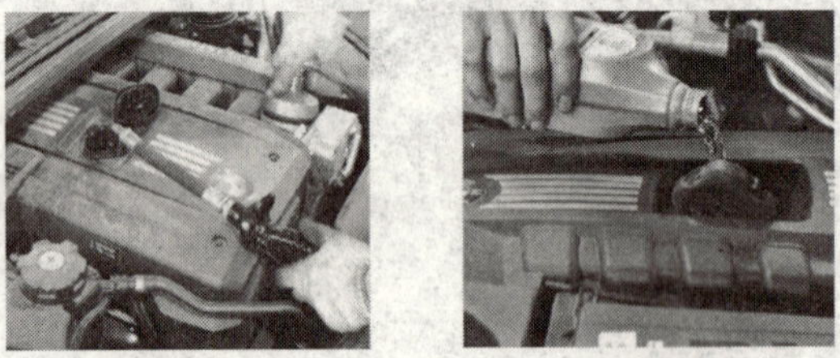

a)机油枪添加机油　　b)手工添加机油

图 2-26　机油的添加

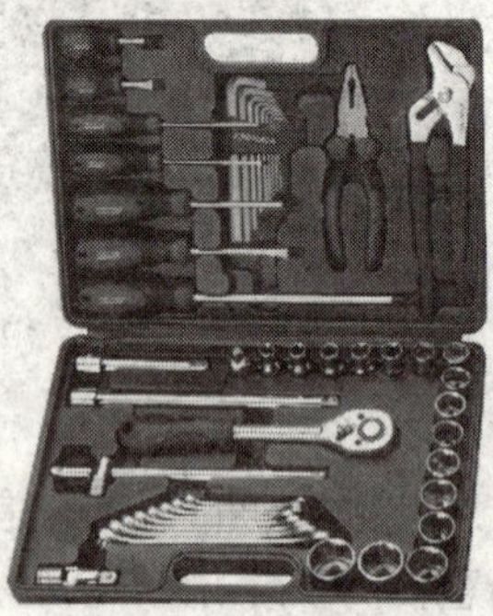

图 2-27　随车工具箱

## 二 春季对汽车的维护

### 1 春季维护主要部位

#### 1 汽车漆面

春季雨水较多,雨水中的酸性物质会损害汽车漆面,应养成雨后洗车打蜡的习惯。

#### 2 内饰

车主一般冬天很少开窗通风透气,车内积聚了大量细菌,春季细菌、病毒容易滋生,所以这个季节对车内进行彻底的消毒是很有必要的。

(1)用高温蒸气把空调通风口、座椅、内饰等边边角角的污渍清除掉,同时也可去除车内的异味。

(2)再用专用的内饰清洗剂对操控台、车门等部位进行清洗消毒。

**注 意**

车主在自己对汽车内饰进行清洗时,要用中性的洗涤液进行清洗,千万不要用含有较强酸碱性的物质清洗,另外,在清洗时要注意避免音响、收音机、CD 等电气设备进水而受到腐蚀。

**3 底盘**

长假期间自驾车出游回来后，仔细检查底盘是否有擦伤，如有，应及时修补，做好密封防锈工作。

**4 冷却系统**

清洗发动机水套，清除冷却系统中的水垢，检测、调试节温器效能。

**5 机油**

如果使用的机油黏度过高，应及时改换为春季用润滑油。

**6 蓄电池**

检查蓄电池的工作性能是否良好，如有必要，到维修站去做检测。

**7 轮胎**

远行回来后一定要给汽车轮胎做一次系统的检修工作，最好是做一次四轮定位。

## 2 清洁

春季户外灰尘、柳絮较多，因此清洁工作便是日常维护中的一项重要内容。

**1 车身清洁**

(1)用水将车各部分都冲洗一遍，让污物预先湿润。

(2)对粘结坚固的泥块、鸟粪等赃物，用毛刷刷洗并用水冲干净。

(3)用高压水按从上到下的顺序冲洗车的每个部位，冲洗底盘时水压应大一些。

(4)洗车时应使用专用的汽车清洗液，长时间使用洗衣粉或肥皂将造成漆面失去光泽，严重的还会腐蚀漆面。

(5)用清洗液洗车后，应用清水再把车从头到尾冲洗一遍。

(6)尽量不要在强光暴晒以及热车时洗车，这样易造成漆层脱落。

**2 汽车内饰的清洁**

(1)用毛巾或海绵沾上车洁士专用清洗剂，擦洗仪表板的每个角落。

(2)清洗化纤表面前先用洗尘器将灰尘吸掉，然后用车洁士专用清洁剂浸润几分钟，待灰尘溶解后，再用毛巾擦洗干净。

(3)真皮制品可用毛巾沾少许清水(或车洁士专用皮塑清洗剂)擦洗即可，注意小心使用皮革防护品，劣质的防护品不仅不能起到防护作用，反而还会对皮革产生损伤。

(4)镀铬表面也应经常擦洗以保持其光亮程度，当发现镀铬表面已经划伤时，应及时密封防止锈蚀继续扩展。

**3 防腐**

春季气温升高，加上空气潮湿，各种病菌繁衍生长，因此要特别注意汽车室内的防菌工作。保持座室内保持干爽卫生，特别是对汽车坐垫、脚垫、地毯、出风口等卫生死角要做好清洁工作。定期清扫整理后备舱中的杂物，防止久置而霉变产生异味。

### 3 检查工作

定期对汽车进行检查,及时发现潜在的故障,防患于未然。

(1)检查机油、制动液,如缺少要及时补充。

(2)检查底盘是否有漏油、漏水现象。

(3)检查轮胎气压、胎面的磨损状况,螺母有无松动现象。如果驾驶起来感觉有跑偏或打摆的现象,要到维修站做四轮定位或动平衡检查。

(4)检查风扇传动带有无破损或断裂,调整传动带的松紧度。

(5)检查全车线束的连接情况,有无线皮开裂、松脱、接触不良等现象。

### 4 注意冷却液不要换成清水

春季来临,气温的逐渐回升,如果冷却液不足,不能随意地用清水来补充。清水易生成水碱、水锈,而且沸点低,极易造成“开锅”,因此不能随意将冷却液换成清水。同时换冷却液时顺便检查左右两侧排水孔是否被堵塞,以免下雨后,雨水排放不畅,倒灌进车。

## 二 夏季对汽车的维护

### 1 夏季维护主要部位

夏季对汽车维护的重点集中在空调及制冷系统、蓄电池、制动和轮胎这三个方面。

#### 1 空调及制冷系统

(1)正确使用空调。

①先开空调外循环。夏天停放在烈日下的汽车,车内温度可能高达 60 ~ 70℃,这时应先把车门、车窗打开,可以先使用风扇进行通风,等 2 ~ 3min 热气排出后再坐进去发动汽车,且不要急于关上车窗,先打开空调外循环,待车厢内外温度相近时,再关闭车窗,启用内循环。这样做避免了发动机起动时过大的负荷,同时空调压缩机也能很快进入到最佳工作状态,所以是最好的选择。

②开冷气时将出风口向上。空调出风口的方向也很有讲究。根据空气流通的物理原理,冷空气会下沉与热空气形成对流。因此开冷气时将出风口向上,让车市冷热空气对流,提高降温的速度。另外,空调温度不要调得太低,自动恒温空调一般车厢内外温差不要超过 10℃。非恒温式空调,可先把冷气温度设在最低,风速开到最大,等觉得冷时再把温度调高一点,把风速降一挡。

③到目的地前先关空调。空调异味的产生,大多是由于空调管道内的冷凝水形成一个阴暗潮湿的环境,使得霉菌的繁衍而造成的。如果一停车就关掉空调,那么冷凝水可能淤积在空调管道内,形成污染源。所以一般要在到达目的地前 3 ~ 5min 关掉空调,或者到达目的地后关掉空调电源,保持风扇空转适当加大风量,在停车前使空调管道内的温度回升,就可以减少冷凝水的产生而保持空调系统的相对干燥,霉菌自然也就没有了生存的空间。

### ❷ 蓄电池维护注意事项

对汽车上使用的蓄电池来说，由于夏季气温高，蒸发量大，电解液水分随着蒸发的加剧而不断减少，因此要及时补充蒸馏水，注意蓄电池电解液的相对密度和数量，保持电解液的相对密度不变，以免缩短蓄电池的使用寿命。

除此之外，夏季蓄电池维护还需注意以下几点：

(1)检查蓄电池在支架上的固定螺栓是否拧紧，安装不牢固会因行车振动而引起壳体损坏。

(2)时常查看极柱和接线头的连接是否可靠，为防止接线头氧化可涂抹凡士林等保护剂。

(3)不可用直接打火(短路测试)的方法检查蓄电池电量，这样会对蓄电池造成损害。

(4)普通铅酸蓄电池要注意定期添加蒸馏水。

(5)电池盖上的气孔要保持通畅。

(6)在蓄电池极柱和盖的周围常会有黄白色的糊状物，这是因为硫酸腐蚀了根柱、线卡、固定架等造成的，这些物质的电阻很大，要及时清理。

(7)当需要两只蓄电池串联使用时，蓄电池的容量最好相等，否则会影响蓄电池的使用寿命。

一般免维护蓄电池从出厂到使用可存放 10 个月左右，其电压与电容保持不变，质量差的蓄电池在出厂 3 个月左右电压与电容会开始下降。

### ❸ 制动以及轮胎

(1)制动系统：主要是指驻车制动系统，检测要相对简单，将车开到一段路面平整的斜坡上(坡度为 15°～30°)停住，拉驻车制动器操纵手柄，车辆稳停、没有往后退移则表明驻车制动器工作正常。如果没有适合检测的斜坡，则可根据驻车制动器操纵手柄拉起的高度来判断其使用状态。

(2)轮胎：主要检测项目为胎压以及有无磨损、开裂和鼓包情况，如图 2-28 所示。

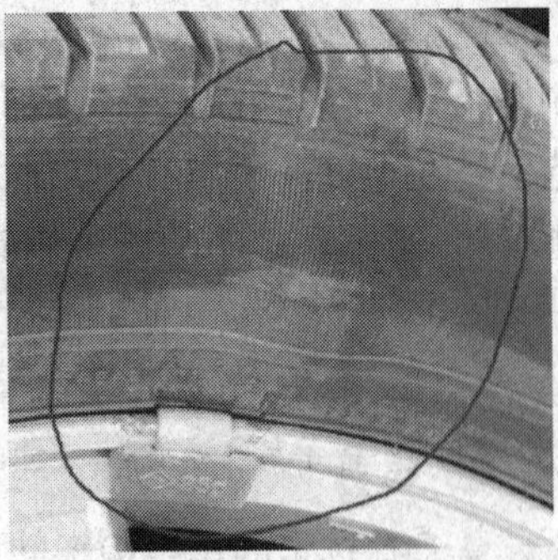

图 2-28　轮胎鼓包

①检测胎压有专门的轮胎压力器。不符合标准的，须适当放气或补气来调节。

②从轮胎的表面观察有无磨损、开裂和鼓包情况，后两种情况因为特性较明显相对容易发现，磨损情况则得根据轮胎上的胎面磨损指示标记来判断。作为胎面状况的直观标记，胎面磨损指示标记被模压在胎面纹槽的底部，横贯胎面宽为 13mm 的带形区，当轮胎磨损到磨损指示标记显露，此时轮胎花纹深度为 1.6mm，这时应更换轮胎，否则会轮胎打滑，产生行车危险。

## 2 夏季用车“四防”

夏季用车由于环境的变化与其他时间有所不同，归纳起来主要有“四防”。

### 1 防水

夏季来临雨水增多,不可避免会涉及到防水的问题。主要定期对汽车做以下4项检查:

(1)检查胶条密封性。

(2)对底盘进行护理。

(3)检查轮胎。

(4)检查及清洁排水槽。

### 2 防晒

汽车经长时间的暴晒,不仅会损伤漆面,还会导致内饰老化。注意汽车防晒:比如,车主在停车时尽量把车停放在地下车库或者阴凉通风处,不要直接停放在太阳底下暴晒。如果停车场有树荫,可以停放在树荫下。同时,在夏天洗车时,可以常常清洗一下散热器,可去除附着在上面的杂物,这样发动机更容易散热。

若经常户外停车,那就要考虑给爱车涂上"防晒油"。一般洗车打蜡能起到一定"防晒"作用,但若条件允许,可以考虑为汽车做个晶亮釉,也就是给爱车涂上一层含紫外线反射剂的高分子结构漆面护理剂,相当于在漆面上增加了一层保护膜。

### 3 防火

夏季用车防火主要是防止车辆自燃,夏季汽车自燃事故发生的频率要远远高于其他季节。造成汽车自燃的原因多种多样,如车体内的电线因维修或加装车内配置等原因暴露在外,行驶中发生摩擦、破损而造成短路起火;因油路有问题而产生漏油等现象,一旦出现静电火花往往起火。此外,不可加油过满。汽车加油口盖都有通气孔,如果汽油加得太满,行驶的颠簸会使汽油溢出,遇上静电就会引发火灾。

### 4 防爆

高温酷暑条件下,应尽量避免长时间行车。汽车在高温条件下行驶时,车辆运行轮胎散热慢,易使气压增高而引起爆胎,严重的将导致交通事故。因此,夏季应经常注意轮胎气压,特别是在上高速公路行驶以前,更是要仔细检查。车主检查胎压最简单的方法就是学会目测车胎,通过观察轮胎接触地面的变形程度来判断轮胎的胎压是否正常。

## 3 夏季用车误区

### 1 树荫下侧倾停车

夏天有较多的车主为了防晒,专找有树荫的位置停车。这本是一种正确的处置方法,但由于较多树荫都是在人行道上,所以一些车主就将车头或者半边车身开上人行道。这样停车最大危害在于,由于人行道与路面有高度差,因此四个轮胎的承重不一样,容易造成轮胎的损坏并导致行驶时爆胎,因此正确的停车方式仍然是选择地下车库或者平放。

### 2 长时间使用内循环

有些车主为了制冷效果,在开空调时长时间使用内循环,并将温度调得非常低。而车内长时间使用空调,容易导致一氧化碳中毒。因此,车辆在停驶时使用空调,不要把车窗全部关闭,或使用外循环注意车内通风。车辆即使在行驶时,也应该经常开窗换气。

❸ 夏季一定要降低胎压

有些车主每逢雨季,便将胎压降低一些,目的是使轮胎和地面间摩擦面积增大,进而增大附着力。其实,胎压过低比胎压高更加危险,因为胎压过低,使轮胎与地面接触面积增加,高速时也会使轮胎温度迅速增加导致爆胎,并且使耗油量增加,轮胎寿命降低。

### 4 杜绝隐藏"杀手"

由于夏季温度高,汽车容易遭受直晒,车内温度会非常高,留在车内的一些物品就有可能变成"杀手"的危险品,一般要注意以下物品不要留置在车内:

(1)打火机:这是最危险、也是最容易遗留的物件。一些车主并且习惯随手将气体打火机放在仪表台上,这是非常危险的。一次性气体打火机中的气体会受热膨胀,塑料壳体会因受热而发生爆炸,一旦与车内一些油料、易燃物质等接近非常容易引发火灾自燃事故。

(2)碳酸饮料:饮料里溶解的气体在高温下会挥发出来,造成饮料瓶的爆裂。由于目前市面上饮料的品种众多,饮料类型也层出不穷,在无法识别其成分的时候尽量把它们随身带走。

(3)香水:绝大多数人都喜欢放一个香水座于车内,但夏天最好将香水移除,因为香水挥发后会产生一种易燃气体,其爆炸临界点为49℃。而夏天只需阳光照射15min,密闭停放的汽车温度就会达到65℃,这很容易引起香水爆炸,而且有液体的香水瓶在太阳照射下,也可能产生凹凸镜的效果。

## 四 冬季对汽车的维护

### 1 入冬汽车使用特别注意的问题

❶ 冷却液温度上升中不应急加速

当车辆预热1~2min后,发动机冷却液温度并不能完全上升,此时开启空调系统也是比较费油的,因此不能马上就重踩加速踏板。正确的做法是:缓踩加速踏板,自动挡车辆按照常规模式换挡,手动挡车辆在2000~2500r/min,待冷却液温度升高后即可正常行驶。

❷ 机油的选择

汽车在冬季行驶时,可以选择低温黏度低的机油,如用10W-40、5W-40(图2-29)的机油,在低温条件下可以适应更好。此外,针对一些精密度较高的发动机可以使用0W-20、5W-30等类型的机油。

❸ 汽油的选择

冬季的时候可以更换高标准的汽油,如果平时使用的是90号汽油,可换为93号汽油。因为冬季的用车环境温度低,使用高的汽油燃点更高,打火能力更强。

图2-29　机油

### 4 防冻液的检查

(1)确认防冻液冰点是否符合冬季最低温度的要求。

(2)检查确认防冻液的量是否合适,不同品牌、型号的防冻液不能混用。

### 5 蓄电池的冬季维护

冬季汽车的耗电比其他季节要大得多,因而对蓄电池进行特殊维护是非常必要的。

(1)使用和保存蓄电池时注意保温,低温环境下蓄电池容量比常温时的容量低得多。

(2)入冬前应检查电解液液面高度,不足时加蒸馏水,液面应高出极板10~15mm,半透明壳体的蓄电池,可参照壳体表面的刻度线,调整电解液密度,并对蓄电池充电。

(3)清洁蓄电池表面不要用水冲洗,用水冲洗会使污物进入蓄电池内部,造成故障隐患,甚至早期损坏。

正确的做法:用湿布把蓄电池外部擦洗一遍,把面板、极桩上(即正负两个极头)的灰尘、油污、白色粉末等易造成漏电的污物擦拭干净。

(4)清洁蓄电池接线和极桩的方法与清洁蓄电池表面类似,接线卡上的氧化物过多时,可用细砂纸轻轻打磨干净。在接头上涂专用油脂防止氧化,接头与蓄电池极桩连接可靠。

### 6 确定暖风系统的正常

暖风系统在停止使用很长时间后,也会出现故障,所以冬季行车前,要先试一下有没有热风、风机运转有无异响、风管是否通畅。有时遇到暖风水管中的防冻液长期不流动,凝结堵塞了循环管路的情况,虽然不影响行车,维修起来却十分麻烦,因此有了问题一定要及时到修理厂进行维修。

### 7 确定轮胎的完好

轮胎橡胶在冬季易变硬而相对脆,摩擦因数会降低,轮胎气压不可太高,更不可过低。冬季要经常清理纹内夹杂物,尽量避免使用补过一次以上的轮胎,更换掉磨损较大和不同品牌不同花纹的轮胎。轮胎内外磨损大不相同,为保证安全、减少磨损,应定期给轮胎更换位置。

## 2 冬季汽车起动检查

### 1 起动

(1)冬季起动车辆前如果不好起动,最好隔30s左右再次起动,切忌连续点火,以防造成起动机烧毁及蓄电池耗尽电能,当发动机正常工作后再开前照灯等用电设备。

(2)停车时则要先关各种电器,最后灭车。

(3)停车后尽量不要大量耗电,特别是电动窗、天窗、前照灯、喇叭等耗电量大的设备。

冬季汽车起动前的注意事项：

如果车窗和车门有积雪，着车后不要立即开启电动窗，以免雪块凝滞造成电动摇窗电动机负荷过大；前后风窗玻璃除雪和合理有效地清除底层的细冰层，切忌首先开启前后风窗刮水器，这样会对刮水器橡胶和电动机有损害，可以开启前风窗暖风和后车窗玻璃加热器，如果不能在短时间内奏效，可以使用较粗糙的抹布用力擦去玻璃上的冰块。为避免在玻璃上造成划痕，不能使用金属物，应到汽配店购买专门贴模用小擦板。

**2 预热**

在冬季起动发动机后需要怠速暖车。因为发动机经过较长时间静置，各摩擦面上的润滑油膜消失，并且低温下润滑油的黏度很大，润滑效果变差。此时，起动发动机的阻力增加，至少60%的功率都用于克服冷机运行阻力。发动机冷起动时的磨损量占所有磨损量的1/2左右。暖车可以减少磨损、延长发动机的寿命。

暖车的时间一般以能够正常怠速运转为宜。从快怠速状态的1200r/min降至800r/min，只需观察转速表就可起步。起步后以低速挡运行一段距离，使变速器和行驶装置的齿轮箱润滑油升温。

**3 起步**

冬季起步一定要十分柔和缓慢，这样一方面是为了让发动机在未达到正常运转温度时负载尽量小，另一方面也让轮胎在没热起来还处于较硬的状态下有一个渐热的过程，对发动机、轮胎及安全都有好处。

### 思考练习

1. 汽车在出车前要进行哪些维护作业？
2. 清洗汽车内饰应注意哪些事项？
3. 冬季汽车的起动，为什么要先预热？这样做有什么好处？

## 第四节　汽车故障应急处理

### 一 汽车行驶中发动机温度不正常

在汽车行驶过程中，发动机温度不正常，其检查、处理方法见表2-1所示。

发动机温度不正常的检查处理方法　　表 2-1

| 序号 | 故障现象 | 故障原因及检查方法 |
| --- | --- | --- |
| 1 | 温度表升至 80℃左右就开锅 | 温度表升至 80℃左右就开锅的原因：<br>①发动机缸体水套或散热器的水垢太多，冷却液不能正常循环，造成缸体内个别部位温度特别高，导致冷却液温度差异较大；<br>②发动机缸盖螺栓没有旋紧或力矩不均匀，使汽缸的气体反冲冷却液道，促使冷却系统温度不平衡 |
| 2 | 温度表指示温度有时突然升高至 100℃，有时又降至正常 | ①严寒冬季，检查散热器是否被冻结；<br>②冷却液温度表两根导线接触不良，有接头短路或断路，其表针便会升至 100℃，受颠簸起动影响其导线接触变化；<br>③冷却液温度传感器被水垢锈蚀，不能正常感受冷却液温度，可清洁冷却液温度传感器表面；<br>④冷却液温度表本身故障 |
| 3 | 怎样检验冷却液温度表是否有故障 | 可在冷却液温度传感器的接线柱上用螺丝刀在机体搭铁（此时点火开关应接通或发动机在运转），若冷却液温度表指针立即从 100℃的一侧向 40℃移动，则冷却液温度表良好，否则是冷却液温度表有故障。<br>注意：电控发动机不能采取该方法检验 |

## 二 汽车行驶中油液缺失

在行车途中，汽车上的油液发生泄漏，而附近又没有汽车维修点时，首先要找出泄漏的部位并进行临时的补救措施。然后检查油液是否能够维持行车，如果缺失严重，而又无多余的油液可以补充，可以就地取材选择代用品。但代用品各方面性能比原油液相去甚远，所以再次行车时要倍加小心，以免车辆受到损害。

若发动机机油缺失，可以将食用油做替代品。行车时注意要小负荷行车。

若缺失的是制动液，可以临时用酒精、白酒应急代用。不得已也可用一定浓度的肥皂水来代替。回到驻地后应及时清洗制动系统并加入符合要求的制动液。

若防冻液缺失时，可将随车携带的纯净水加入散热器，也可加入冷开水。

## 三 汽车行驶中发动机散热器渗漏

汽车在行驶中，发现发动机散热器渗漏，可以采取以下措施：

（1）在有条件的情况下，可卸下散热器焊修。

（2）将散热器泄漏处刮净，用 502 胶浸入棉纱后，用工具塞入裂纹处，压 5min 后松开，待其固化后即可。

（3）当散热管破漏时，可用钳子夹断，并将其两端开口夹扁，再涂以环氧树脂胶粘合，也可用肥皂裹上胶布堵漏。

## 四 汽车行驶中轮胎突然爆裂

汽车行驶中，当听到“叭”的一声爆破声，车身随即向一方下沉，行驶中靠一边偏斜，说明是轮胎爆破。此时，应沉着冷静，要握住转向盘，慢慢减速，并靠边停车，同时注意车辆行人、防止刮碰。

听到轮胎爆破声、感知爆胎时，不要急制动，防止与后面的车追尾，更不要伸出头观察，以免刮碰。

更换轮胎时，应将车停靠路边，在平坦、硬实的地段进行。

## 五 汽车着火后的扑救

汽车万一发生火灾，驾驶人切忌惊慌，在保证自身安全的前提下，应采取一定的扑救措施。

(1)用车载灭火器灭火。灭火器是必须随车携带的装备。如果是干粉灭火器，最好每年去当地消防器材商店检查一次，检查干粉的粉剂是否结块，提供喷射动力的内置氮气瓶压力是否下降，如图2-30所示。

图2-30 灭火器的正确使用

(2)及时报警。不论火灾的大小，一定要及时向119报警。救火是不收费用的。及时报警，可以有效地避免一旦自身无法将火扑灭时，消防人员未及时赶到而导致的损失。

(3)注意保险合同上的内容。可根据自己车辆保险合同上的内容去确定能否得到赔偿。

扑救汽油、酒精防冻液着火时的注意事项：

(1)遇到汽油着火千万不可惊惶失措，应冷静扑救，千万不可用水泼和拍打的方法灭火。

(2)汽车使用酒精防冻液时，万一不慎引起着火，可立即用水泼火焰上部。水可冲淡酒精防冻液的浓度，使火势减弱，利于扑灭。

## 思考练习

1. 电控发动机怎样检查冷却液温度表是否有故障？
2. 在行车过程中突然爆胎应该怎么处理？
3. 汽车着火后应注意什么？

# 第三章 汽车维护

Chapter 3

## 第一节　概　述

我国现行的汽车维护制度贯彻“以预防为主,强制维护”的原则。“预防为主”的设备管理原则世界通行,只有做好事前的预防性工作,才能使设备经常保持良好的技术状况,减少故障频率,降低消耗,延长使用寿命。现行的汽车维护制度,将过去的计划预防维护制度的“定期维护”改为“强制维护”,这是为了进一步强调维护的重要性和必要性,使运输企业和个人更重视车辆的维护,防止因追求眼前利益而不及时维护,从而导致车况严重下降,影响行车安全。

对于非运营车辆一般按各厂商的企业标准执行,厂商在保证车辆技术状况前提下,会根据车辆的设计要求、使用条件、客户满意度、市场利润等因素确定自己的标准。本章以汽车30000km维护为例,介绍典型汽车定期维护作业内容及技术要求。

为有效地进行汽车维护工作,可以通过缩短行程距离、减少走动次数、减少不合理的工作地点、减少举升操作的次数等提高维护的工作效率,以下是提高工作效率的一些措施。

### 1 缩短车辆周围的工作路径

(1)将尽可能多的工作集中在同一地点,并一次做完。

(2)车辆周围的运动路线应始于驾驶人的座位,终于维修人员围绕车辆工作一次的结束地点。

(3)工具、仪器和更换部件应该提前准备好并置于易于拿取的地方。

## 2 改善工作时的姿势

尽量减少蹲式或弯腰。

## 3 减少举升次数

按照工作时的位置和可以集中的工作把工作项目分类，这样能完成所有可以在相同位置、相同时间做的工作。

在图3-1中，6个顶起位置已可使技术员完成其全部操作。图中1是举升器未升起，2是举升器稍稍升起，3是举升器升起较高，4是举升器升至中位，5是举升器升至低位，6是举升器升至低且轮胎触及地面。

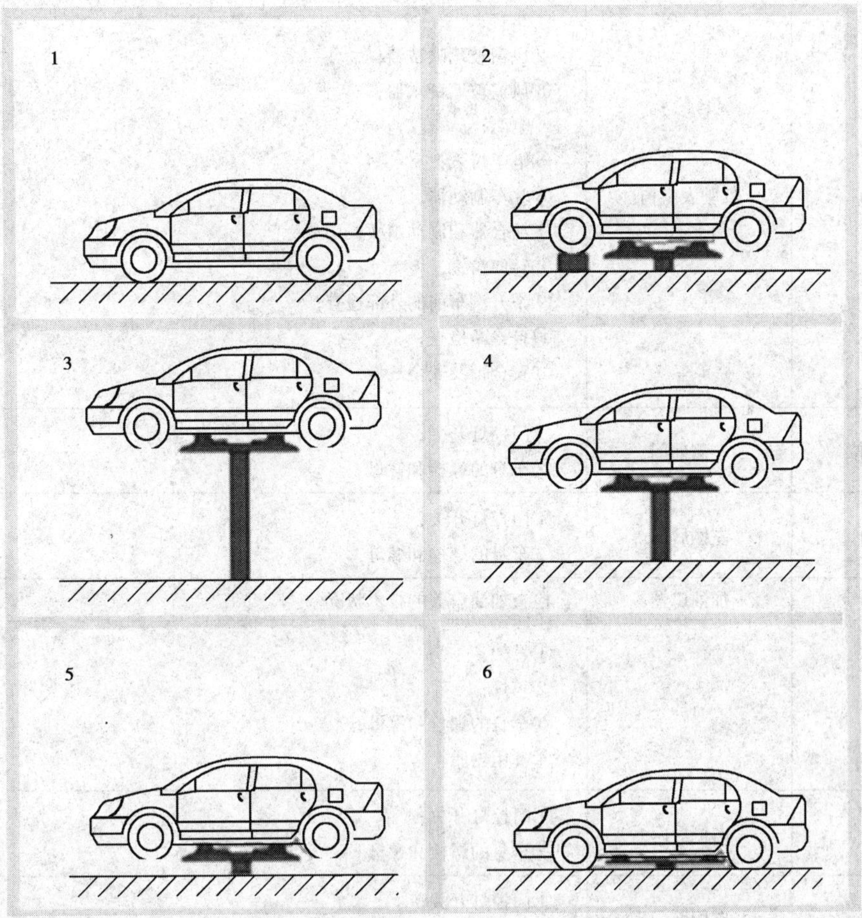


图3-1　6个顶起位置

# 第二节　汽车处于位置1的维护

<table>
<tr><td>顶起位置1：<br>汽车处于水平<br>地面上</td><td colspan="2"></td></tr>
<tr><td>序　号</td><td>检 查 位 置</td><td>作 业 内 容</td></tr>
<tr><td>(1)</td><td>驾驶人座椅</td><td>①车灯；<br>②风窗玻璃喷洗器；<br>③风窗玻璃刮水器；<br>④喇叭；<br>⑤电子仪表；<br>⑥驻车制动器；<br>⑦离合器和制动踏板；<br>⑧转向盘；<br>⑨举升汽车前的外部检查；<br>⑩自诊断检查；<br>⑪安全带及安全气囊</td></tr>
<tr><td>(2)</td><td>左侧前门</td><td>①门控灯开关；<br>②车身的螺栓和螺母</td></tr>
<tr><td>(3)</td><td>左侧后门</td><td>①门控灯开关；<br>②车身的螺栓和螺母</td></tr>
<tr><td>(4)</td><td>加油口盖</td><td>检查加油口盖的技术状况</td></tr>
<tr><td>(5)</td><td>后部</td><td>①悬架；<br>②车灯；<br>③车身的螺栓和螺母；<br>④备用轮胎</td></tr>
<tr><td>(6)</td><td>右侧后门</td><td>①门控灯开关；<br>②车身的螺栓和螺母</td></tr>
<tr><td>(7)</td><td>右侧前门</td><td>①门控灯开关；<br>②车身的螺栓和螺母</td></tr>
<tr><td>(8)</td><td>前部</td><td>①悬架；<br>②前照灯；<br>③车身的螺栓和螺母</td></tr>
</table>

## 一 风窗玻璃喷洗器的检查

(1)起动发动机。

(2)检查风窗玻璃喷洗器是否有足够的喷射压力,如果车辆配备有风窗玻璃喷洗联动刮水器功能,检查刮水器是否协同工作。

(3)检查洗涤喷洗区是否集中在刮水器工作范围内,必要时进行调整。

## 二 仪表的检查

### 1 仪表显示系统检修注意事项

(1)电子仪表比较精密,对检修技术要求比较高,检修时应遵照各汽车维修手册中的有关规定,必要时,电子仪表装置应送专业维修单位检修。

(2)电子仪表显示板与母板(逻辑电路板)不仅较容易损坏,而且价格也比较贵。因此在使用与检修时应多加小心。除非有特殊说明,否则不能将蓄电池的全部电压加在仪表板的任何输入端。在检查电压、电阻时,应使用高阻抗仪器(不能使用简易仪表),若检修汽车仪表时使用不当,常常会造成微机电路的严重损坏,因此进行仪表检修时应特别注意这一点。

(3)对需要检修的电子仪表板,拆卸时首先应切断电源。而后按拆卸顺序进行拆卸。应特别注意拆卸时不能敲打、振动,以防止损坏电子元器件。

(4)拆卸电子仪表板应按拆卸顺序进行,拆卸时不要用力过猛,以防本身良好的元器件由于用力过猛而损坏。在拆卸仪表板总成之前,脱开插接器或端子时,应先脱开蓄电池端子。更换电子仪表元器件时,应小心不让身体与更换元件(备用元件)的集成电路引线端子接触,备件应放置在镀镍的包装袋里,不要提前从袋里取出,取出时不要触碰各部分插头,防止身体静电造成元器件的损坏。

(5)当检修电子仪表板时,不论在车上还是在工作台上工作,作业地点或维修人员都不能带有静电。为此,作业时要使用静电保护装置,通常使用一根与车身连接搭铁的手腕带和一个放置电子部件的导电垫板。

(6)发动机运行时不能将蓄电池断开,因为这会引起瞬时的反电势,导致仪表损坏。

(7)在处理电子式车速/里程表的电路板时,必须使用原来的塑料盒,以免因静电感应而损坏。若不慎触碰电路板的接头时,将会使仪表的读数消除,此时就必须送专业维修后才能使用。

### 2 电子仪表常用的检查方法

汽车很多电子仪表板都是微机进行控制,同时具有自检的功能。只要给出指令,电子仪表板的电子控制器便对其主显示装置进行系统的检查,若出现故障,便以不同的方式警告驾驶人，显示系统出现故障，同时将出现故障部位的故障码储存，以便维修时将故障码调出，指出故障部位。当确认仪表板有故障时，应进行检测。

(1)用快速检测器进行检测。快速检测器能发出模拟各种传感器信号，用它能够迅速测出故障部位。如在使用测试器向仪表板输入信号时，仪表板能够正常工作，说明传感器或其电路有问题。若显示器仍不能显示，再将测试器直接接在仪表板的有关输入插座上，此时若显示器能正常显示，说明线束和插接器有故障，否则表面仪表板有故障。

(2)用电脑快速测试器。这种测试器能够模拟燃油的流量和车速传感器的信号，同样把测试器所发出的信号从不同部位输入，即可检验传感器、线束对于电脑和显示装置的工作是否正常。



(3)用液晶显示仪表测试器检查。这种测试器在测试时，直接在仪表板上，能为仪表板和信息中心提供参照输入信号，这就可检测出信息中心的工作状态，这种测试的目的是，对仪表板有无故障做进一步的验证。

### 3 电子仪表板常见故障的检测

汽车电子仪表显示系统的故障，一般都出在传感器、插接器、导线、个别仪表及显示器上。检修时应先将传感器电路断开或拆下，用检测设备对它们进行逐个检查。

(1)传感器的检查。首先将传感器的电路断开或拆下传感器，用仪器进行逐个检查，对各种电阻式传感器的检查，通常是采用测量其电阻值的方法来判断它的好坏，即把所测得的电阻值与其规定的标准电阻值进行比较，判断传感器有无故障，若所测得的值小于规定的数值，表明传感器内部短路，否则传感器接触不良。传感器一般是不可拆、不可维修的元件，若有故障，只能更换新件。

(2)插接器的检查。采用电子仪表的汽车，往往需要很多插接器把电线束连到仪表板上。这些插接器一般都采用不同的颜色，以便辨认它属于哪一部分的连接。为保证其连接可靠、牢固，插接器上都设有闭锁装置。检查时可用眼看或手摸的方法进行，插接器装置要齐全、完好，插头、插座应接触可靠、无锈蚀。仪表电路工作中用手触摸插接器，应没有明显的温度感觉，若温度过高，说明该插接器接触不良，应查明原因予以排除。

(3)个别仪表故障诊断。若电子仪表上个别仪表发生故障，应检查与此仪表相关的各个部分。首先应检查各导线的连接情况，包括各插接器的接触情况，线路是否破损、搭铁、短路或断路等。然后再用检测设备分别对该仪表及传感器进行检测，查明故障原因，予以修复，必要时更换新的元件。

(4)显示器故障检修。一旦电子仪表板上的显示装置部分笔画、线路出现故障，应将仪表板上的显示器件调整到静态显示状态，仔细观察是否还有别的故障，就此时出现的故障，使用检测设备对与其相关的电路或装置进行认真检查。若仅有一两条笔画或线段不发亮或不显示，则说明逻辑电路板通过多路传输的脉冲信号正确，可能是显示装置的部分线段工作不正常，遇到此情况应进一步检查，属于接触不良的应加以紧固，确保其电路通畅；若是电子器件本身存在问题，应更换显示器件或电路板。

### 4 电器仪表故障的诊断方法

一般来说,使用电器仪表的汽车都采用电子控制,其中包括对电器仪表系统的控制,即来自各种传感器信号处理和仪表的显示都是由微机控制的。使用微机控制的汽车一般都具有故障自诊断系统,包括对电器仪表系统进行自检,检查电器仪表系统功能是否正常,并对其故障进行诊断,对于多数汽车来说,只要按下计算机上的相关按钮,即开始对汽车进行自检,若有故障,就可以读出故障码,然后,通过查阅有关手册,就可以了解故障码代表的故障原因,找出相关的处理方法。

对于汽车仪表装置的故障诊断,除了依靠车载计算机自诊断系统进行自诊断以外,还可以使用专门的检测设备,对其进行检测与诊断。这些检测设备属于外接设备,可以直接插入汽车微机的相应插槽内使用。现代乘用车上的电器仪表的作用越来越大,随着产生的故障也越来越多。现介绍几种诊断故障的简易方法。

(1)拆线法。当汽车电器仪表读数异常,通过分析、推断可能是传感器内部或传感器与指示仪表间的导线存在搭铁故障时,常采用拆线法进行检查。即通过拆除有关接线柱上的导线,来判断故障的原因及部位。以电磁式燃油表为例,当传感器内部搭铁或浮子损坏,以及传感器与燃油表间的导线搭铁时,无论油箱内油量多少,接通点火开关后,燃油表指针总指向"O"。此时可采用拆线法进行检查。首先,拆下传感器上的导线,若此时燃油表指针向"I"处移动,可能是传感器内部搭铁,或浮子损坏;若指针指向"O",则应拆下燃油表上的传感器接线柱导线,若仪表指针向"I"移动,为燃油表至传感器间的导线搭铁;若指针仍不动,则可能是燃油表内部损坏或其电源线断路。

(2)搭铁法。当乘用车电器仪表读数异常,通过分析、推断可能是传感器搭铁不良或损坏,以及传感器与指示仪表间的导线存在断路故障时,常采用搭铁法进行检查。通过用导线将有关接线柱搭铁,可判断故障的原因及部位。

接通点火开关后,对于电磁式燃油表无论油箱存油多少,燃油表指针均指向"I";对于双金属片式燃油表,燃油表指针均指向"O",以上情况均说明相应仪表传感器可能搭铁不良、损坏,或者是传感器与指示仪表间的导线存在断路故障。可利用搭铁法进行检查。首先,将传感器与导线相连的接线柱搭铁,若指针转动,说明传感器损坏或搭铁不良;若指针不转动,可用导线将指示仪表上的传感器的接线柱搭铁,若指针转动,说明传感器与指示仪表间的导线存在断路故障;若指针仍不动,则说明指示仪表内部损坏或者电源线断路。

(3)短接法。在其他电器仪表工作都正常,只有与稳压器相连的仪表(燃油表、电磁式冷却液温度表)不工作时,可利用短接法进行检查。用短接导线将稳压器输入、输出端短接,这时与稳压器相连的仪表指针若立即偏转,说明稳压器内部存在故障。

(4)对比法。电器仪表读数不准时,可采用对照比较法进行校验检查。在相同的工况条件下,比较被校验的仪表与标准仪表的读数,从而可以判断被校验的仪表的技术状况。例如,校验汽车电流表时,可将被试电流表与标准电流表及可变电阻串联在一起,接通蓄电池电流,逐渐调小可变电阻,比较两个电流表的读数,若相差超过20%,为电流表存在故障,应予以修复或更换。

### 5 仪表维护后的复位过程

(1)关闭点火开关,然后,打开点火开关的同时按下里程表小计复位按钮,但提示信息仍然显示。

(2)再向右转动(电子钟调正按钮),这时显示窗出现——说明复位正确。

(3)关闭点火开关,再打开点火开关,提示信息完全消除。

### 6 手动复位

关闭点火开关。按下车速表旁的按钮,并保持按下状态。打开点火开关,松开按钮,里程表显示区上会出现"ServiceOLL"字样。顺时针转动转速表旁的调节按钮,这时里程表显示屏上显示的维护内容就被复位了,并且显示屏上会出现"Service……"。关闭点火开关。

### 7 换新仪表必须调整所有维护信息

(1)换机油　17——10——10　15000km - 6000km = 9000km(调整值 90)。

(2)下次维护　17——10——11　30000km - 6000km = 24000km(调整值 240)。

(3)维护天数　17——10——12　360 天 - 160 天 = 200 天(调整值 200)。

### 8 检查燃油表及传感器

用 V. A. G1433A 抽空油箱,然后加注 7L 油,进入地址 17,选择功能 10,选择通道 30,显示值在 120 ~ 136 之间,可调 8 步,通过上/下键将指针指到中间红刻度线,用 Q 键确认,06 退出。

### 9 行驶里程输入

更换仪表后,必须输入实际行驶里程数:

(1)进入地址 17。

(2)选择功能 10。

(3)选择通道 09。

(4)输入以十为单位取整后的里程。

(5)选择 06 功能,退出。

(6)例如:实际行驶里程为 89627km,输入值应为 08963km,即

实际行程里程值 = 输入值 ×10

## 三 刮水器的检查

### 1 使风窗玻璃喷洗器工作,检查刮水器是否产生以下问题

(1)条纹式的刮水痕迹。

(2)刮水效果不好。

## 2 刮水器工作情况的检查

(1)目测刮水器胶条外观,如有裂纹、破损则需更换刮水器胶条。

(2)打开刮水器开关,检查每一只刮水器是否正常工作。

(3)当刮水器开关关闭时,检查刮水器能否自动停止在初始位置。

## 3 检查刮水器刮水印痕

在驾驶室内,拨动刮水器操纵杆,喷些喷洗液,看看刮水器刮过的范围和痕迹,判断是否需要更换刮水片。

如出现以下情况,则应更换刮水片:

(1)在可视范围内,出现多条持久印痕时,并且在整个空间都布满了一些临时或持久的印痕时,应当更换刮水片。

(2)在夹板下面会产生一层薄雾,玻璃上产生细小条纹、雾及线状残留,应立即更换刮水片。

(3)擦拭时产生异响,应更换刮水片。

## 4 刮水器的更换

### 1 拆装刮水器

(1)从玻璃上抬起刮水臂总成。

(2)抬起刮水片总成上的夹持器并从刮水臂上拉出刮水片总成,以便从刮水臂上拆卸刮水片总成,如图3-2所示。

(3)安装时将刮水片总成插入刮水臂,直到刮水片夹持器锁紧到位。

(4)将刮水臂总成降至前风窗上。

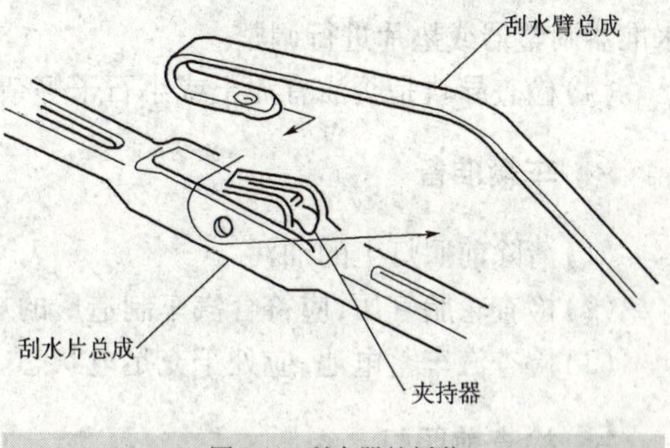


图3-2 刮水器的拆装

### 2 更换刮水片胶条

(1)用小螺丝刀撬起固定凸耳并从刮水片两端的刮水片胶条上滑下端盖,如图3-3所示。

(2)从刮水片上滑出胶条并报废。

(3)从胶条上拆卸端盖并将胶条插入刮水片确保胶条穿过每个金属箍。

(4)将新的端盖安装至胶条两端,确保端盖上的固定凸耳牢固地固定在金属导轨两个上翻端头的后面,如图3-4所示。

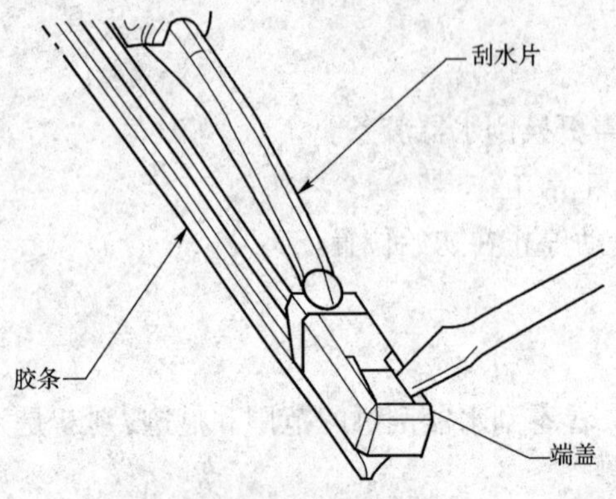


图 3-3　拆卸胶条

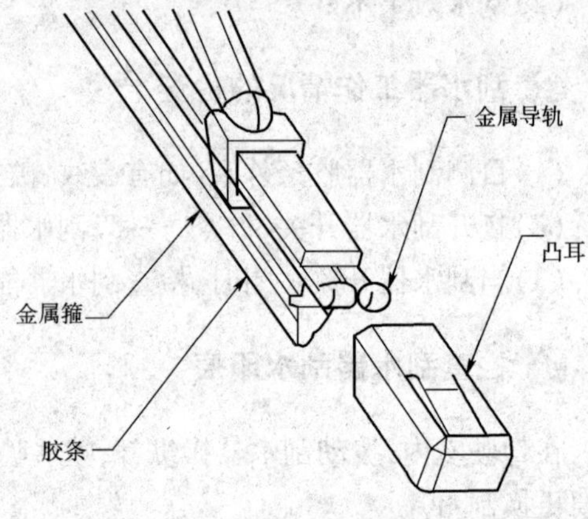


图 3-4　安装胶条

## 四 前照灯灯光检查

### 1 检测仪的准备

(1)在前照灯检验仪不受光的状态下,检查光度计和光轴偏斜指示针的指针是否能对准机械零点。若指针失准,可用零点调整螺钉将其调整到零点上。

(2)检查聚光灯透镜和反射镜的镜面有无污物或模糊不清的地方。若有,可用柔软的布或镜头纸擦拭干净。

(3)检查水准器的技术状况。若水准器无气泡要进行维修,若气泡不再红线框内,可用水准器调整器或垫片进行调整。

(4)检查导轨是否沾有泥土或小石子等杂物,有杂物时要清理干净。

### 2 车辆准备

(1)清除前照灯上的油污。

(2)检查轮胎气压,应符合汽车制造厂的规定。

(3)检查汽车蓄电池,应处于充足电状态。

### 3 检查前照灯

#### 1 屏幕式前照灯检测仪的检测方法

屏幕式前照灯检测仪,结构如图 3-5 所示,通常测试距离为 3m。屏幕式前照灯检测仪在固定屏幕上装有可以左右移动的活动屏幕,在活动屏幕上装有能上下移动的内部带有光电池的受光器。检测时,移动受光器和活动屏幕,根据光度计指示值为最大时的位置找到主光轴的方向,然后由固定屏幕和活动屏幕上的光轴刻度尺,即可读出光轴偏斜量,同时可从光度计的指示值得出发光强度。

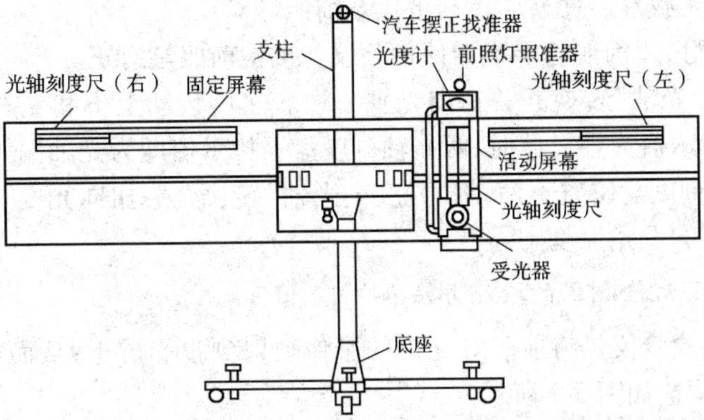


图 3-5 屏幕式前照灯检测仪

屏幕式前照灯检测仪的操作步骤如下：

(1)将被测车尽可能地与检验仪的屏幕或导轨保持垂直方向驶进检验仪，使前照灯与检验仪受光器相距 3m。

(2)用汽车摆正找准器使检验仪与被测车对正。

(3)开亮前照灯，用前照灯照准器使检验仪与被检前照灯对正。然后把固定屏幕调整到与前照灯一样高，要特别注意使受光器与被检前照灯配光镜的表面中心重合。

(4)使固定屏幕上左右光轴刻度尺的零点与活动屏幕上的基准指针对正。

(5)上下和左右移动受光器，使光度计指示值达到最大值。此时，根据受光器上的基准指针所指活动屏幕上的上下刻度值，和活动屏幕上的基准指针所指固定屏幕上的左右刻度值，即可得出光轴偏斜量。

(6)根据此时光度计上的指示值，即可得出前照灯的发光强度。

### 2 聚光式前照灯检测仪的检测方法

聚光式前照灯检测仪是用受光器的聚光镜把前照灯的散射光束聚合起来，根据其对光电池的照射强度，来检测前照灯的发光强度和光轴偏斜量的，其构造如图 3-6 所示。检测时，检测仪放在距前照灯前方 1m 处。根据检测方法不同，聚光式前照灯检测仪又可分为移动反射镜检测法、移动光电池检测法和移动透镜检测法三种形式。

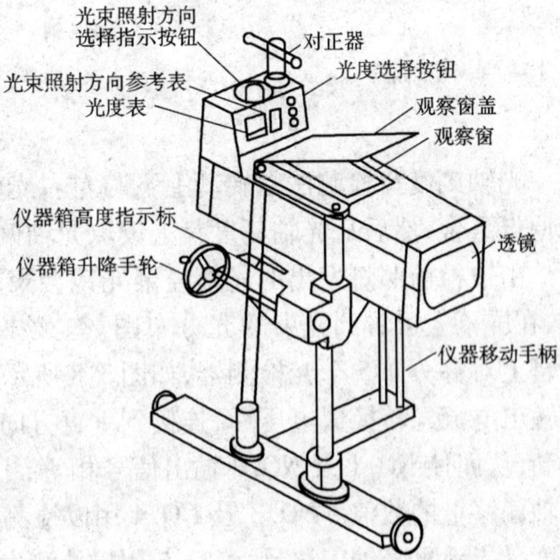


图 3-6 聚光式前照灯检测仪

聚光式前照灯检测仪的操作步骤如下：

(1)将被测车尽可能地与检验仪的导轨保持垂直方向驶近检验仪，直至前照灯与检验仪受光器之间达到检验所要求的距离(1m、0.5m、0.3m)

(2)用汽车摆正找准器使检验仪与被检车前照灯对正。

(3)开亮前照灯,用前照灯照准器使检验仪与被检前照灯对正。

(4)将“光度·光轴”转换开关扭向光轴一边。然后转动上下和左右光轴刻度盘,使光轴偏斜指示针的指示值为零。此时,两光轴刻度盘上指示值即为光轴偏斜量。

(5)保持光轴刻度盘位置不动,将“光度·光轴”转换开关扭向光度一边,此时光度计的指示值即为前照灯的发光强度。

### 3 投影式前照灯检测仪的检测方法

投影式前照灯检验仪是将前照灯光束的影像映射到投影屏上,从而检验出发光强度和光轴偏斜量的,其构造如图3-7所示。

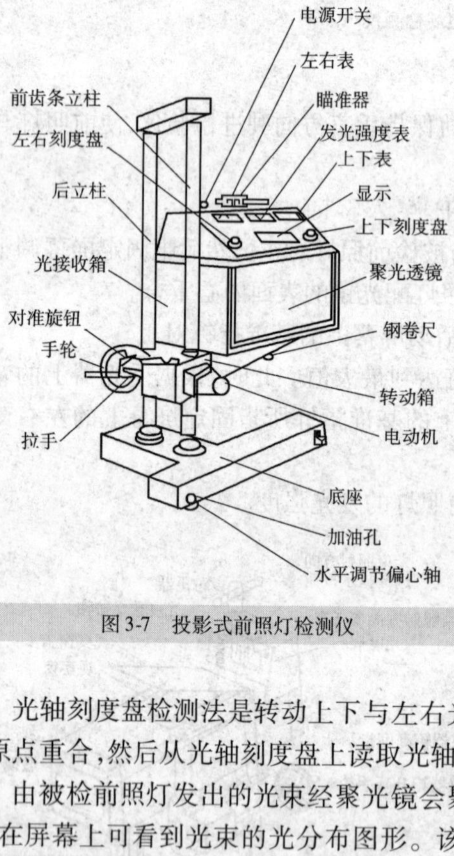


图3-7 投影式前照灯检测仪

投影式前照灯检测仪是在前照灯前方3m的检测距离处,将前照灯的影像射到投影屏上。在聚光透镜的上下和左右方向装有四个光电池。前照灯光束的影像通过聚光透镜、光度计的光电池和反射镜后,映射到投影屏上。检测时,通过上下、左右移动受光器使光轴偏斜指示计指示为零,从而找到被测前照灯主光轴的方向,然后根据投影屏上前照灯光束影像的位置,即可得出主光轴的偏斜量,同时可从光度计的指示中读取发光强度。

根据投影式前照灯检测仪光轴偏斜量的检测方法不同,分为投影屏刻度检测法和光轴刻度盘检测法。

投影屏刻度检测法是在投影屏上刻有表示光轴偏斜量的刻度线,根据前照灯影像中心在投影屏上所处的位置,即可直接读出光轴的偏斜量。

光轴刻度盘检测法是转动上下与左右光轴刻度盘,使前照灯光束影像中心与投影屏坐标原点重合,然后从光轴刻度盘上读取光轴偏斜量。

由被检前照灯发出的光束经聚光镜会聚后,由反射镜反射到屏幕上。屏幕呈半透明状态,在屏幕上可看到光束的光分布图形。该图形近似于在10m屏幕上观察的光分布特性。屏幕上对称分布5个光检测器,如图3-8所示。NO.1及NO.2用以检测垂直方向的光分布,其输出电流经转换成电压后,连接到垂直方向的指示表上。通过旋转上下刻度盘,使反光镜移动,从而使NO.1及NO.2输出信号相等,上下指示表指示为零。此时上下刻度盘指示出光轴偏移量的数值。NO.3及NO.4用以检测左右方向的光分布情况,其原理同上。由左右刻度盘指示出光轴偏移量。NO.5用以检测发光强度,其输出放大后由发光强度指示表指示发光强度数值。

投影式前照灯检测仪的检测步骤如下:

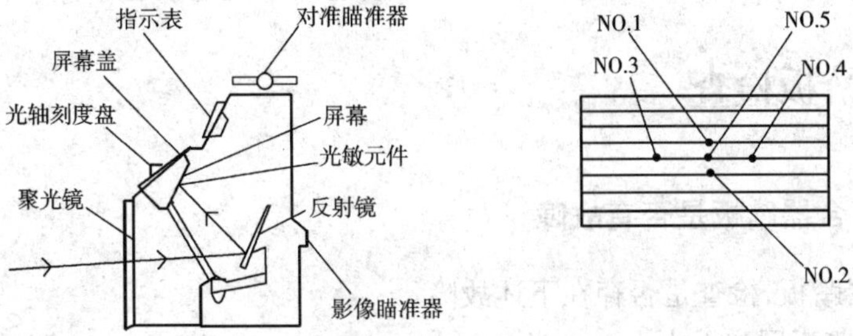


图 3-8　光接受箱内部结构图和硅光电池板

(1)将被检汽车尽可能地与前照灯检测仪的轨道保持垂直方向驶近检测仪,使前照灯与检测仪受光器相距 3m。

(2)用汽车摆正找准器使检测仪与被检汽车对正。

(3)开亮前照灯,移动检测仪,使光束照射到受光器上。投影屏刻度检测法,要求先使上下和左右光轴偏斜量指示计的指示为零,然后根据投影屏上前照灯影像中心所在的刻度值读取光轴偏斜量,再根据光度计的指示值读取发光强度值。

(4)光轴刻度盘检测法,要求转动光轴刻度盘,使投影屏上的坐标原点与前照灯影像中心重合,读取此时光轴刻度盘上的指示值即为光轴偏斜量,再根据光度计上的指示值读取发光强度值。

(5)把所得结果打印出来并与前照检验标准作对比并分析。

这里有五点需要注意:

①检验仪的底座一定要是水平的。

②检验仪不要受到外来光线的影响。

③必须在汽车空载并乘坐 1 名驾驶人的状态下检测。

④汽车有 4 只前照灯时,一定要把辅助照明灯遮住后再进行测量。

⑤打开前照灯照射受光器,一定要待光电池灵敏度稳定后再进行测量。

### 4 前照灯安全测量的技术要求

前照灯光束照射位置及光强度要求如下:

(1)机动车在检验前照灯的近光光束照射位置时,前照灯在距离屏幕 10m 处,光束明暗截止线转角或中点的高度应为 0.6 ~0.8H(H 为前照灯基准中心高度,下同),其水平方向位置向左向右偏差不超过 100mm。

(2)四灯制前照灯其远光单光束灯的调整,要求在屏幕上光束中心离地高度为 0.85 ~0.90H,水平位置要求左灯向左偏不得大于 100mm,向右偏不得大于 170mm;右灯向左向右偏均不得大于 170mm。

(3)机动车装用远光和近光双光束灯时,以调整近光光束为主。对于只能调整远光光束的灯,调整远光单光束。

(4)机动车每只前照灯的远光光束发光强度应达到以下要求:两灯制汽车应为

12000cd，四灯制汽车的应为10000cd。其电源系统应处于充电状态。

## 五 离合器踏板检查

### 1 检查离合器踏板是否有故障

踩下离合器踏板，检查是否存在下述故障：

(1)离合器踏板回弹无力。

(2)离合器踏板有异响。

(3)离合器踏板过度松动。

(4)离合器踏板沉重。



### 2 检查离合器踏板高度

离合器踏板高度的检查如图3-9所示，掀起地毯或地板革，用金属直尺测量地面到离合器踏板上表面的距离。如果超出标准，应调整离合器踏板高度。

离合器踏板高度的调整可以通过踏板后的限位螺栓进行。

### 3 检查离合器踏板自由行程

踏板自由行程的检查如图3-9所示，用一个金属直尺抵在驾驶室地板上，先测量踏板完全放松时的高度，再用手轻按踏板，当感到阻力增大时再测量踏板高度，两次测量的高度差即为踏板的自由行程。

踏板自由行程的调整如图3-9所示，液压式操纵机构一般是调整主缸推杆的长度，先将主缸推杆锁紧螺母旋松，然后转动主缸推杆，从而调整踏板自由行程，调整后应将锁紧螺母旋紧。

有些车辆的操纵机构具有自调装置，如捷达汽车，可以免除离合器踏板自由行程的调整。

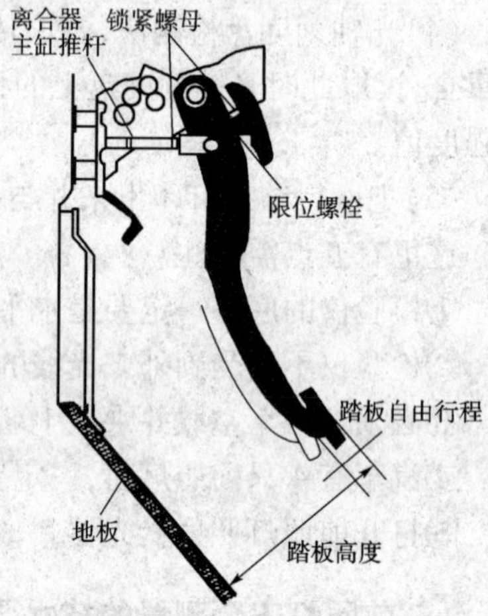


图3-9　离合器踏板、踏板自由行程及其调整

## 六 转向盘的检查

转向盘的检查包括转向盘自由行程的检测、转向盘转向力的检测、转向轻便性的检测。

转向盘自由行程，是指汽车保持直线行驶位置不动时，左右晃动转向盘时所测得的角间隙（游动角度）。转向盘自由行程是转向系统中各零件配合状况的一个综合诊断参数，当其超过规定值时，说明从转向盘至转向轮的传动链中一处或几处的配合松旷，该配合状况直接影响到汽车的操纵稳定性和行车安全。转向盘自由行程过大时，将造成驾驶人工作紧张，并影响行车安全。

转向盘转向力是指在一定行驶条件下作用在转向盘外缘的最大切向力，它可以由转向参数测量仪或转向测力仪检测。转向盘转向力的检测原理简单。测量时，把转向参数测量仪对准被测转向盘中心，调整好三个连接叉上伸缩卡爪的长度，与转向盘连接并固定好。转动操纵盘，转向力通过底板、力矩传感器、连接叉传递到被测转向盘上，使转向盘转动以实现汽车转向。此时，力矩传感器将转向力矩转变成电信号，而定位杆内端连接的光电装置则将转角的变化转变成电信号，这两种模拟信号通过放大滤波电路和模/数转换器送入到微机，即可测得转向力和转向盘转角。一般的检测方法有三种，即原地转向力试验、低速大转角（八字路行驶）转向力试验和弯道转向力试验，在综合检测站通常采用原地转向力试验的方法来检测转向盘的转向力。

汽车的方向由驾驶人操纵转向盘进行控制，如果转向盘（转动时感觉）“过重”，驾驶人容易疲劳；如果转向盘“过轻”，则容易失去“路感”，产生“发飘”感觉。因此，驾驶人操纵转向盘的力要大小适合，既保证转向轻便，又有“路感”。一方面减轻驾驶人的疲劳强度，另一方面又可保障行车安全。转向轻便性试验的目的是测定汽车在低速大转角时的转向轻便性，这种试验方法适用于乘用车、客车、载货汽车以及越野车。

## 1 试验前准备工作

本节以山东龙口电子设备厂生产的AM—2012型转向力角测量仪为例介绍。将转向力角测量仪、测力转向盘以及电源的电路连接好，转向力角测量仪调零。

### ❶ 转向角度的调零

接通电源后，将“角度/牛顿”键置于“角度”位置，此时显示转向角度数。再分别将“实时/保持”键置于“实时”位置，“测量/标定”键置于“测量”位置，然后旋转转向盘的标准杆，使数字显示屏读数为零。

### ❷ 转向力的调零

接通电源后，将“角度/牛顿”键置于“牛顿”位置，此时显示转向力数值。在测力转向盘不受力的情况下，此时显示为零。若有较小的偏移，可用小螺丝刀调整“零点”电位器，直至显示零为止。

### ❸ 测力转向盘的安装

(1)在驾驶室内选择一个可固定标准杆的凸物，在转向角调零后，用布带或钢丝绳拉紧并固定标准杆，但要注意不妨碍转向盘的转动，并有利于驾驶。

(2)调整测力转向盘上的卡爪的长度，使测力转向盘与被测车的转向盘完全对中，然后紧固卡爪上的螺钉，将两个转向盘固定在一起。

(3)将转向盘上的电缆插头推入仪表接口。

## 2 注意事项

(1)标准杆为敏感元件，靠应变片的变形将模拟信号转变为电信号，在安装和拆下测力转向盘时应小心，以免损坏敏感元件。

(2)为了减少测量误差，应使用多次测量求平均值的方法对汽车的转向参数进行测量，以减少误差。

(3)选择平整和有足够空间的场地进行试验。

(4)熟悉仪器的使用规则，以免损坏仪器和造成较大的测量误差。

(5)试验汽车应按厂方规定装备齐全的汽车，轮胎、轮辋、轮胎气压必须符合厂方要求。

## 3 仪器结构功能

本次试验主要用到的仪器有转向力角测量仪、测力转向盘、电源以及试验汽车。

转向力角测量仪的外形图如图3-10所示。在转向力角测量仪的正面，“显示屏”的主要作用是显示所要测量的值；“零点”是调整电位器，对仪器进行调零，以使测量较为准确；“增益”也是调整电位器，对仪器的标定值进行调整；“左转/右转”、“实时/保持”、“转力/转角”和“测量/标定”四个按钮，通过按下和弹出实现功能的转换，根据需要测量需要的转向参数。转向力角测量仪的背面，主要是仪器的开关和相关的电源、输入和输出的插头，对测量线路进行正确的插接，实现仪器的功能。

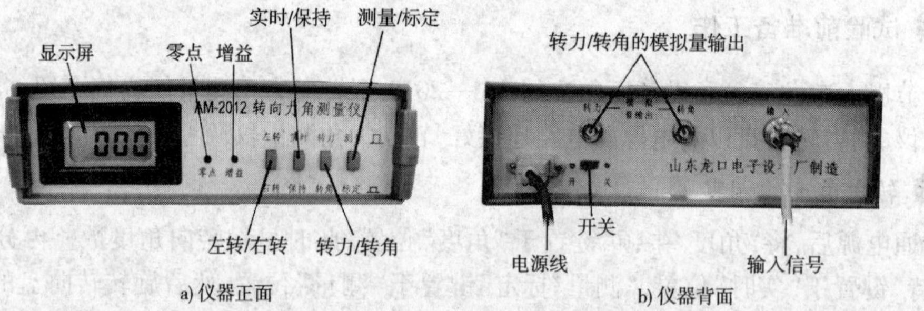


a) 仪器正面　　b) 仪器背面

图3-10　转向力角测量仪

测力转向盘的外形如图3-11所示。三个连接叉上的伸缩卡爪的长度可以调节，用以把测力转向盘对准转向盘的中心，并与转向盘连接和固定好。标准杆用以选取适当的测量位置对转向参数进行测量，并通过里面的敏感元件将模拟信号转变成数字信号传送到转向力角测量仪上，经过转向力角测量仪的计算和分析在显示屏上把转向参数显示出来。测力转向盘的作用是用以控制转向盘转动适当的转向量，对转向进行控制。

图3-11　测力转向盘

电源即是汽车上的蓄电池，为转向力角测量仪提供电能。

试验汽车应是按厂方规定装备齐全的汽车。试验前应对前轮定位、转向系统、悬架系统进行检查和调整，并按规定进行润滑和紧固，只有认定汽车已符合厂方规定的技术条件时，才能进行试验。

试验汽车所用轮胎和轮辋型号规格，必须符合厂方规定。如试验时使用新轮胎，试验前轮胎至少应经过200km正常行驶的磨合；如试验时使用旧轮胎，试验终了时，测量残留花纹的高度应不少于0.15cm。

试验时，轮胎气压必须符合厂方规定。

## 4 操作步骤

### 1 转向盘自由行程的检测

(1)在平坦、硬实、干燥和清洁的路面上停放汽车，使汽车的两转向轮处于直线行驶位置不动。

(2)将转向参数测量仪安装在被测车的转向盘上，并连接好仪器的电源。

(3)将转向力角测量仪上的“角度/牛顿”键置于“角度”位置，轻轻向左(或向右)转动转向盘至空行程一侧的极端位置(感到有阻力)，这时调节仪器的零点电位器对转向力角测量仪进行调零。然后，再轻轻转动转向盘至另一侧空行程极端位置，这时转向力角测量仪屏幕上显示的数值就是转向盘的自由行程。

一般来说，转向盘的从相应于汽车直线行驶的中间位置向任何一方的自由行程最好不超过10°~15°，若超过时，应认真检查并调整转向系统各部分的松动零件。

### 2 转向盘转向力的检测

测量时，将转向参数测量仪对准被测转向盘中心，调整好3个伸缩爪的长度，使之与转向盘牢固连接后，转动操纵盘。操纵盘的转向力通过底板、力矩传感器、连接叉传递到被测转向盘上，驱使转向轮偏转，从而实现汽车的转向。此时，标准杆的内端受力矩作用，其内端的应变片组成的电路发生变形，将转向盘的转向角的变化转化为电信号并传递。信号输送至主机箱后，由装在其内的微机自动完成数据采集、转角编码、运算、分析、存储并显示所测结果。

检测转向力时，将转向参数测量仪安装在被测的转向盘上后，将转向参数测量仪上的“角度/牛顿”键置于“牛顿”位置，然后按规定条件缓慢地转动转向盘，通过转向力角测量仪的屏幕上显示的数值就可测出转向盘的转向力。当无检测仪器时，可通过弹簧秤沿切向拉动转向盘的边缘来测量转向力。

转向盘转向力的检测方法有多种，目前应用最多的有以下两种。

(1)路试检测。将转向盘参数测量仪安装在被测的转向盘上，让汽车在平坦、硬实、干燥和清洁的路面上，以10km/h的速度，在5s之内沿螺旋线从直线行驶过渡到直径为24m的圆周行驶，测出施加于转向盘外缘的最大圆周力，该力即为转向盘转向力。

(2)原地检测。将转向参数测量仪或测力弹簧安装在被测的转向盘上，使汽车转向轮置于转角盘上，通过测力装置转动转向盘，使转向轮达到原厂规定的最大转角，在转向全过程中测出最大操纵力，该力即为转向盘转向力。

转向系统技术状况应正常，转向盘转向力应符合标准以保证汽车转向轻便、操纵稳定性好、行车安全。转向盘转向力受多种综合因素的影响。如果行驶系统技术状况良好，车轮定位、轮胎气压正常，而转向盘转向力过大，则说明转向系统存在故障。其故障可能是：转向系统部件装配过紧、配合间隙过小、调整不当、润滑不良以及传动杆件变形等。

**3 转向轻便性的检测**

(1)试验条件：

①试验车应按厂方规定装备齐全、轮胎和轮辋型号规格以及轮胎气压符合厂方规定，试验时汽车为最大总质量状态。

②试验场地应为干燥、平坦而清洁的水泥或沥青路面，任意方向上的坡度不大于2%。试验路径为双纽线，双纽线的最小曲率半径为试验汽车最小转弯半径乘以1.05倍，并圆整到比此时乘积大的一个整数。双纽线最宽处，定点和中点(即结点)的路径两侧共放置16个标桩。标桩与试验路径中心线的距离，按汽车的轴距确定。当试验汽车轴距大于2.5m时，为车宽的一半加50cm，当试验汽车轴距小于或等于2.5m时，为车宽的一半加30cm。

③气候：试验时，风速不大于5m/s，大气温度在5～32℃。

(2)测量变量和仪器设备：

①测量仪器有测力转向盘，X—Y函数记录仪或其他功能的仪器，标明试验路径的标桩16个。

②测量变量有转向盘作用力矩、转向盘转角、汽车前进速度和转向盘直径。

(3)测试方法：

①按规定画好双纽线路径并设置标桩。

②接通仪器电源，使之预热到正常工作温度。

③汽车以低速直线滑行，驾驶人松开转向盘，停车后，记录转向盘中间位置及转向盘力矩零线。

④驾驶人操纵转向盘使汽车沿双纽线路径行驶。车速为(10±1)km/h。待车速稳定后，开始记录转向盘转角及力矩，并记录(或显示)车速作为监督参数。直到汽车绕双纽线行驶满三周后，停止记录。在记录时间内，保持车速稳定及不准撞倒标桩。

## 5 数据标准与故障分析

根据国家标准《机动车运行安全技术条件》(GB 7258—2004)的规定，机动车转向盘的自由转动量、转向力和转向轻便性应符合以下要求。

**1 转向盘自由转动量**

转向节及转向臂、转向横、直拉杆及球头销应无裂纹和损伤，并且球头销不得松旷；转向横、直拉杆不得拼焊。机动车转向盘的最大自由转动量不允许大于以下值：

(1)最高设计车速不小于100km/h的机动车为20°。

(2)三轮汽车为45°。

(3)其他机动车为30°。

❷ 转向盘转向力

机动车在平坦、硬实、干燥和清洁的水泥或沥青道路上行驶,以10km/h的速度在5s之内沿螺旋线从直线行驶过渡到直径为24m的圆周行驶,施加于转向盘外缘的最大切向力不应大于245N。

❸ 转向轻便性

(1)机动车的转向盘应转动灵活、操纵轻便、无阻滞现象。车轮转到极限位置时,不得与其他部件有干涉现象。

(2)机动车转向轮转后应有自动回正能力,以保持机动车稳定的直线行驶。

(3)机动车辆在平坦、硬实、干燥和清洁的水泥或沥青路面上行驶,其转向盘不得有摆振、路感不灵、跑偏或其他异常现象。

(4)机动车的最小转弯直径,以前轮外轮轨迹中心线为基线测量其值应不大于24m。当转弯直径为24m时,前转向轴和后轴的内轮差(以两内轮轨迹中心线计)应不大于3.5m。

## 七 制动器踏板的检查

### 1 检查踏板状况

通过检查确保制动踏板没有以下故障:

(1)反应灵敏度下降。

(2)踏板不完全落下。

(3)异常噪声。

(4)过度松动。

### 2 制动踏板自由高度的检查

制动踏板的自由高度为解除制动时踏板的高度,其测量基准为去除驾驶室内地毯等覆盖的车厢底板。

揭开踏板下的地板覆盖物,测量踏板高度。如高度与该车型的原设计规定不符,应进行调整。首先,拆下制动灯导线,拧松制动等开关锁母,视调整要求将制动灯开关旋进或旋出。用金属直尺测量踏板高度,直到调整至标准值为止。其次,锁紧制动灯锁母,检查制动灯开关与踏板的接触情况,确保制动灯熄灭。

调整踏板自由高度后,必须按照下面步骤调整踏板自由行程。由于踏板位置移动后,推杆的长度没变,会使踏板自由行程变化。

### 3 制动踏板自由行程的检查与调整

踏板自由行程是为保证不发生制动拖滞、彻底解除制动而设置的。测量前必须在发动

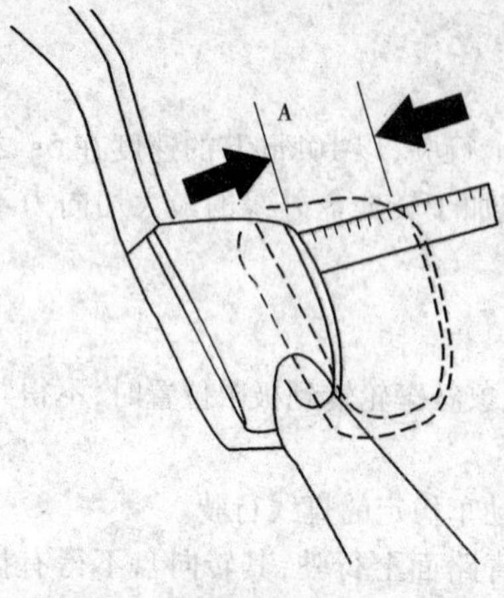


图 3-12　制动踏板自由行程的测量

机不工作的状态下，反复踩制动踏板多次，将真空助力器内的残余真空释放。测量时在制动踏板与驾驶室底板之间立一金属直尺，用手向下按制动踏板至有阻力时，记下金属直尺读数。然后放松踏板，再看金属直尺读数。两次读数之差即为踏板自由行程，如图 3-12 所示。液压制动的踏板自由行程一般在 15～20mm，在调整时应按车型规定的数值进行调整。

当制动踏板自由行程不符合要求时，可松开主缸推杆或制动阀推杆的锁紧螺母，拧动推杆，通过改变其长度进行调整。完毕后，拧紧锁紧螺母，复查自由行程是否正确，复查踏板自由高度，检查制动灯是否正常工作。



#### 4 制动踏板剩余高度的检查

用掩木塞在前后轮下，松开驻车制动器，起动发动机运转 2min。用 490N 的力踩下制动踏板，测量此时踏板至底板之间的距离，即为踏板的剩余高度。如踏板的剩余高度低于该车型的标准值，说明制动器蹄鼓间隙过大，应按照车轮制动器有关内容进行蹄鼓间隙的调整。

## 八 备用轮胎的检查

（1）检查轮胎胎面是否有裂纹、割痕或其他损坏。

（2）检查轮胎的胎面和胎壁是否嵌入金属颗粒、石子或者其他异物。

（3）使用一个轮胎深度规测量轮胎的胎面沟槽的深度。

（4）检查轮胎的整个外围是否有异常磨损。

（5）检查轮胎气压是否正常。

（6）检查轮胎气压后，通过在气门周围涂肥皂水检查是否漏气。

（7）检查胎圈和轮辋是否损坏、腐蚀、变形或跳动。

## 九 驻车制动器的检查

#### 1 驻车制动器操纵手柄行程

检查并确保驻车制动器操纵手柄拉动时，其行程在预定的槽数内（拉动时可以听到咔嗒声）。如果不符合标准，调整操纵手柄的行程。当操纵手柄行程超出规定值，应调整操纵手柄行程前确保驻车制动器蹄片间隙已经调整好。具体结构如图 3-13 所示。

检查驻车制动器操纵手柄的行程若不符合规定时，可拧动制动器上的球形垫圈来调整驻车制动器操纵手柄的工作行程，调整后必须牢固地拧紧锁紧螺母。

驻车制动器操纵手柄调整完之后，检查制动杆的行程，棘轮响声应在规定范围之内，而且驻车制动稳定有效。驻车制动器操纵手柄的工作行程过大或过小都会影响驻车制动的制动效能。如果驻车制动行程过小，可能有以下原因：蹄片间隙调整不当，或驻车制动拉索调整不好。驻车制动器操纵手柄如行程过小，应调整到正常范围。

从完全放松驻车制动的状态，至完全制动的状态，检查驻车制动器操纵手柄的棘轮响声，应符合该车型的规定。如果行程过小，会造成制动拖滞现象。

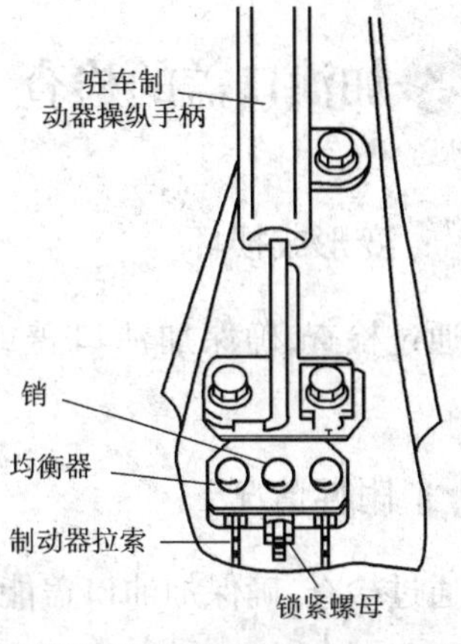


图 3-13　驻车制动器操纵手柄结构图

### 2 指示灯工作情况

在点火开关位于“ON”时，拉动操纵手柄到达第一个槽口前，检查指示灯是否发亮。

## 十 喇叭的检查

在转向盘转动一周的同时按喇叭垫，检查喇叭是否发声，并检查音量和音调是否稳定。

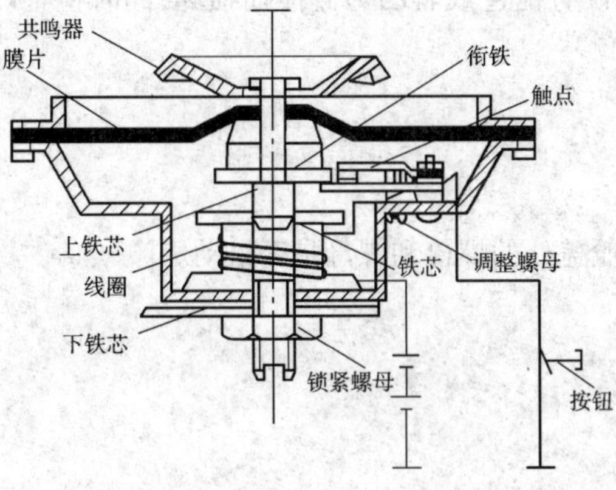


图 3-14　喇叭的基本结构

喇叭的基本结构如图 3-14 所示。喇叭的音响在正常情况下不必维护调整，只有当其声音不佳时才进行调整。电喇叭在调整时，先摘去上盖，松开锁紧螺母，调整喇叭接触盘与铁芯的间隙。在正常的情况下，其间隙应为 0.5 ~ 1mm，间隙过小，声音发哑；间隙过大，声音沉闷，调整时可旋入或旋出接触盘螺母，还可调整弹簧片的位置，使弹簧片与接触盘平行。

喇叭触点张开间隙大，响度减小或声响沉闷；如果间隙小，响度提高或响声尖锐，通过旋动活动触点臂的调整螺母，可调整喇叭触点间隙的大小。调整时先将接触盘与铁芯的间隙调整适当，再接通电源，根据喇叭的响度调整触点间隙。音调与音量的调节是相互影响的，因此应反复调整，直至符合要求为止。

维护时清洗表面泥污，分解后发现膜片锈蚀或破损应予更换，日常清洗车辆时，勿将水射入喇叭蜗壳内，以免影响其音质。

## 十一 加油口盖的检查

### 1 变形或损坏

通过检查，确保加油口盖或垫片都没有变形或损坏，同时检查真空阀是否锈蚀或者黏住。

### 2 附件情况

通过检查，确保加油口盖能够被正确拧紧。

### 3 转矩限制器工作情况

安装加油口盖，进一步拧紧加油口盖，确保加油口盖发出咔嗒声而且能够自由转动。

## 十二 门控灯以及后部车灯的检查

(1)通过检查，确保打开一扇车门时顶灯变亮，而所有车门关闭时顶灯熄灭。配备照明进入系统的车辆的顶灯不会立即熄灭。因此需要等待几秒，以便检查顶灯是否熄灭。

(2)用手检查车灯是否松动。

(3)通过检查，确保各车灯的灯罩和反光镜没有褪色或者因为碰撞而损坏，同时检查灯内是否有污物进入或者有水进入。

## 十三 车身各螺栓与螺母的检查

检查座椅安全带、座椅、门、发动机罩、行李舱盖处的螺栓和螺母是否松动。

## 十四 空调系统的检查

### 1 灰尘及花粉滤清器滤芯的更换

滤清器能除去暖气与冷气系统/车内空气环境控制系统从外界带入的灰尘和花粉。

滤清器在定期维护时必须清洗或更换，一般在8000～10000km进行清洗或者更换，详情请参见用户手册上的定期维护表。

如果您经常驾车行驶在因工厂和柴油动力车辆造成的浓烟弥漫的市区，灰尘与花粉滤清器的更换周期便应缩短。倘若从暖气与冷气系统/车内空气环境控制系统中排出的气流不如平时通畅，应尽快更换此滤清器。灰尘与花粉滤清器一般位于杂物箱背后。

更换步骤为：

(1)若欲取出滤清器,打开前部副驾驶人侧车门。

(2)打开杂物箱。

(3)推压副驾驶人侧杂物箱的止动件,使其脱离杂物箱。

(4)推压两边侧板,松开两个凸舌。

(5)将杂物箱掀到底,如图 3-15 所示。

(6)推压锁扣,卸下灰尘与花粉滤清器盖,然后将盖子拉向身前,如图 3-16 所示。

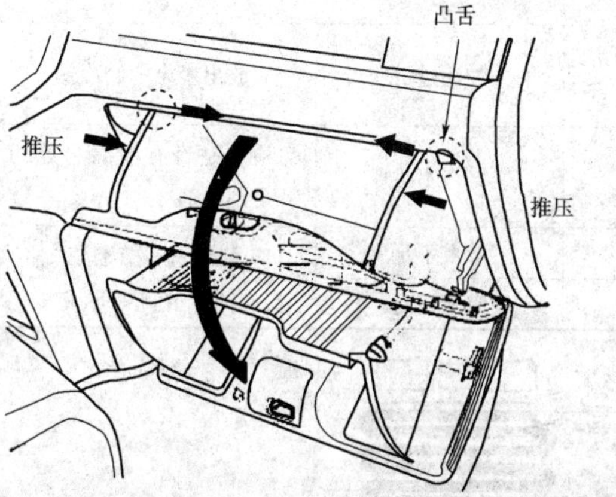


图 3-15 拆卸杂物箱

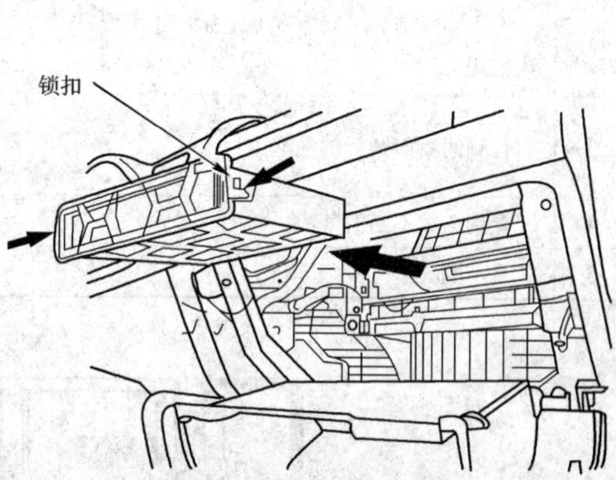


图 3-16 取出灰尘及花粉滤清器

(7)从盒套上卸下旧的滤清器,如图 3-17 所示。

(8)新的滤清器安装在盒套中。应确保滤清器上标有"AIR FLOW"标记的箭头指向气流方向,即朝下安装。

(9)安装好盒套。要确认两个锁扣都咔嚓到位。

(10)向上掀动杂物箱使之入位,并将凸舌装回原位。安装杂物箱止动件。

(11)关闭杂物箱。

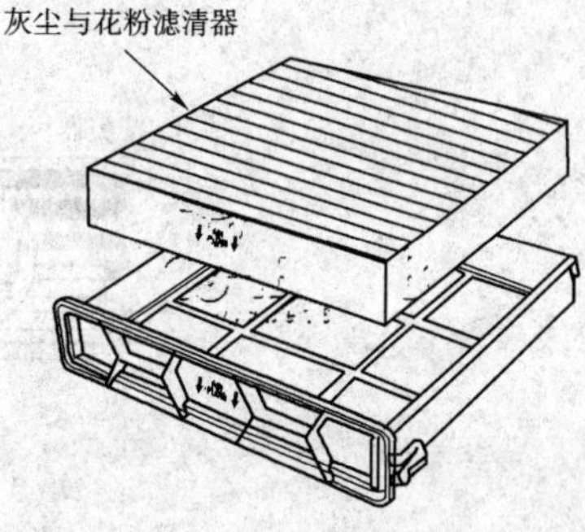


图 3-17 取出滤清器滤芯

## 2 制冷剂的检查方法

### 1 观察法

观察法是通过观察玻璃窥视窗内制冷剂的气泡情况来判断制冷剂储量。玻璃窥视窗多装在接收干燥器盖的上面,找到玻璃窥视孔后,将它擦干净,然后起动发动机,将其转速保持在 2000r/min 左右,并使空调系统工作,然后透过玻璃窥视窗观察制冷剂的流动情况。制冷剂状况与储量的关系见表 3-1。

### 2 测温法

测温法是通过对储液干燥器出入口的温度进行检查,来判断制冷剂的储量是否合适。储液干燥器通常装在冷凝器的前方,外形像灭火器(圆筒状),并且有两根管道与它相连接,一根管路通向膨胀阀,另一根管路通向冷凝器,如图 3-18 中画圈处。操作时,先运转发动机,使其转速保持在2000r/min左右,再让空调系统进入工作状态,用两手分别握住上述两根管子,感觉它的温度差别。温度差别与制冷剂储量的关系见表3-2。

制冷剂状况与储量的关系　　表3-1

| 序号 | 制冷剂状况 | 制冷剂储量 | 处置方法 |
|---|---|---|---|
| 1 | 窗内呈透明,发动机转速稳定时无气泡出现,转速变化的瞬间,偶尔出现气泡,关闭空调后随即起泡,然后渐渐消失 | 储量适中 | |
| 2 | 看不到气泡。关闭空调后,窗内处于澄清状态,无泡沫出现 | 加注过量 | 应放出多余的制冷剂 |
| 3 | 看到间断而微量的气泡 | 储量不足 | 检查是否有泄漏之处,并补足制冷剂 |
| 4 | 看到连续不断的气泡 | 严重不足 | 应及时检漏、维修、抽真空、添加适量制冷剂 |
| 5 | 看不到气泡 | 完全没有 | |

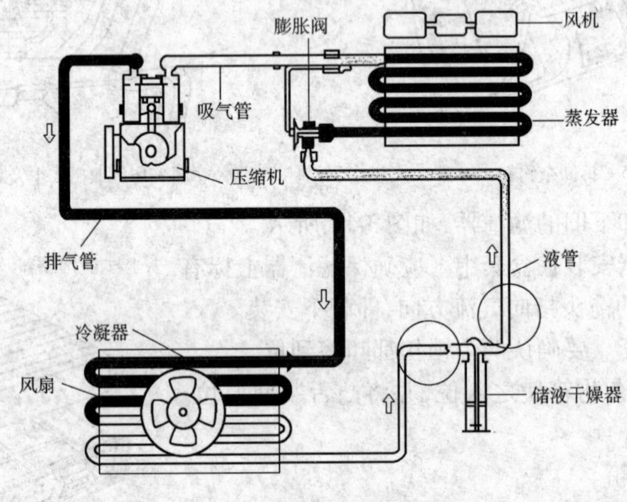


图3-18　测温法

两根管子的温度差别与制冷剂储量的关系　　表3-2

| 序号 | 温度差别 | 制冷剂储量 | 处置方法 |
|---|---|---|---|
| 1 | 两根管子的温度很相近 | 储量适中 | |
| 2 | 通往冷凝器的管子较冷 | 储量不足 | 检查是否有泄漏之处,并补足制冷剂 |
| 3 | 通往膨胀阀的管子较冷 | 加注过量 | 放掉部分制冷剂 |

## 3 空调管路检漏

汽车空调制冷系统的检漏方法常用的有目测检漏法、皂泡检漏法、染料检漏法、检漏灯检漏法、电子检漏仪检漏法、抽真空检漏法和加压检漏法等。

**❶ 目测检漏**

目测检漏法是指用肉眼查看制冷系统(特别是制冷系统的管插头)部位有否润滑油渗漏痕迹的一种检漏方法。因为制冷剂通常与润滑油(冷冻机油)互溶,所以在泄漏处必然也带出润滑油,因此,制冷系统管道有油迹的部位就是泄漏处。

**❷ 皂泡检漏(肥皂水检漏)**

皂泡检漏是指在检漏时,对施加了压力的制冷系统,用毛刷或棉纱蘸肥皂水涂抹在被检查部位,察看被检查部位是否有气泡产生的一种检漏方法。若被检查的部位有气泡产生,则说明这个部位是泄漏处(点)。肥皂水检漏法简便易行,而且很有效,但操作比较麻烦,维修工采用此法检漏时,要求一定要细致、认真。

**❸ 染料检漏(着色检漏)**

确定冷漏点或压力漏点,把黄色或红色的颜料溶液通过表座引入空调系统,是个理想的方法。染料能指出漏点的准确位置,因为漏点周围有红色和黄色两种染料积存,并且不会影响系统的正常运行。

**❹ 检漏灯检漏**

检漏灯(卤素灯)检漏是指在检漏时,利用卤素与吸入的制冷剂燃烧后产生的不同颜色火焰进行检漏的一种方法。

卤素检漏灯使用方法如下:

(1)检查储气瓶内液态丙烷是否装满。

(2)将储气瓶与检漏灯主体连接。

(3)将划着的火柴插入检漏灯的点火孔里,同时朝逆时针方向缓慢转动调节把手,让储气瓶内的丙烷汽化成气体逸出,遇火焰即燃烧,将卤素检漏灯点燃。

(4)当卤素灯外壳处的反应板加热到红热状态后,方可使用卤素检漏灯检漏。燃烧的火焰应调节到最小,火焰越小对制冷剂泄漏的反应越灵敏。

(5)将吸入管口靠近检测部位,并观察火焰的颜色。

**注意**

卤素检漏灯只能用于 R12 等含有氯原子的卤素制冷剂的检漏,可测出空气中 R12 体积分数为 0.1% 的泄漏位置。在 R12 浓度很大时,火焰可能熄灭。经燃烧后的 R12 蒸气有毒。

**❺ 电子检漏仪检漏**

检查时,应当遵照电子检漏仪(图 3-19)制造厂家的有关规定。一般按下列步骤进行:

(1)转动检漏仪的控制器或敏感性旋钮至断开(OFF)或 0 位置。

(2)电子检漏仪接入规定电压的电源,接通开关。如果不是电池供电,应有 5min 的升温期。

(3)升温期结束后,放置探头于参考漏点处,调整控制器和敏感性旋钮至检漏仪有所反应(高频率地响声)为止,移动探头,反应应当停止,如果继续反应,则是敏感性调整得过高,如果停止反应,则是调整合适。

(4)移动寻漏软管,依次放在各插头下侧,还要检查全部密封件和控制装置。

(5)断开和系统连接的真空软管,检查真空软管插头处有无制冷剂蒸气。

(6)如发生泄漏点,检漏仪就会出现像放置在参考漏点处的反应状况(高频率地响声)。

(7)探头和制冷剂的接触时间不应过长,也不要把制冷剂气流或严重泄漏的地方对准探头,否则会损坏探测仪的敏感元件。

### 6 抽真空检漏(负压检漏)

抽真空检漏(图 3-20),通过做气密性试验法进行检漏,是对制冷系统抽真空以后,保持一段时间(至少 60min),观察系统中的真空压力表指针是否移动(即指针是否发生变化)的一种检漏方法。要指出的是,采用这种方法检漏,只能说明制冷系统是否泄漏,而不能确定泄漏的具体部位。抽真空的操作步骤如下:

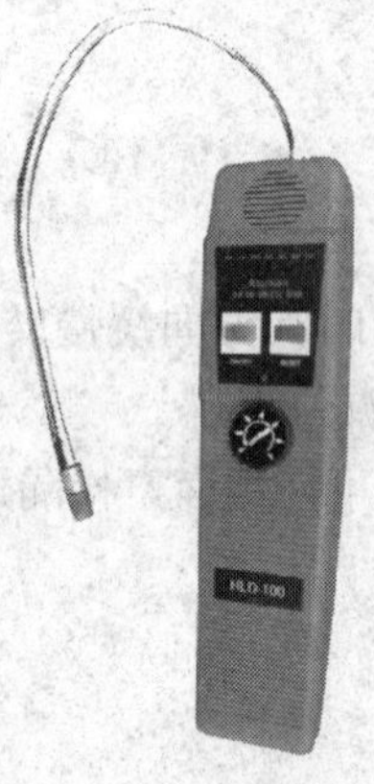


图 3-19　电子检漏仪

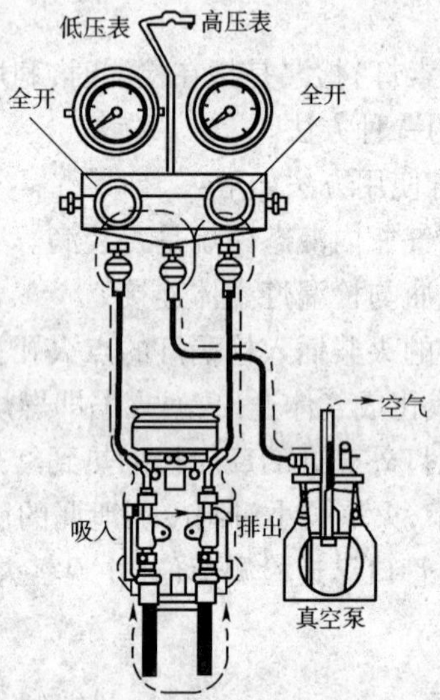


图 3-20　抽真空

(1)将歧管压力表的两根高、低压软管分别接在高、低压侧气门阀上,将其中间软管与真空泵相连接。

(2)打开歧管压力表上的高、低压手动阀,起动真空泵,观察低压表的指针,应该有真空显示。

(3)连续抽 5min 后,低压表应达到 0.03MPa(真空度),高压表略低于 0,如果高压表不能低于 0 刻度,表明系统内有堵塞,应停止,修复后,再抽真空。

(4)真空泵工作 15min 后,低压表指针应在 0.01 ~0.02MPa。如果达不到此数值,这时应关闭高、低压手动阀,观察低压表的指针,如果指针上升,说明真空有损失,系统有漏点,应停止，修复后才能继续抽真空。

(5)系统压力接近于真空时，关闭高、低压手动阀，保压5~10min。如低压表指针不动，则打开高、低压手动阀开启真空泵，继续抽真空，抽真空的时间不得少于30min，如时间允许，时间可再长些。

(6)抽真空结束时，先关闭高、低压手动阀，再关闭真空阀，其目的是防止空气进入制冷系统。

7 加压检漏(正压检漏)

加压检漏法是指将1.5~2MPa压力的氮气、二氧化碳或混有少量制冷剂的氮气、二氧化碳等介质加入制冷系统中，再用肥皂水或卤素检漏灯进行检漏的一种方法。这种方法常用于空调制冷系统中的制冷剂全部漏光时的检漏。要注意的是，在高压条件下操作时尽量不要用空气压缩机加压或制冷系统本身的压缩机加压，因为这样会使制冷系统带入一部分水分。

### 4 组合压力表的正确使用方法

真空压力表是制冷设备维修中必不可少的测试仪表。它可测最高1.5MPa的高压和-0.1MPa的真空度。常用的真空压力表在表盘上由里向外共有两圈数值刻度，指出压力数值。一种是英制表示(lbf/in$^2$)，一种是国际单位制表示(MPa)。

1 直通阀

直通阀又称二通截阀，是最简单的维修阀，常在抽真空和充注制冷剂时使用。直通阀共有三个连接口：与阀门开关平行的连接口多与设备的维修管相接；与阀门开关垂直的两个连接口，一个常固定装上真空压力表，另外一个在抽真空时接真空泵的抽气口，充注制冷剂时连接钢瓶。直通阀的结构简单，使用不太方便，如图3-21所示。

2 专用组合阀

由于直通阀在使用中受到限制，维修中应用较多的是专用组合阀。这种阀门上装有两块压力表，一块是高压压力表，一块是低压压力表；两个手动阀门，一个用来控制高压表与公共接口的开关，另一个用来控制低压表与公共接口的开关，如图3-22所示。

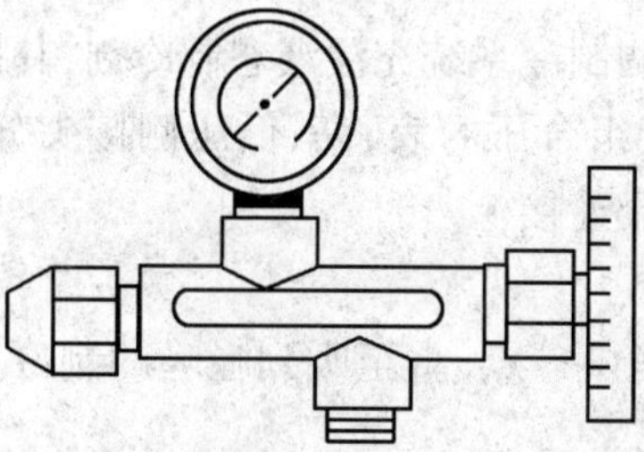

图3-21　直通阀

图3-22　组合阀

(1)抽真空:将低压表下端的接头连接设备的低压侧,高压表下端的接头连接到设备的高压侧,将公共接口连接到真空泵的抽气口。

(2)低压侧充注制冷剂:公共端连接制冷剂的罐,低压接口连接设备的低压侧(气态充注),用高压接口来排除公共接口软管内的空气。

(3)高压侧充注制冷剂:公共端连接制冷剂的罐,高压接口连接设备的高压侧(液态充注),用低压接口来排除公共接口软管内的空气。

(4)加冷冻油:将设备内部抽至负压,把公共端的软管放入冷冻油内(装冷冻油的容器应高于设备),打开低压阀,利用大气的压力将冷冻油抽入设备内。

(5)利用高、低表的压力来判断设备的冷凝器的散热、蒸发器的温度,以及设备内部的制冷剂是否过多或过少。



#### 3 顶针式开关阀

从制冷系统中收回制冷剂时经常要使用专用的阀门,这种阀门称为顶针式开关阀,使用方法如下:

(1)卸下连接上下瓣的紧固螺钉,扣合在将要接阀的管道上,然后拧紧紧固螺钉。

(2)打开顶针开关阀的阀帽,装上专用检查阀,使检修阀的阀杆刀口插在开关阀上部的槽口内,然后将检修阀的阀帽拧紧。

(3)顺时针旋转检修阀阀柄,开关阀的阀顶(顶针)随即也被旋进管道内,使管道的管壁顶压出一个锥形圆孔。

(4)逆时针旋转检修阀,开关阀的阀尖也退出管壁圆孔,制冷剂也随即喷出,沿着检修阀的接口流入制冷剂容器中。

(5)在现场维修时使用这种阀门十分方便,并且也可以用在制冷系统的抽真空、充注制冷剂等工序中,省掉了焊接操作。需要注意的是:操作完毕后,顺时针旋转检修阀,使开关阀的顶尖关闭所开的直圆孔,然后卸下检修阀,拧紧开关阀阀帽,整个顶针式开关阀便永久保留在系统管道中。

### 5 加注制冷剂的方法

汽车空调制冷剂加注的方法分为高压侧充注和低压侧充注两种。

#### 1 高压侧充注法

高压侧充注是通过压力表的高压侧向空调制冷系统充注液态制冷剂,其操作方法如下。

(1)连接充注管路,如图3-23所示。连接组合压力表,高、低压侧接头分别与压缩机的高、低压检修阀连接,维修中央接头与制冷剂罐连接。

(2)打开制冷剂罐阀手柄。

(3)将组合压力表的中间软管接头螺母稍松一点,直至听到咝咝的制冷剂泄漏声,驱除软管内的空气,然后拧紧接头螺母。

(4)打开组合压力表高压阀,将制冷剂罐倒立,使制冷剂流入管路(可听到液体流动声),直至系统内制冷剂达到规定数量为止。对于制冷剂R134a,高压表的压力为1.55~

1.85MPa，对于制冷剂 R12，高压表的压力约降低 0.2MPa。

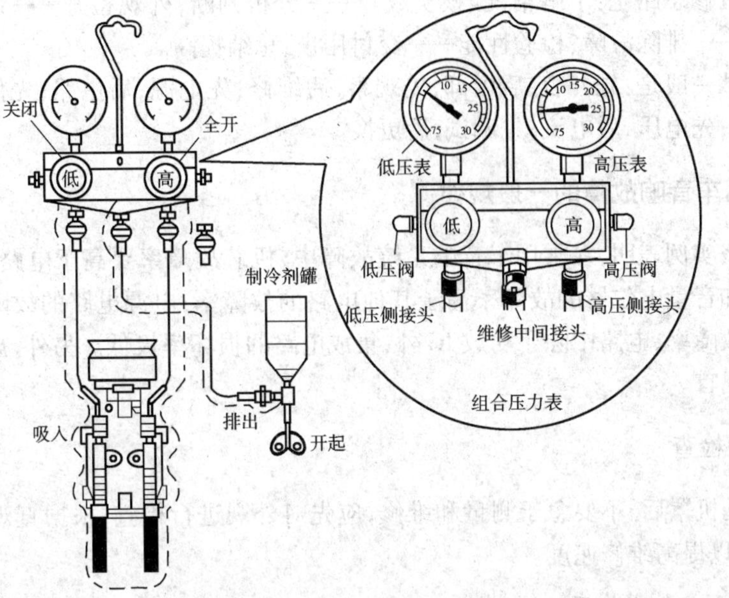


图 3-23 制冷剂高压侧充注法管路连接

(5)关闭制冷剂罐阀手柄及压力表高压阀，拆下组合压力表和制冷剂罐，完成制冷剂的充注工作。

**2 低压侧充注法**

低压侧充注是通过压力表的低压侧向空调制冷系统补充气态制冷剂，其操作方法如下。

(1)连接充注管路，连接方法与“高压侧充注法”相同。

(2)将制冷剂罐处于直立状态，打开制冷剂罐阀手柄。

(3)将组合压力表中间软管接头螺母稍松一点，直至听到嗞嗞的制冷剂泄漏声，驱除软管内的空气，然后拧紧接头螺母。

(4)打开组合压力表低压阀，气态制冷剂开始充入。

(5)起动发动机，转速在 1500 ~ 2000r/min。起动空调系统，温控开关置于最冷位置(COOL)、风扇开关置于高速位置，使制冷剂充注至规定数量为止。在充注过程中，低压表的压力不得超过 0.55MPa。

(6)关闭制冷剂罐阀手柄，观察组合压力表的压力，对于制冷剂 R134a，高压表为 1.55 ~ 1.85MPa，低压表为 0.16 ~ 0.22MPa；对于制冷剂 R12，高压表为 1.35 ~ 1.65MPa，低压表为 0.14 ~ 0.20MPa。

(7)发动机熄火，关闭高、低压阀，拆下组合压力表和制冷剂罐，完成制冷剂的充注工作。

## 十五 汽车音响系统的检查

诊断乘用车音响系统时，先不要急于拆、测、调、焊、修、换件，要掌握一定的故障规律，遵循一定的维修方法与步骤，否则会事倍功半，甚至会造成无法修复的“死机”。

正确的维修思路是：了解情况、核实故障——分析判断；外观检查——调整、测量试换；确定故障点——排除故障；检验性能——交付用户、总结提高。

维修步骤一般是：先外表，后内部；先观察，后维修；先电源，后电路；先低频，后高频；先干扰，后测量；先电压，后电流；先调试，后更换。

## 1 乘用车音响故障的一般规律

大量维修实例表明，在乘用车音响系统故障中，机芯故障率要高于电路故障率；电路故障中的功效和音量电位器的故障率高于其他电路的故障率；电源电路的故障率要高于其他部分电路的故障率；电路中除了功放 IC 外，集成电路的损坏率极低。另外，虚焊元件常常是故障的罪魁祸首。

## 2 直观检查

打开发动机罩后，不要急于测量和维修，应先对外观进行检查，根据直观检查发现故障的蛛丝马迹，以提高维修速度。

### 1 电路部分外观检查

(1)发动机内是否有烧焦糊味。

(2)各连线、插头是否松脱、断裂。

(3)是否有元件如熔断器烧断、电容爆裂漏液、电阻烧焦变黑、功效烧裂变色。

(4)各元件是否虚焊、开焊、松动，电路板是否有断线。

(5)通电检查看是否有冒烟或异味。

(6)手摸功放 IC 及其散热片是否过热。

### 2 机械部分检查

(1)机芯内是否有异物。

(2)磁头或激光头是否太脏，或过度磨损。

(3)机械传动机构部件是否变形。

(4)传动带是否脱落、老化伸长或者断裂。

(5)其他机械部件是否磨损变形、齿轮错位掉齿、间隙过大。

(6)各弹簧是否脱落、变形。

## 3 清洁调整

乘用车音响中的运动机械部件，长期使用后可能出现严重磨损、发卡或脏污，有时清洁润滑就可以排除故障。比如在调整音量时，喇叭发出“喀喀”的声音，说明音量电位器接触不良，可先用针头注入少许无水酒精，然后左右旋转几下，等酒精蒸发后再试机，看故障能否排除。如果磁带声音太小、声音低沉或高音不良，先不要急于维修电路，可先用酒精药棉擦洗磁头，故障未排除再调整磁头方位角。对于 CD\VCD\DVD 机清洗磁头便可以排除挑碟、图像偶尔有马赛克等故障。维修时，切勿无目的地随便调整机内的可调电阻、电容，因为在没有专门仪器的情况下，这些元件的参数很难调准，反而给故障判断增加难度。

在对音响系统的电路进行检查时，主要使用的方法有以下几种：

### 1 信号干扰法

信号干扰法是指用信号发生器输出的信号按照电路由后级到前级的顺序，分别将低频、中频、高频信号注入到相应测试点，观察扬声器的发声情况，以判断故障部位。如果没有信号发生器，可人为地给上述相应部位注入一个干扰信号，称之为干扰法。常见的干扰信号有以下几种：

(1)在有交流供电的地方，人体就会感应出 50Hz 的交流音频信号，可以手拿一个尖镊子，去碰触电路中的测试点，扬声器会发出"喀喀"声。

(2)用指针式万用表的 10V 或 50V DC 电压挡，黑表笔搭铁，用红表笔断续触碰测试点，不仅可以达到注入干涉信号的目的，还能测量出测试点的电压，一举两得。

(3)在电路的后级，如果采用上述第二种干扰法，扬声器发出的"喀喀"声很小，可用万用表的电阻 R×1 挡或 R×10 挡，用万用表内的电池作为干扰源，因其脉冲幅度大，正常情况下扬声器会发出较大的"喀喀"声，但要注意的是表笔碰触测试点的时间不能太长，以免损坏万用表。这种方法，对于扬声器只有"喀喀"声而没有电台或一侧声道无声的故障诊断特别有效。

### 2 电压测量法

电压测量法简单易行，在乘用车音响维修中应用广泛。当已判断出故障可能出现的范围或故障范围被缩小到某一级电路时，可对该级电路的核心元件(二极管或集成电路)的引脚电路进行测量，测量时要先测电源(供电端)电压再测关键点电路，然后测量其他引脚电压。测量电压时要注意集成电路的有些引脚电压随工作状态的不同而不同，也有的与有无信号及信号的强弱有关，图纸上的标准值一般是无信号时测得的，有信号时测得的是动态值。

### 3 电流测量法

电流测量法是通过测量整机或某一部分的电流数值，并与正常值比较，借此来判断故障部位。电流测量按照测量方式可分为整机测量和部分电路测量；按信号状态可分为静态测量和动态测量。测量结果可分为偏大或偏小两种情况；电流偏大，说明电路中有短路之处，动态电流偏大，常是电路中自励造成的；电流偏小说明电路中有断路之处。

### 4 电阻测量法

电阻测量法可分为开路检查法和在路检查法。开路检查法是把元件的一只引脚或整个元件从电路板上焊脱下来，如测量扬声器、电阻、电容、二极管、晶体管等元件的阻值，此方法虽然比较麻烦，但不受周围电路的影响，测量结果准确。在路测量是指在印制电路板上测量，单个元件的测量最好用数字万用表；测量集成电路的在线阻值，最好是用指针式万用表，并且要分两次测量，第一次用一只表笔(如红表笔)接集成电路的搭铁脚，另一只表笔(黑表笔)测量其他引脚的电阻；第二次两表笔互换。把两次测量结果与正常值比较，只要有一次测量值与正常值不符,就说明此集成电路或其外围元件有问题。用电阻测量法时,应断开音响电源。这里不仅要断开电源开关,而且还要断开音响的电源连接插座。

5 交流短路法

所谓交流短路法,是指将音频信号交流短路到搭铁,这种方法对排除噪声故障特别有效。在试验时,为防止短路后破坏放大器的直流工作点,可用一只100μF 的电容将音频信号短路后,噪声消失,说明故障在检波前的高、中频电路;如果噪声没有消失,说明故障在低频电路。

6 温差法

乘用车音响在使用过程中,尤其在夏季,环境温度很高,采用升温法适用于开机工作一段时间才能正常工作或开机一会儿才出现的故障,可用电烙铁或电吹风距被怀疑元件 5mm 左右对其进行烘烤加热,当烘烤到某元件故障消失或出现,说明该元件不良。对于开机工作一段时间后才出现的故障,可用镊子夹着蘸有酒精的棉球,对怀疑有故障的元件进行冷却,当酒精棉球放到某一元件上时故障消失,说明该元件不良。

7 元件替代法

如果经上检查能判断或怀疑哪个元件有问题时,就应更换该元件。对于开路性故障的元件,如电阻、电容等,代换时不必焊下元件。可把新件并接在故障件上,或将新件焊在电路板背面。对于其他情况的元件如漏电的电容、损坏的二极管、晶体管,需先焊下原件,再更换新件。

## 十六 安全气囊的检查

安全气囊的检测、安装和维修工作都必须由专业人员操作。

(1)接通点火开关,安全气囊指示灯亮 6 ~ 8s,然后自动熄火,否则有故障。

(2)进一步检查时,将车上安装的气囊引爆线全部拆下,用 12V 试灯代替气囊接入线路中检查,接通点火开关,试灯亮说明碰撞传感器故障,可更换新件。

(3)安全气囊价格昂贵,碰撞传感器和引爆开关灵敏度高,一般情况下不宜随便使用仪表检测,以免误引爆造成损失。

(4)使用中应特别注意避免触及车前(及保险杠)安全气囊系统线路和碰撞传感器。

(5)使用膨胀过的安全气囊,应及时更换新件。

在检测过程中,不得使用检测灯、电压表和欧姆表等。安全气囊只可在安装好后用专用设备(如大众汽车使用 V. A. G1551/1552)来检查。

检查安全气囊时,必须断开蓄电池负极。将安全气囊与电源相连时,车内不可有人。安全气囊从运输器内取出后必须马上安装,如需中止工作,应将安全气囊放回运输器具内。

## 十七 使用汽车故障诊断仪进行故障检查

本节以深圳远征 X-431 汽车故障诊断仪为例,进行汽车电控系统故障的检测与诊断。

X-431 汽车故障诊断仪可以读取不同车型发动机电控系统(EECS)、自动变速器系统(AT)、防抱死制动系统(ABS),安全气囊系统(SRA)等电控系统进行测试,测试功能包括读取故障代码、消除故障代码、测试执行元件、动态数据流读取、测试结果打印等。下面主要介绍仪器的功能操作。

(1)查控制电脑型号。读取所测电控系统的电脑版本型号、系统类型、发动机类型、控制单元编号及服务站代码等。

(2)读取故障码。汽车电子控制系统的电子控制单元内部一般都有一个故障自诊断电路系统(OBD),它能在运行过程中不断监测电子控制系统各部分的工作情况,并能检测出电子控制系统中大部分故障,将故障以代码的形式存储在电子控制单元的存储器内。维修人员可按照特定的方法将故障代码读出,为检测与诊断发动机电子控制系统提供依据。

(3)清除故障码。在电控系统故障排除后,必须清除故障代码,才能让汽车电子控制系统正常工作。

(4)读取数据流。对电控系统参数瞬时值的检测并不能完整反映其工作状况的好坏。有时瞬间检测出的参数是正常的,但进行连续检测后会发现在另外的一瞬间参数是不正常的。因此,诊断故障时常采用检测和分析数据流的方法。汽车数据流分析是对数据的数值变化规律和数值变化范围、数值响应的速率、数据与数据之间的关系进行分析,以及相同车种及系统在相同条件下的相同数据组进行比较的分析或与标准数据组讲行比较的分析。

(5)系统基本调整。电控系统某些基本运行参数的设定。

(6)读取独立通道数据。读取控制电脑的运行数据(以单通道数据显示)。

(7)控制单元编码。如果车辆的代码没有显示或主电脑已更换,则必须给控制单元编码。根据车辆使用的国家、地区和发动机、变速器及其他配置输入适当的设定号(CODINGNUMBER 控制单元编码)。

(8)测试执行元件。驱动执行元件单独工作,检测执行元件工作是否正常。

(9)通道调整匹配。根据厂方要求和实际需要修改和输入某些设定值。

本节通过讲述匹配汽车钥匙的操作来说明匹配功能。

## 1 试验前准备工作

### 1 一般测试条件

(1)打开汽车电源开关。

(2)汽车蓄电池电压为 11 ~ 14V,X-431 额定电压为 12V。

(3)节气门应处于关闭状态,即怠速触点闭合。

(4)点火提前角和怠速的数值应在标准范围,冷却液温度和变速器油温达到正常工作温度(冷却液温度为 80 ~ 90℃,变速器油温为 50 ~ 80℃)。

(5)X-431 正常使用环境温度范围为 0 ~ 50℃(在环境温度 5℃左右起动发动机后需热机 30min 左右)。

**❷ 连接测试插头**

X-431 带有各种测试插头，测试时，根据汽车诊断座的类型，选择相应的测试插头。通过诊断主线和测试插头将汽车诊断座与 X-431 连接起来。

## 2 注意事项

（1）不得使用水、溶剂或其他药剂等清洁材料清洁 CF 卡的插脚，或清洗仪器内部的插口。

（2）为保证仪器的正常使用，电源要保持充电良好。

（3）使用仪器时，必须在通风良好的环境下，并且操作场所严禁烟火。

（4）关闭汽车所有的附属电气设备，如冷气、前照灯、音响等。

（5）汽车要拉驻车制动器时，挡位要处于空挡处，以确保汽车固定不动。

## 3 仪器结构功能

**❶ X-431 的基本组成**

X-431 的主体部分包括三大件：主机、SMARTBOX（诊断盒）和迷你打印机，如图 3-24 所示。这三大件可以分开，各自具有独立的功能和作用，可根据需要和配置情况进行工作。但是，通常这三大件都是通过插座插接组成一个整体，外面加上真皮保护外套，防止松动和损坏。除此之外，X-431 还配有一些进行汽车诊断所需的附件，如测试主线、电源线、开关电源、CF 卡、CF 卡读写器以及各种测试插头等。

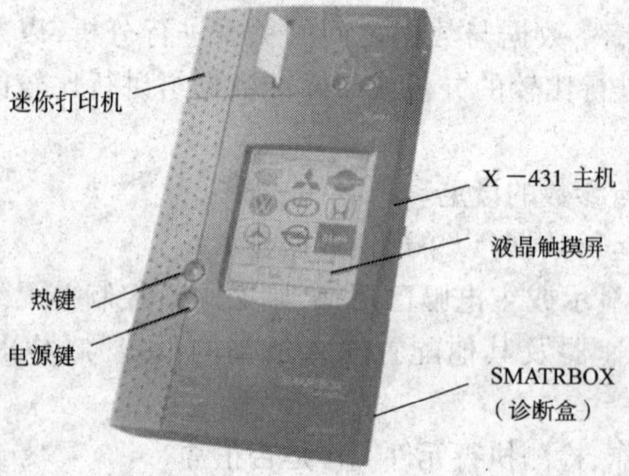


图 3-24　X-431 主体外观

**❷ X-431 的基本配备**

为了使 X-431 主体与汽车的诊断座连接起来，有效发挥 X-431 的诊断作用，必须采用一些附件，如插头和电缆等，才能进行汽车故障诊断。X-431 的硬件配置情况如图 3-25 所示及如表 3-3 所示。

**各序号代表的组成部分名称及功能**　　表 3-3

| 序　号 | 名　　称 | 说　　明 |
|---|---|---|
| 1 | X-431 主机 | 主机屏幕可显示操作按钮、测试结果和帮助信息 |
| 2 | 迷你打印机 | 打印测试结果 |
| 3 | CF 卡 | 存储诊断程序和数据 |
| 4 | USB 电缆 | 连接 CF 卡读写器和电脑 |
| 5 | CF 卡读写器 | 在 CF 卡上读取和存储数据 |

续上表

| 序　号 | 名　　称 | 说　　明 |
|---|---|---|
| 6 | 测试插头 | 含用于不同车系的多个测试插头,此处只画一个作为示意 |
| 7 | 电源转接线 | 连接 100～240V 交流插座和开关电源 |
| 8 | 点烟器线 | 从汽车点烟器获取电源 |
| 9 | 双钳电源线 | 从汽车蓄电池获取电源 |
| 10 | 开关电源 | 将 100～240V 交流电源转换为 12V 直流电源 |
| 11 | 测试主线 | 连接测试插头和 SMARTBOX |
| 12 | SMARTBOX | 诊断测试盒 |

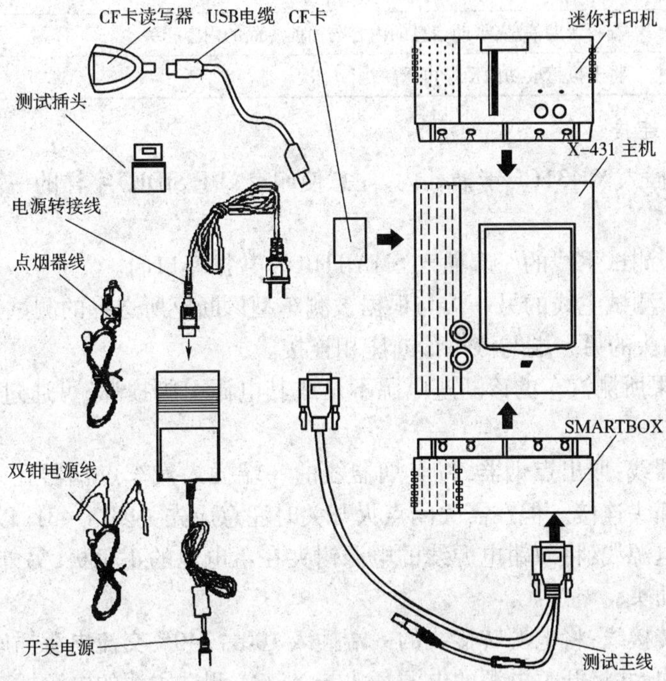


图 3-25　X-431 硬件配置示意图

## 4 操作步骤

### 1 主要界面按钮按键

X-431 除了电源键、热键等几个硬键外,主要操作都是通过其液晶触摸屏上的触摸按键完成,不同的操作界面上根据操作要求显示不同的按键,表 3-4 为操作界面中经常出现的按键。

主要操作按键及其说明 表3-4

| 按 键 | 功 能 |
|---|---|
| 【后退】 | 返回上一界面 |
| 【开始】 | 继续执行下一操作 |
| 【退出】 | 退出诊断程序 |
| 【确定】 | 确认并执行 |
| 【取消】 | 取消当前操作,并返回上一界面 |
| 【上翻页】 | 显示同级菜单的上一页,如所显示的内容只有一页或当前页为第一页,则该按钮变灰不可用 |
| 【下翻页】 | 显示同级菜单的下一页,如所显示的内容只有一页或当前页为最后一页,则该按钮变灰不可用 |
| 【诊断首页】 | 回到当前汽车诊断程序的主菜单 |
| 【打印】 | 打印测试结果,只有当字体显黑时才可用 |
| 【BOX 信息】 | 显示 SMARTBOX 版本信息 |
| 【帮助】 | 查看帮助信息,帮助信息的内容与当前界面的内容相关 |
| 【重试】 | 将未执行成功的操作再重新执行一次 |

## 2 X-431 的连接

(1)将 CF 卡插入 X-431CF 卡插孔内,注意使印有"UP SIDE"字样的一面朝上,且确保插入到位。

(2)将 X-431 测试主线的一端插入 SMARTBOX 数据接口内。

(3)将 X-431 测试主线的另一端与根据被测车型诊断座所选择的测试插头相连接。

(4)将测试插头的另一端与汽车诊断座相连接。

(5)说明:如果所测汽车的诊断座电源不足或其电源引脚损坏,可通过以下任一方式获取电源:

①通过点烟器线:取出点烟器,将点烟器线的一端插入汽车点烟器孔,另一端与 X-431 测试主线的电源插头连接。但在需关闭点火开关时注意应先关闭 X-431,以防止非法关机。

②通过双钳电源线:将双钳电源线的电源钳夹在蓄电池的正负极,另外一端插入 X-431 测试主线的电源插头。

③通过电源转接线:将电源转接线的一端插入 100~240V 交流电源插座,另外一端插入开关电源的插孔内,并将开关电源的电源插头与 X-431 测试主线的电源插头连接。

## 3 诊断基础界面操作

(1)启动。连接完毕后,按电源键启动 X-431 后,按热键直接进入汽车诊断主界面。

(2)选择车型。单击[开始]键进入车系选择菜单,如图 3-26 所示。(以大众车为例予以说明)单击大众车图标,屏幕显示大众车诊断程序版本选择菜单。单击[确定]键后 X-431 将对 SMARTBOX 进行复位和检测,并从 CF 卡下载诊断程序。下载完毕后单击[确定]键进入如图 3-27 的控制选择菜单。

(3)测试系统菜单。单击[快速功能诊断],进入测试系统菜单,如图 3-28 所示,菜单内容多页,主要选择所需要测试的汽车系统。这里主要以[01 发动机系统]为例予以介绍。

（4）汽车诊断系统的功能菜单。单击［01 发动机系统］可进入此菜单，如图 3-28 所示。此菜单可进行包括查控制电脑型号、读取故障代码、读测量数据流、清除故障代码、系统基本调整、通道调整匹配、读独立通道数据、测试执行单元、控制单元编码、系统登录、传送底盘号等 11 个功能操作。由于大部分功能只需按屏幕提示操作即可完成，下面只以个别功能为例进行操作介绍。

图 3-26　车系选择界面

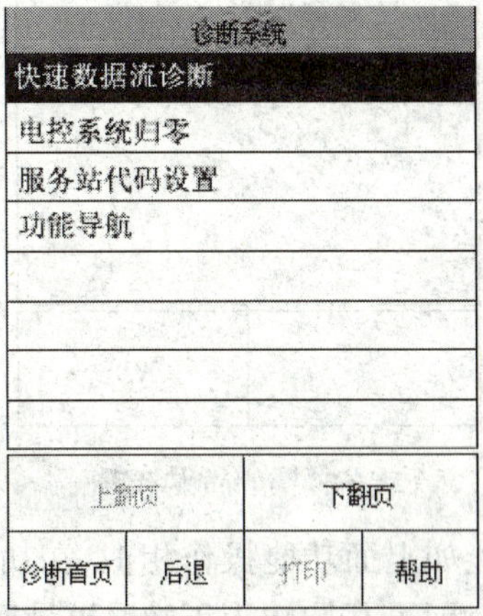


图 3-27　控制菜单

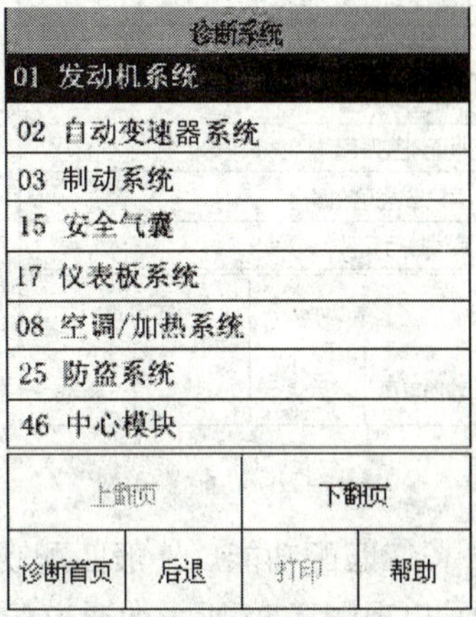


图 3-28　测试系统菜单

①查控制电脑型号。在功能菜单中，单击［查控制电脑型号］选项，屏幕显示所测系统控制电脑相关信息，如图 3-29 所示。

②清除故障代码。要读取电控系统故障代码之前，首先是清除历史故障代码。在功能菜单中，单击［清除故障代码］选项，进入如图 3-30 所示菜单，选择是，X-431 开始清除 ECU 记录的故障代码并进行重新读取故障代码。如果所有故障代码被清除，或所测系统无故障代码，屏幕显示无故障代码。如无法清除故障代码，说明电器元件存在故障。

③读取故障代码。在消除故障代码后，需要运行汽车一段时间后，然后把车钥匙拧到“ON”位置，使汽车处于点火的状态在功能菜单中，再通过以下操作读取故障代码。单击［读取故障代码］选项，X-431 开始测试故障代码，测试完毕后，屏幕显示测试结果。

④读测量数据流。由于读取数据流是在发动机起动的状态下读取的，所以在读取了发动机故障代码后，首先返回到“测试系统菜单”的界面选择被测系统后，在功能菜单中，单击［读测量数据流］选项，屏幕如图 3-31 所示，X-431 要求用户输入数据流通道号，单击相应的数字即可输入通道号，数据通道号可通过查询相关汽车手册得知。

⑤控制单元编码。在功能菜单中，单击［控制单元编码］选项，用户通过输入单击相应的数字即可输入新的控制单元编码。

⑥测试执行元件。

下面我们对汽车的防抱死制动系统进行执行元件测试。执行元件测试是在汽车处于点火的状态下进行的，因此首先使汽车处于点火的状态，进入到“测试系统菜单”界面后，单击［防抱死制动系统］，然后单击［测试执行元件］，屏幕上会列出防抱死制动系统的执行器（通过上、下翻页来选择要测试的执行器）。例如选择“电动机”来做试验，所以单击［电动机］。

在单击[电动机]后可以听到位于发动机舱的 ABS 的电动机发出响声，说明执行器运行成功，没有故障。解码器屏幕上显示“元件测试结束”。

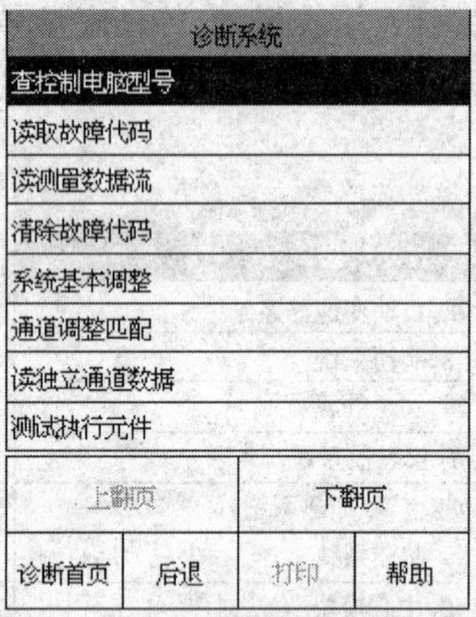


图 3-29　功能菜单

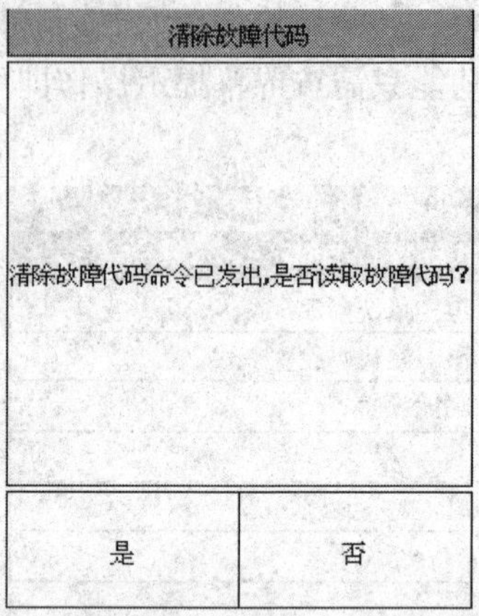


图 3-30　清除故障代码

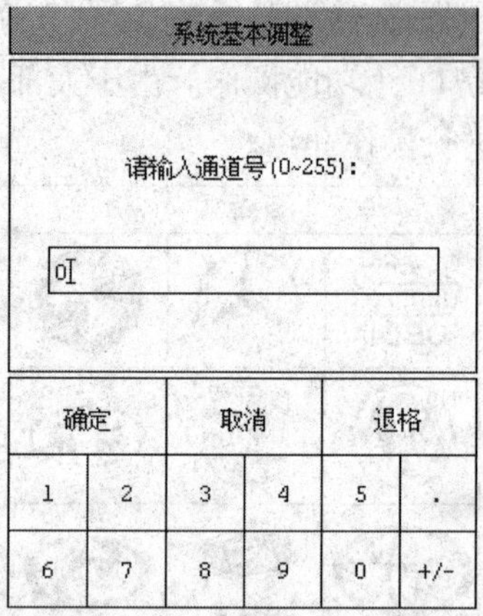


图 3-31　数据流通道

⑦匹配功能。一般匹配功能如上面功能操作相似，在功能菜单中，单击[匹配功能]选项，出现图 3-30 所示的通道输入界面，用户输入正确通道号后单击[确定]，再输入匹配值便可进行匹配。但个别特殊电器元件匹配方法不一样，下面以匹配汽车钥匙进行介绍：

a. 将诊断系统连接到诊断座上。

b. 将待匹配的钥匙插入点火开关并打到 ON。

c. 进入[发动机控制系统]。

d. 选择[读取故障代码]，并根据故障代码内容排除故障。

e. 选择[清除故障代码]，再测试一次故障代码并确认故障代码内容已被清除。

f. 进入防盗系统，重复第(4)、(5)步操作，读码、清码。

g. 选择[系统登录]，输入 5 位密码(在 4 位数密码前加一个 0，例如：01234)。

h. 选择[通道调整匹配]，输入“21”。输入匹配钥匙数，例如：匹配 3 把钥匙，输入 00003。

i. 仪器提示“是否要储存改正的钥匙数?”，确认后仪器提示“改正的钥匙数已储存”，则匹配成功。在汽车点火锁上的这把钥匙匹配完毕。

j. 关闭点火开关，拔出钥匙，然后迅速插入下一把钥匙，打开点火开关至少 1s。

k. 防盗器指示灯将闪烁，表明匹配已经完成。

l. 重复以上操作，直到把所有的钥匙匹配完毕(匹配钥匙的过程必须在 30s 内完成)。

## 5 数据标准与故障分析

### 1 故障码分析

下面以桑塔纳 2000GSI 汽车发动机系统进行故障码分析，见表 3-5。

桑塔纳 2000GSI 的发动机为 AJR，1 8L R4/2VS，控制系统为 M3 8 2 ECU，零件号为330 907 559A。

**桑塔纳 2000GSI** 表 3-5

| 故 障 码 | 可能的故障原因 | 故障排除方法 |
|---|---|---|
| 100513 发动机转速传感器<br>—G28 无信号 | ①传感器线路开路或短路；<br>②G28 损坏 | ①检修线路；<br>②检测 G28 |
| 00515 霍尔传感器<br>—G40 对正极开路或断路 | ①传感器线路对正极开路或断路；<br>②G40 损坏 | ①检修线路；<br>②检测 G40 |
| 00518 节气门电位计<br>G69 对正极开路或断路 | ①传感器线路对正极开路；<br>②G69 损坏 | ①检修线路；<br>②检测 G69 |
| 00522 冷却液温度传感器<br>—G62 搭铁短路或对正极开路或短路 | ①传感器线路开路或短路；<br>②传感器线路搭铁短路；<br>③传感器 G62 损坏 | ①检修线路；<br>②检测 G62 |
| 00524 爆震传感器 1<br>—G61 搭铁开路或短路 | ①传感器线路搭铁开路或短路；<br>②G61 损坏 | ①检修线路；<br>②检测 G61 |
| 00527 进气温度传感器<br>—G72 搭铁短路或对正极开路或短路 | ①传感器线路开路或搭铁短路；<br>②G72 损坏 | ①检修线路；<br>②检测 G72 |
| 00530 节气门定位电位计<br>—G68 对正极开路或短路 | ①传感器线路对正极开路或短路；<br>②G68 损坏 | ①检修线路；<br>②检测 G68 |
| 00540 爆震传感器 2<br>—G66 搭铁开路或短路 | ①传感器线路搭铁开路或短路；<br>②G66 损坏 | ①检修线路；<br>②检测 G66 |
| 00553 空气流量计<br>—G70 搭铁开路或短路 | ①传感器线路搭铁开路或短路；<br>②G70 损坏 | ①检修线路；<br>②检测 G70 |
| 00668 30 号接线端子电压信号过小 | 蓄电池电压小于 10V | 对蓄电池充电 |
| 01165 节气门控制部件<br>—F338 基本设定错误 | 节气门控制部件与发动机电脑未匹配 | 重新完成匹配程序 |
| 01247 ACF 电磁阀 I-N80 搭铁开路或短路 | ①ACF 电磁阀线路搭铁开路或短路；<br>②N80 损坏 | ①检修线路；<br>②检测 N30 |
| 01249 1 缸喷油器<br>—N30 对正极开路或短路 | ①1 缸喷油器线路对正极开路或短路；<br>②1 缸喷油器 N30 损坏 | ①检修线路；<br>②检测 N30 |
| 01250 2 缸喷油器<br>—N31 对正极开路或短路 | ①2 缸喷油器线路对正极开路或短路；<br>②2 缸喷油器 N31 损坏 | ①检修线路；<br>②检测 N31 |
| 01251 3 缸喷油器<br>—N32 对正极开路或短路 | ①3 缸喷油器线路对正极开路或短路；<br>②3 缸喷油器 N32 损坏 | ①检修线路；<br>②检测 N32 |
| 01252 4 缸喷油器<br>—N33 对正极开路或短路 | ①4 缸喷油器线路对正极开路或短路；<br>②4 缸喷油器 N33 损坏 | ①检修线路；<br>②检测 N33 |

## ❷ 数据流分析

下面以桑塔纳2000GSI汽车发动机系统进行部分数据流分析,见表3-6~表3-13。

桑塔纳2000GSI的发动机为AJR,1 8L R4/2VS,控制系统为M3 8 2ECU,零件号为330 907 559A。

(1)显示组号00或000。

**显示组号00或000** 表3-6

| 显示组号 | 屏幕显示 | 显示位置内容 |
|---|---|---|
| 00或000 | 读取测量值00组<br>1 2 3 4 5 6 7 8 9 10 | ①冷却液温度;<br>②发动机负荷;<br>③发动机转速;<br>④蓄电池电压;<br>⑤节气门角度;<br>⑥怠速空气质量控制值;<br>⑦怠速空气质量测量值;<br>⑧混合气成分控制值(λ控制值);<br>⑨混合气成分测量值(λ测量值);<br>⑩混合气成分测量值(λ测量值) |

各显示值说明:

①冷却液温度:正常值170~204(相当于80~105℃)。

②发动机负荷:正常值20~50(相当于1~2ms)。

③发动机转速:正常值70~90(相当于700~900r/min)。

④蓄电池电压:正常值146~212(相当于10~14.5V)。

⑤节气门开度:正常值0~12(相当于0°~5°)。

⑥怠速空气质量控制值:正常值118~138(相当于-2.5~+5kg/h)。

⑦怠速空气质量测量值:正常值112~144(相当于-4.0~+4.0kg/h)。

⑧混合气成分控制值(λ控制值):正常值78~178(相当于-10%~+10%)。

⑨混合气成分测量值(λ测量值):正常值115~141(相当于0.64~+6.4ms)。

⑩混合气成分测量值(λ测量值):正常值118~138(相当于-8%~+8%)(针对配置两个氧传感器的车辆)。

(2)显示组号01或001。

**显示组号01或001** 表3-7

| 显示组号 | 屏幕显示 | 显示位置内容 |
|---|---|---|
| 01或001 | 读取测量值01组<br>1 2 3 4 | ①发动机转速;<br>②发动机负荷(曲轴每转喷油时间);<br>③节气门开度;<br>④点火提前角 |

各显示值说明:

①发动机转速:正常怠速值为(800±30)r/min,若怠速超出规定,检查怠速。

②发动机负荷:怠速时正常值为1.00~2.50ms,若小于1.0ms,可能是进气系统有泄漏或燃油系统压力过高;若大于2.50ms,可能是发动机负荷过大。

③节气门开度:怠速时正常值为0°~5°。

若大于0°~5°,可能:a.节气门控制部件J338没有基本设定;b.加速踏板拉索过紧,需调整;c.节气门控制部件损坏。

④点火提前角:怠速时正常值为(12±4.5)°(BTDC),若小于12°(BTDC)发动机负荷过大。

(3)显示组号02或002。

**显示组号02或002**

表3-8

| 显示组号 | 屏幕显示 | 显示位置内容 |
|---|---|---|
| 02或002 | 读取测量值2组<br>1 2 3 4 | ①发动机转速;<br>②发动机负荷(发动机每循环喷油时间);<br>③发动机每循环喷油时间;<br>④进入的空气质量 |

各显示值说明:

①发动机转速:正常怠速值为(800±30)r/min,若怠速超出规定,检查怠速。

②发动机负荷:怠速时正常值为1.00~2.50ms。

若小于1.0ms,可能:a.进气系统有泄漏;b.燃油系统压力过高。

若大于2.50ms,可能发动机负荷过大。

③发动机负荷(发动机每循环喷油时间):怠速时正常值为2.0~5.0ms,若小于2.0ms,可能炭罐清除比例高;若大于5.0ms,发动机负荷过大。

④进入的空气质量:怠速时正常值为2.0~4.0g/s,若小于2.0g/s,可能进气系统有泄漏,若大于4.0g/s,可能发动机负荷过大。

(4)显示组号03或003。

**显示组号03或003**

表3-9

| 显示组号 | 屏幕显示 | 显示位置内容 |
|---|---|---|
| 03或003 | 读取测量值3组<br>1 2 3 4 | ①发动机转速;<br>②蓄电池电压;<br>③冷却液温度;<br>④进气温度 |

各显示值说明:

①发动机转速:正常怠速值为(800±30)r/min,若怠速超出规定,检查怠速。

②蓄电池电压:正常值为10.0~14.5V,若电压值超出规定值,检查电脑的供给电压。

③冷却液温度:正常值为80~105℃,若小于80℃,可能是发动机未达到温度或检查温度传感器。

④进气温度:若读值在19.5℃不变化,可能是进气温度传感器信号有故障。

(5)显示组号04或004。

显示组号 04 或 004　表 3-10

| 显示组号 | 屏幕显示 | 显示位置内容 |
|---|---|---|
| 04 或 004 | 读取测量值 4 组<br>1 2 3 4 | ①节气门开度；<br>②怠速空气质量测量值(N 挡位置)；<br>③怠速空气质量测量值(D 挡位置)；<br>④工作状态(怠速、部分负荷、全负荷、加速、减速) |

各显示值说明：

①节气门开度：怠速时正常值为 0°~5°。

若大于 0°~5°，可能：a. 节气门控制部件 J338 没有基本设定；b. 加速踏板拉索过紧，需调整；c. 节气门控制部件损坏。

②怠速空气质量测量值(手动变速器 N 挡位置)：正常值为 -1.70 ~ +1.70g/s，若小于 -1.70g/s，节气门有泄漏，若大于 1.70g/s，进气系统有泄漏。

③怠速空气质量测量值(自动变速器 D 挡位置)：0.00g/s(由于该车现只装手动变速器，故此读值为 0.00 不变)

④工作状态：在发动机怠速时，应显示怠速，否则应检查怠速开关。

(6)显示组号 05 或 005。

显示组号 05 或 005　表 3-11

| 显示组号 | 屏幕显示 | 显示位置内容 |
|---|---|---|
| 05 或 005<br>怠速稳定 | 读取测量值 05 组<br>1 2 3 4 | ①怠速转速(测量值)；<br>②怠速转速(规定值)；<br>③怠速转速(规定值)；<br>④进气质量 |

各显示值说明：

①发动机转速(测量值)：正常怠速值为(800±30)r/min，若怠速超出规定，检查怠速。

②怠速转速规定值：正常值为 800r/min，应保持不变。

③怠速控制：正常值为 -10% ~ +10%。

④进入的空气质量：怠速时正常值为 2.0~4.0g/s，若小于 2.0g/s，可能是进气系统有泄漏。若大于 4.0g/s，可能是发动机负荷过大。

(7)显示组号 06 号 006。

显示组号 06 或 006　表 3-12

| 显示组号 | 屏幕显示 | 显示位置内容 |
|---|---|---|
| 06 或 006<br>怠速稳定 | 读取测量值 06 组<br>1 2 3 4 | ①怠速转速；<br>②怠速控制；<br>③混合气 λ 控制；<br>④点火提前角 |

各显示值说明:(发动机怠速,冷却液温度大于80℃)

①发动机转速(测量值):正常怠速值为(800 ±30)r/min,若怠速超出规定,检查怠速。

②怠速控制:正常值为 -10% ~ +10%

③混合气λ控制:正常值为 -10% ~ +10%,若超出规定值,检查λ控制(比如氧传感器是否失效、控制电路是否失效等)。

④点火提前角:怠速时正常值为(12 ±4.5)°(BTDC),若小于12°(BTDC),发动机负荷过大。

(8)显示组号07或007。

**显示组号07或007** 表3-13

| 显示组号 | 屏幕显示 | 显示位置内容 |
|---|---|---|
| 07或007<br>控制和ACF阀 | 读取测量值07组<br>1 2 3 4 | ①混合气λ控制;<br>②传感器电压;<br>③炭罐清除电磁阀N80的点空比;<br>④炭罐清除时的混合气修正系数 |

各显示值说明:

①混合气λ控制:正常值为 -10% ~ +10%,若超出规定值,检查λ控制。

②氧传感器电压:正常值为该电压值不断地在0~1.0V之间变化。

若电压为0.1~0.3V:排气残余氧气太多,混合气过稀。

若电压为0.7~1.0V:排气中残余氧气太少,混合气过浓。

电压保持在0.45~0.5V表示氧传感器未工作。

③炭罐清除电磁阀N80的点空比:百分比值表示电磁阀的控制状态,0%表示电磁阀完全关闭,99%表示电磁阀完全打开。

④炭罐清除时的混合气修正系数:

a.若小于1.00,炭罐清除系统部分开启,送出浓混合气,λ控制,减少喷油时间;

b.若等于1.00,炭罐清除系统大部分开启,送出标准混合气(λ=1);

c.若大于1.00,炭罐清除系统全部开启,送出稀混合气,λ控制增加喷油时间。

## 思考练习

1. 简述汽车在工位1时所需维护的项目。
2. 电子仪表检测时有哪些注意事项?
3. 简述聚光式前照灯检测仪的使用方法。
4. 空调维护的内容有哪些?
5. 如何使用汽车故障诊断仪进行故障诊断?

# 第三节 汽车处于位置2的维护

| 顶起位置2：<br>汽车处于离地0.3m | 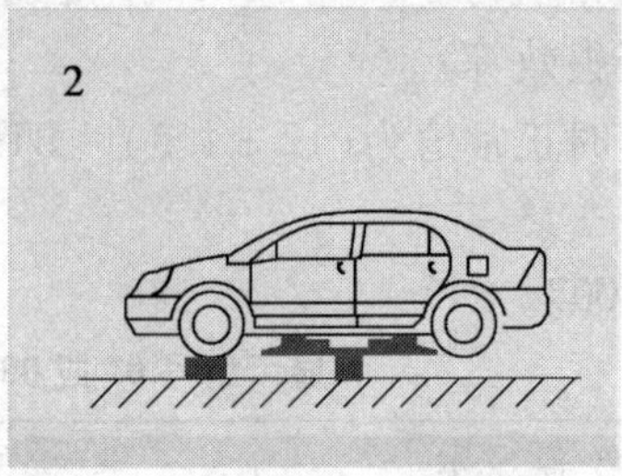<br> | |
|---|---|---|
| 序号 | 检查位置 | 作业内容 |
| 1 | 前轴 | 球节 |
| 2 | 发动机前部 | 蓄电池 |
| 3 | 发动机前部 | 分电器 |
| 4 | 发动机前部 | 火花塞 |
| 5 | 发动机前部 | 点火正时的调整 |
| 6 | 发动机前部 | 空气滤清器 |
| 7 | 发动机前部 | 机油滤清器 |
| 8 | 发动机前部 | 动力转向液 |
| 9 | 发动机前部 | 冷却系统 |
| 10 | 发动机前部 | 制动液 |
| 11 | 发动机前部 | 燃油系统的检查与维护 |

## 一 球节的检查

踩下制动踏板后，在球节上施加载荷以便检查其上下滑动间隙。

(1)使用制动踏板压力器保持制动踏板被踩下，如图3-32所示。

(2)前轮垂直向前，举起车辆并且在一个前轮下放一个高度为180~200mm的木块。

(3)放低举升器直到前螺旋弹簧承载一半的负荷。

(4)再次确认前轮朝向正前方。

(5)在下臂的末端使用工具检查球节多余的上下滑动间隙，如图3-33所示。

(6)检查球节防尘罩是否有裂纹、撕裂或者其他损坏，如图3-34所示。

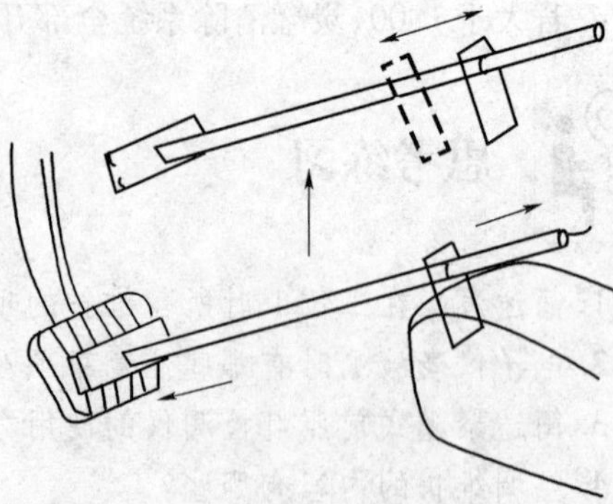

图3-32 制动踏板压力器的使用

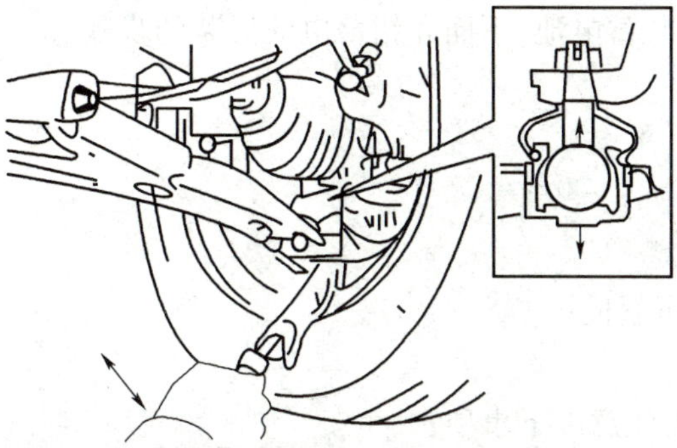

图 3-33 检查球节上下滑动间隙

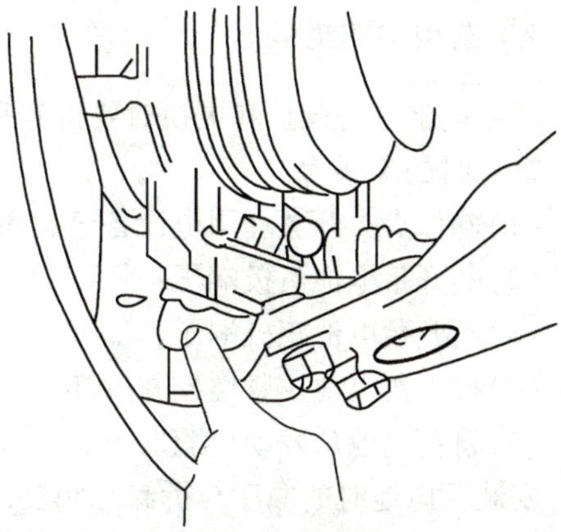

图 3-34 检查球节防尘罩

## 二 蓄电池的检查

### 1 免维护蓄电池

(1)检查蓄电池端子及蓄电池周围区域是否存在腐蚀性沉积物。

(2)按以下步骤除去沉积物:

①用硬刷清理该区域。

②用温水和碳酸氢钠或氨水溶液处理该区域。

③用清水冲洗。

(3)如果蓄电池接线柱严重损坏(如松动、烧损、点蚀或破裂),则更换蓄电池(更换参见蓄电池的拆装)。

(4)检查蓄电池壳体。

(5)如果蓄电池壳体破裂,则更换蓄电池(更换参见蓄电池的拆装)。

(6)查看蓄电池盖上的孔形液体相对密度计,当相对密度计的观察窗(俗称电眼)呈绿色时,表明充电已足,蓄电池正常;当观察窗绿点很少或为黑色,表明蓄电池需要充电;当观察窗显示淡黄色或红色时,表明蓄电池内部有故障,需要维修或进行更换(更换参见蓄电池的拆装)。

(7)使用高率放电计检测蓄电池电压(详见高率放电计的使用),电压低于 9.6V 时更换蓄电池。

(8)如果蓄电池壳体完好,检查发电机是否过度充电。

(9)确保蓄电池压紧螺栓和压紧板将蓄电池牢固,拧紧螺栓的规定力矩为 8 ~10N · m。

(10)沿着电缆检查电缆绝缘层是否损坏或磨损,必要时更换电缆。

(11)检查电缆是否有线股断裂或磨损现象,并保证电缆紧固到端子上。

(12)检查端子卡箍是否牢固固定在蓄电池接线柱上,必要时更换端子。紧固端子卡箍螺母至规定的力矩规格,蓄电池端子螺母的规定拧紧力矩为 2 ~5N · m。

## 2 蓄电池的拆装

对蓄电池进行维护和更换时要拆卸和安装蓄电池,下面介绍蓄电池拆装的步骤。

拆卸时的步骤为:

(1)确保点火开关和用电设备已关闭;

(2)断开蓄电池负极端子;

(3)断开蓄电池正极端子;

(4)拧下蓄电池压紧螺栓并拆卸蓄电池压紧板;

(5)将蓄电池从发动机舱取出。

安装蓄电池时的顺序与拆卸时相反,但需注意以下事项:

(1)确保蓄电池托架、电缆和端子清洁,不潮湿且未腐蚀;

(2)如果端子卡箍被腐蚀,更换蓄电池线束;

(3)按如下程序去除腐蚀沉积物:

①用硬刷清理该区域;

②用温水和碳酸氢钠或氨水混合溶液处理该区域;

③用清水清洗该区域。

(4)安装蓄电池并检查其是否平放在托架上;

(5)确保蓄电池托架中没有异物(例如松脱的螺母或石子);

(6)安装每个电缆端子,使其固定在蓄电池接线柱顶部下方;

①将蓄电池正极端子安装到蓄电池正极接线柱上;

②将蓄电池负极端子安装到蓄电池负极接线柱上。

(7)紧固蓄电池压紧螺栓和电缆端子螺母至规定的力矩(拧紧螺栓的规定力矩为8~10N·m;蓄电池端子螺母的规定拧紧力矩为2~5N·m)。

## 3 液体相对密度计的使用

(1)拆卸蓄电池通气孔盖。

(2)将相对密度计气泡内的空气赶出。

(3)手握相对密度计并将其垂直置于单格蓄电池中,使收集管浸没其中。

(4)待气泡完全放尽后,可吸入足够的电解液,使相对密度计浮子自由浮起。

(5)仍垂直握住相对密度计,记录读数。

(6)将电解液放回单格蓄电池。

(7)对每格蓄电池重复上述步骤。

(8)短时将温度计放入某格蓄电池中以确定蓄电池温度。

(9)安装蓄电池通气孔盖。

(10)计算经温度补偿后的读数:超过27℃时每5℃加0.004或低于27℃时每5℃减去0.004。

(11)使用经温度补偿后的读数和表3-14以确定蓄电池的充电状态。

重要注意事项:蓄电池充电后各单格电池间的相对密度差异不得超过0.025。差异过大则表明有单格电池损坏,蓄电池各种状态下的相对密度读数见表3-14。

蓄电池的相对密度读数　　表3-14

| 蓄电池状况 | 相对密度读数 | 蓄电池状况 | 相对密度读数 |
|---|---|---|---|
| 完全充电 | 1.240~1.260 | 完全放电 | 1.110~1.130 |
| 需要充电 | <1.190 | | |

## 4 高率放电计的使用

图3-35所示为用高效放电计检测蓄电池。

(1)确保蓄电池至少充电65%。

(2)断开蓄电池负极端子。

(3)断开蓄电池正极端子。

(4)将高率放电计连接到蓄电池端子,确保极性正确。

(5)根据蓄电池尺寸调整放电计开关。

(6)如果可能,将挡位设定到快速放电电流的50%(或20h放电率的三倍)。

(7)进行负载测试10s并记录蓄电池电压。如果某格蓄电池有故障,则会过度释放气体或过热。这样就可判断有故障的蓄电池。

(8)如果蓄电池电压未超过高率放电计制造商规定的最小电压值(或9.6V),则蓄电池需重新充电。

(9)如果电压低于高率放电计制造商规定的最低电压(或蓄电池充电后再次测试仍低于9.6V),则需更换蓄电池。

## 5 普通蓄电池

(1)如图3-36所示,使用蓄电池相对密度计测量各槽的相对密度。

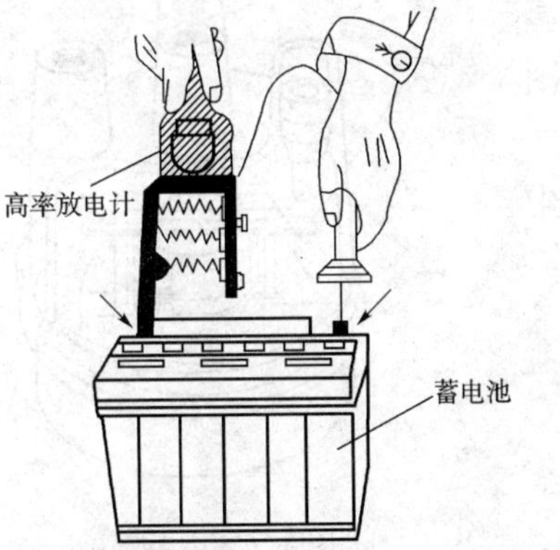


图3-35　用高率放电计检测蓄电池

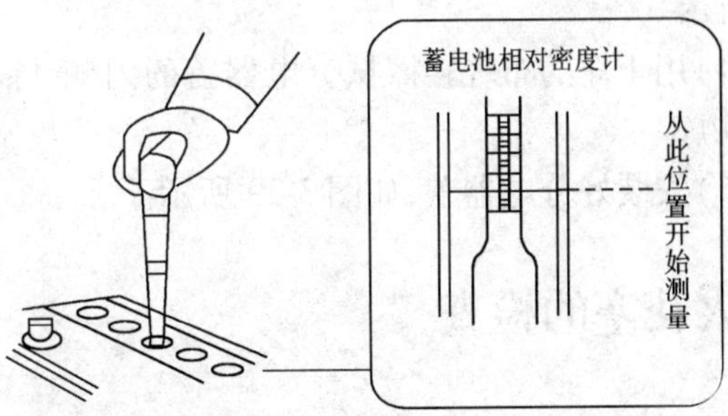


图3-36　蓄电池相对密度计

(2)检查电解液是否在规定范围内,见表3-15。

电解液的相对密度　　表 3-15

| 基准值:电解液的相对密度为 1.26 以上 |
| --- |
| 实际值因气候条件而不同,要调查各地的实际情况。 |

(3)电解液液量少时,根据需要补充蒸馏水。

端子固定螺栓的检查:

(1)检查电池端子有无腐蚀,必要时用钢丝刷清洁。

(2)用手确认电池端子的接线及固定螺栓有无松动,如有松动要重新拧紧。

蓄电池的注意事项:

(1)向铅酸电池充电时,要穿上保护衣。

(2)对一个或对多个蓄电池并联充电时,充电器电压不要超过 16V。

(3)打开充电器时,先设置到最低电流,然后逐渐提高电流,直至蓄电池开始接受电流。如果是一个深度放电后的蓄电池或是低温下的蓄电池,这一过程可能需要好几分钟。

(4)如果蓄电池排气口排出酸雾,或蓄电池温度超过了 52℃,充电即需立刻停止,这些现象表明该蓄电池已损坏,需要更换。

(5)蓄电池可释放可燃性气体,如遇明火将会爆炸,故勿在有火种的场所作业。

(6)电解液属于强酸性,小心勿溅到眼睛、皮肤、衣物等上面。否则应立即用水彻底冲洗至少 5min,并立即请专业医生诊断。

(7)日常维护中应注意疏通通气孔,防止脏物堵塞通气孔。

(8)电解液量严重缺乏时,通过维修前台跟用户说明,必要时要给蓄电池充足电。

(9)充电等追加作业一定要事先征得用户的同意。完工后要在检查作业单上注明。

## 三 分电器的检查

用十字螺丝刀或套筒扳手拆卸分电器盖,如图 3-37 所示。

(1)检查电缆的接线部有无松动、生锈。

(2)检查分电器盖及转子有无裂纹、老化。

(3)检查分电器盖下的端子有无腐蚀、损伤,如图 3-38 所示。

(4)用干净的布轻轻擦拭分电器盖的内侧,除掉尘埃、异物。

(5)安装好分电器盖,如图 3-39 所示。

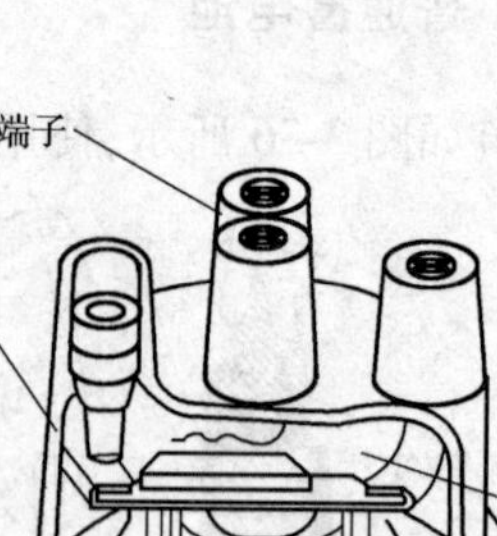


图 3-37　分电器盖

## 四 火花塞的检查

(1)利用火花塞套筒扳手拆下发动机缸体中的火花塞。

(2)检查火花塞上是否有裂痕、损坏以及火花塞的电极是否变成球形,若没发现以上情况，应对火花塞进行间隙调整；否则，应更换火花塞。

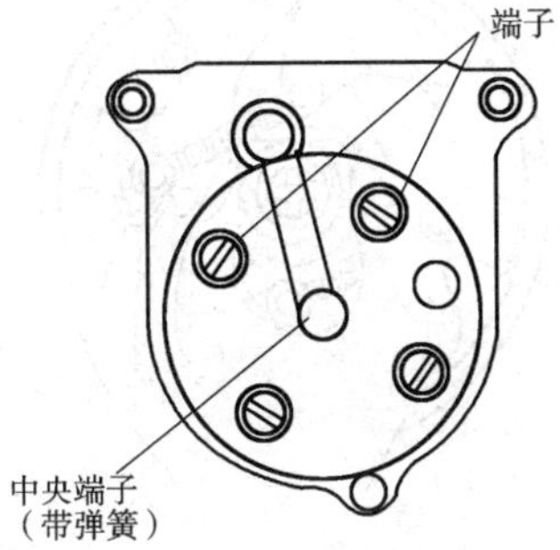


图 3-38　分电器盖

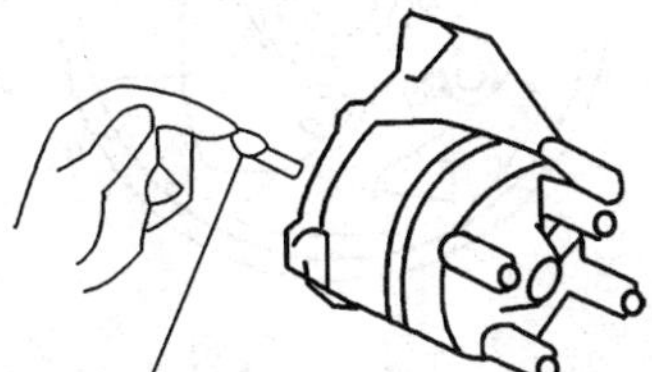


图 3-39　分电器盖

（3）火花塞间隙的检查：用塞尺（又称厚薄规）（图 3-40）测量火花塞电极的间隙，若间隙在基准值范围内，则不需要调整，若超出标准范围，应进行间隙调整。

图 3-40　塞尺及其使用

（4）火花塞间隙的调整：用细砂纸打磨中心电极，用螺丝刀把（图 3-41）击打火花塞外侧电极，边打击边用塞尺测量，直到达到基准值为止（火花塞间隙的基准值：1 ~ 1.1mm）。

（5）把火花塞装回发动机缸体：用手预紧火花塞，用扭力扳手紧固至规定的力矩（规定的力矩基准值：1.8kgf · m）。

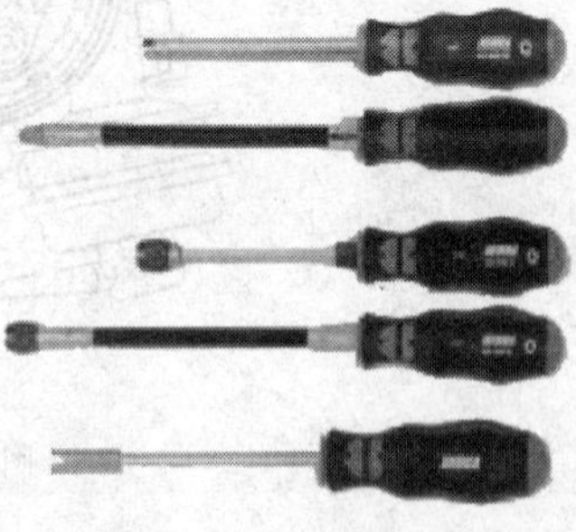

图 3-41　螺丝刀

## 五 点火正时的检查和调整

### 1 离心式点火提前调节机构的检查

（1）检查托板与分电器轴过盈配合是否良好。

（2）检查离心平衡块甩动是否灵活平稳。

（3）检查所有销孔接合处有无卡滞和松旷现象。

（4）检查离心块弹簧。当发现有折断、变形和表面出现严重磨痕，应换用新件。弹簧拉力的检查方法是：将分电器轴固定不动，使凸轮向正常旋转方向转至极限位置，如图 3-42 所示，放松时，凸轮应立即返回原位。

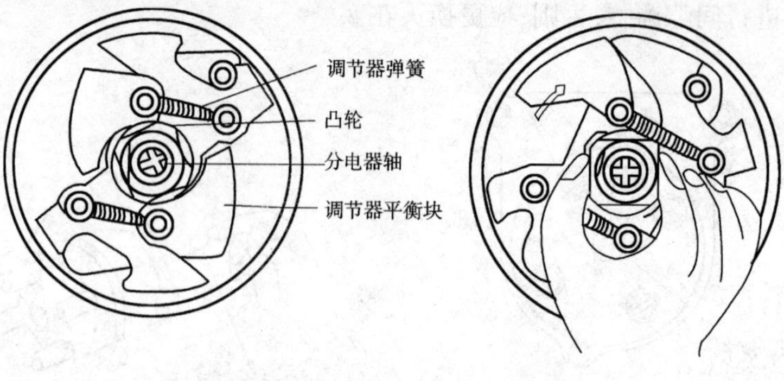


图 3-42　离心式点火提前调节机构的检查

## 2 真空式点火提前调节机构的检查

（1）检查真空点火提前调节器弹簧。使真空点火提前调节器壳体不动，用手拨动活动板应感到有阻力，手放松后，活动板或分电器壳体能迅速复位，这说明真空点火提前调节器弹簧能正常起作用。

（2）检查真空点火提前调节器膜片。在真空点火提前调节器的真空管接口处吹气或吸气，膜片应能带动真空膜片拉杆移动，否则说明密封性差，应予以更换。

（3）检查真空点火提前调节器工作性能。如图 3-43 所示，将手动真空泵接到真空点火提前装置的管接螺母上。当施加负压时，膜片能带动真空点火提前装置拉杆移动，若负压消失，拉杆能迅速复位，说明真空点火提前装置工作性能良好。

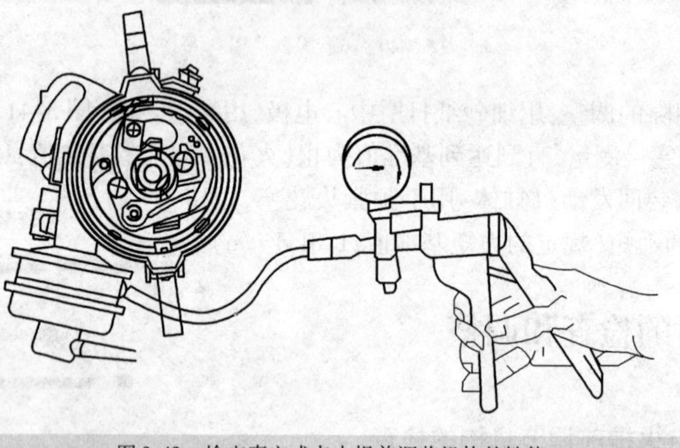

图 3-43　检查真空式点火提前调节机构的性能

## 3 检查与调整点火正时的方法

发动机工作时点火正时必须符合规定要求。点火正时失准，将会导致发动机工作不正常，出现众多故障，使发动机动力下降、油耗升高，甚至造成零部件损坏等后果。在汽车维护时必须检查调整点火正时。目前检查与调整点火正时的方法主要有两种。

### 1 用正时灯检查和调整点火正时

以切诺基乘用车为例，用正时灯检查和调整点火正时的方法是：

(1)按图3-44所示连接正时灯线路。

(2)从分电器真空提前装置上拆下真空软管并将其堵住。

(3)起动发动机，使其达到正常工作温度。

(4)使发动机达到规定转速(1600r/min)。

(5)观察正时标记，应为上止点前12°。

(6)如果不符合规定，应转动分电器外壳进行调整，顺时针转动点火推迟，逆时针转动点火提前，直至符合规定。

(7)拧紧分电器外壳的压紧螺栓并再次检查正时，以确保不变。

(8)将真空软管接到分电器真空提前装置上。

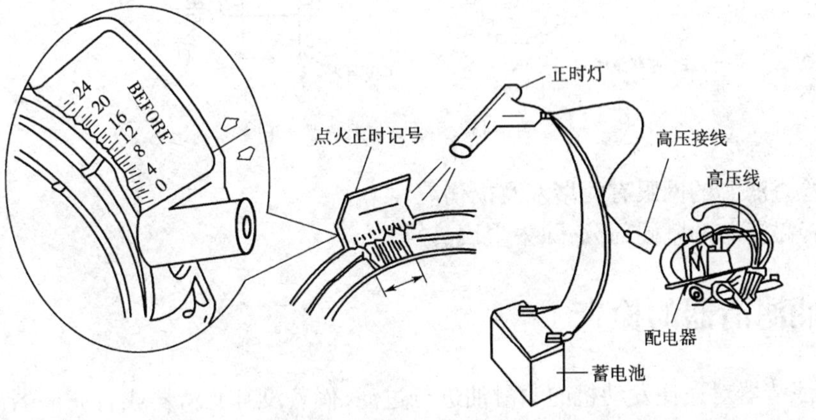


图3-44 用正时灯检查点火正时

### 2 用测试仪检查和调整点火正时

(1)查找标记。一缸压缩终了上止点标记和点火提前角标记，一般在飞轮或曲轴前端传动带盘上，找到后，将其擦拭干净，使标记清晰可见，如标记不清晰，最好用粉笔或油漆将标记描白。

(2)连接线路。按图3-45所示将VAG1367点火正时测试仪连接到汽车发动机上。

(3)预热升温。先拔下真空调节装置的真空软管，然后起动发动机，使发动机温度升至80℃以上。

(4)观察显示。将化油器阻风门保持全开，观察仪器显示的发动机转速，使其保持怠速，此时仪器显示的点火提前角即为初始点火提前角，应为6°±1°。

(5)调整。若点火提前不符合要求，可转动分电器外壳进行调整。

## 六 空气滤清器的检查

(1)拆下空气滤清器外盖，检查滤芯类型为干式还是油式(黏式)。

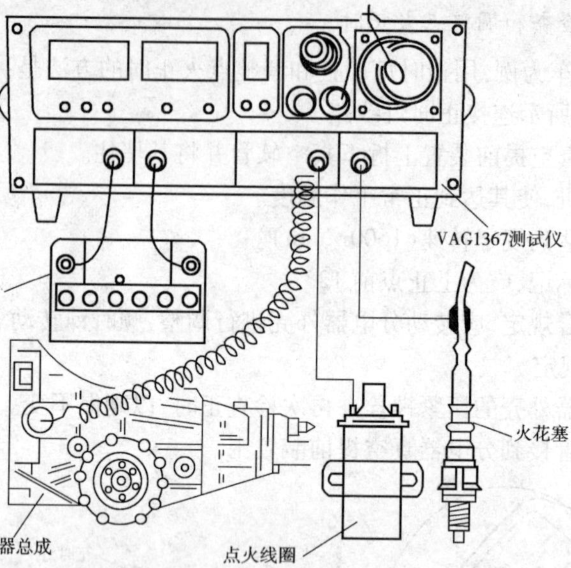


图 3-45　用测试仪调整点火正时

(2)检查滤芯的网眼有无堵塞及损伤。

(3)轻敲滤芯的坚硬部分,除去尘埃、异物。

## 七 机油滤清器的检查

机油滤清器对送往发动机的润滑油进行过滤,倘若没有滤清器或者滤清器出现故障,润滑油中携带的杂质将对相互运动配合的部件造成异常的磨损,甚至引起发动机故障,可见,机油滤清器对发动机性能影响之大。

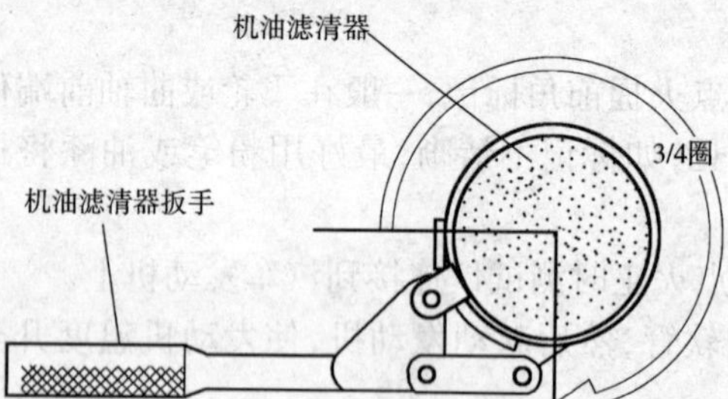


图 3-46　机油滤清器

更换机油滤清器的周期一般为 5000km。更换机油滤清器时,应先将车架抬高,将油盆放在发动机油底壳的放油螺塞处,卸下放油螺塞,放净润滑油,之后用滤清器扳手卸下机油滤清器;在安装新的滤清器前,需要先将机油滤清器灌满清洁的新的润滑油,然后在机油滤清器油封表面均匀涂上少许的润滑油,先用手装上机油滤清器,待油封与接合面接上时,再用机油滤清器扳手拧紧 3/4 圈,如图 3-46 所示。

## 八 动力转向储液室及转向泵的检查

(1)留意检查动力转向储液室、接线以及周边有无液体泄漏的痕迹,如图 3-47 所示。

(2)检查动力转向泵的安装状态。

(3)检查储液室的液量是否在规定的范围内,是否位于上、下限标记之间。有油尺时要利用油尺检查(参考图 3-47)。

(4)动力转向液的液量偏低时,应适当的加注。

注意事项:

(1)暖机状态下液量有时会超出上限,这属于正常状态。暖机状态下检查需注意。

(2)液量异常少时,有可能是动力转向系统不良。要留意检查整个系统。

(3)拧下外盖加注转向液时,注意不要混入尘埃、异物。

(4)液量不足时勿擅自加注,通过维修前台跟用户说明建议补加。

(5)补加时一定要事先征得用户的同意。加注后要在检查作业单上注明。

(6)使用非指定的动力转向液会导致整个系统恶化,故必须使用纯正动力转向液。

(7)动力转向液会损伤漆面。不要溅落到车身上,溅落时要立即用干净的布擦拭掉。

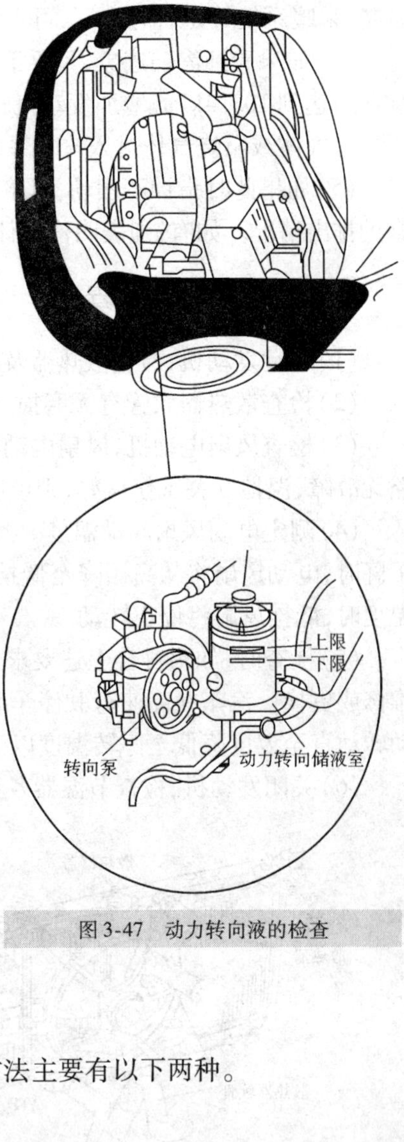


图 3-47　动力转向液的检查

## 九 冷却系统的检查

### 1 冷却系统泄漏检查

泄漏是冷却系常见的故障。检查冷却系统泄漏的方法主要有以下两种。

#### 1 紫外灯法

在冷却液中加入泄漏检测添加剂,这些添加剂在紫外灯(黑光灯)的照射下会发出绿色光。检测时,应使加热器加热,起动发动机,对准泄漏部位进行检测。

#### 2 压力检测法

压力检测法是通过专用冷却系统压力试验器对冷却系统泄漏进行检测的方法。使用试验器时将散热器内冷却被加至上水室底部,然后把试验器安装到散热器加水口上。操作试验器向冷却系统加压至 103.4kPa,观察试验压力表。

(1)如果压力表指针稳定不变化达 2min,表明系统无泄漏。

(2)如果压力缓慢下降,表明系统有轻微泄漏,此时可用堵漏剂进行维修。

(3)如果压力迅速下降,表明系统有严重泄漏,此时应检查各软管接头、散热器、水泵、汽缸垫、采暖系统等是否有渗漏，可根据情况给予维修。

(4)如果看到渗漏迹象，可拆下试验器使发动机达到正常工作温度，重新装上试验器，施加压力达到103.4kPa，增加发动机转速到3000r/min，如压力表指针随发动机转速摆动，表明无压力气体或燃烧气体进入冷却系统，可能通过汽缸体渗漏。

(5)如果此时指针不摆动，可将发动机突然加速几次，看冷却液是否通过排气管有不正常的排出情况。如有，则表明汽缸体或汽缸盖有裂缝或汽缸垫破裂。

## 2 冷却系统部件检查

(1)起动发动机，检查散热器及散热器软管有无冷却液泄漏的痕迹，参照图3-48。

(2)检查散热器软管有无磨损、老化，软管卡箍有否拧紧。

(3)检查风扇电动机，风扇电动机烧坏的明显特征是风扇不工作，若经检查确认风扇电路无故障，温控开关工作良好，则说明风扇电动机损坏，应予以更换。

(4)测定电动风扇起动温度。测定电动风扇停转温度，当发动机降低负荷、冷却液温度下降时，电动风扇将从高挡降至低挡转动直至停止转动。当发动机冷却液温度降低至一定温度时，低挡风扇将停止转动。

(5)检查时，如果符合上述要求，电动风扇的工作情况正常。否则，应拆下电动风扇进行维修或更换。汽车在高速行驶停车后，有时散热器内冷却液温度仍很高，电动风扇将继续自动转动直至温度降低至停转温度以下，这是正常现象而非冷却系故障。

(6)关闭发动机，检查节温器各连接水管接头是否有泄漏，如图3-49所示。

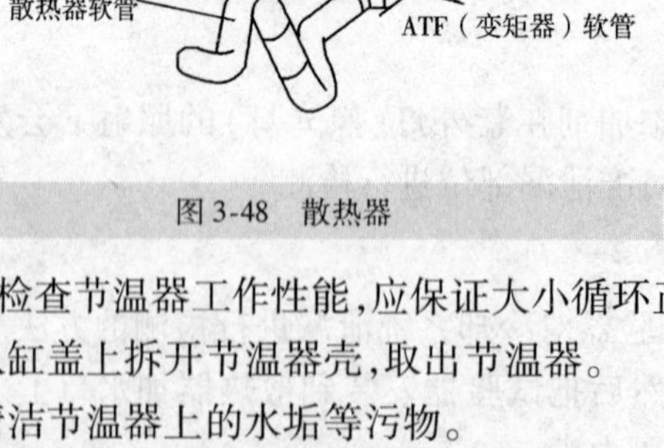


图3-48　散热器

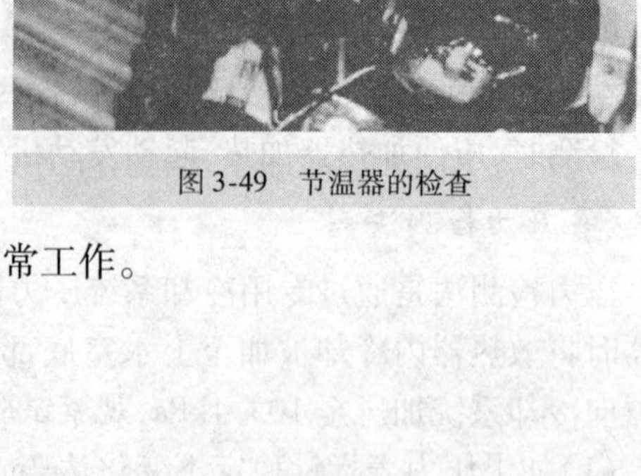

图3-49　节温器的检查

(7)检查节温器工作性能，应保证大小循环正常工作。

①从缸盖上拆开节温器壳，取出节温器。

②清洁节温器上的水垢等污物。

③检查节温器有无破损，如有破损应予更换。

④检查节温器开闭时机。检查方法是：将节温器放在烧杯内的水面下，用铁丝将节温器吊在烧杯内，使之离开烧杯底部20～30mm。缓慢地加热烧杯到节温器开阀温度，保持5min的开阀温度，检查节温器是否处于开阀状态。继续加热到节温器阀全开温度，保持5min，测

定阀门行程。检查当冷却液温度降至关闭温度以下时，是否全闭。检查上述各项时，出现任何一项不得合规定要求，应更换节温器。

(8)检查各循环软管、管道、管接头是否有开裂、凹瘪、鼓泡等。

(9)检查水泵应无松旷、异响、渗漏，传动带应无老化、开裂、变形、打滑现象。

### 3 冷却液的检查

(1)检查储液罐是否按规定装有冷却液(防冻液)。液量不足时要按规定量混合加注液及冷却液，如图3-50所示。

(2)储液罐无冷却液(防冻液)时散热器也要补加。

(3)注意事项：

①充分冷机，冷却液温度高时勿拧开散热器盖。冷却液存在一定的压力，蒸汽及热水喷出时有烫伤的危险。

②使用散热器盖试验器时，不要过度加压，否则有可能损伤散热器、散热器软管、散热器芯等。

③散热器冷却液量异常少，则可能是系统泄漏的缘故。应立即再检查泄漏，通过维修前台跟用户商谈处理的办法。

④需要维修或需要更换软管时通过维修前台跟用户说明建议更换。

⑤事先征得用户的同意后更换或补修时要在检查作业单上注明。

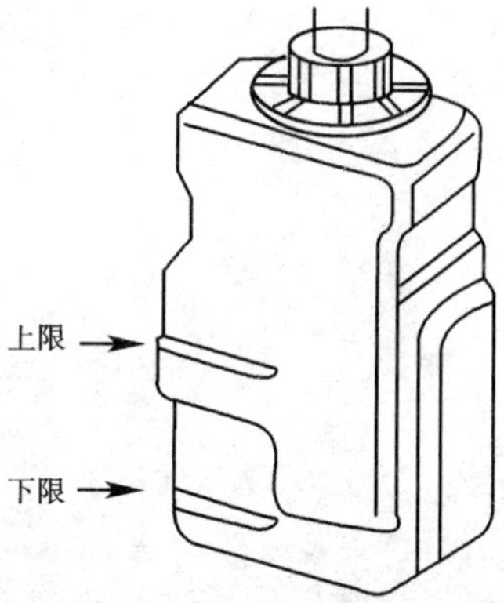

图3-50　冷却液储液腔

(4)发动机冷却液的补加和更换：

①使用非指定的冷却液(防冻液)会导致散热器及发动机内部生锈或损伤，故严禁使用非指定产品。

②发动机冷却液(防冻液)会损伤漆面，有外溢时要用干净的水清洗干净。

## 十 制动液的检查

通常制动液的更换周期为2年或5万km，以先到为准。正常制动液液位应在储液罐的上限(MAX或HIGH)与下限(MIN或LOW)刻度之间或标定位置处。除检查液面外，也要检查是否有渗漏，如有，应当及时修复。

### 1 制动液(不带ABS泵)的更换的流程

(1)起动发动机并保持怠速运转，拧下制动液储液罐的加液口盖。

(2)在制动轮缸放气螺塞上套上一根透明塑料管，将管的另一端放入装有制动液的容器里。

(3)拧松放气阀并连续踩下制动踏板，直至制动液不再流出为止，拧紧放气阀。

(4)向储液罐加入足量的符合规定的制动液。

制动系统中渗入空气,会影响制动效果。特别是更换或补加制动液后应排放液压管路中的空气。在维修过程中,由于拆检液压系统、接头松动或制动液不足等原因,造成空气进入管道时,应及时将系统中的空气排出。每次排气都应所有的制动轮缸逐一进行,其过程如下:

①检查储液罐液面高度,若不符合规定,应加注制动液。

②放气顺序视车型而定。

③人工放气时,将透明塑料软管一端接在制动轮缸的放气螺塞上,另一端放入盛有制动液的容器里,并且在放气过程中该端不露出液面,如图 3-51 所示。

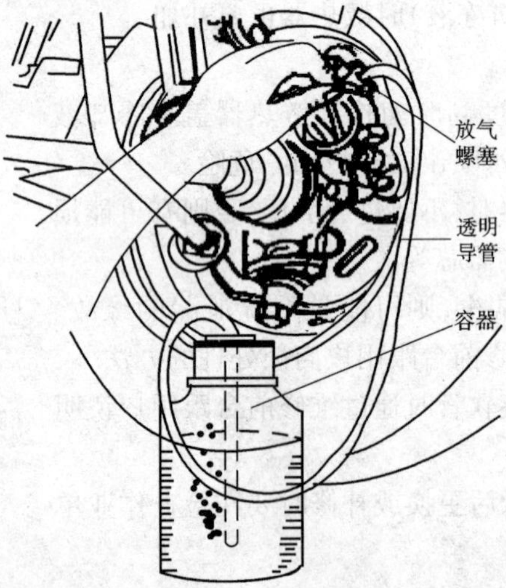


图 3-51　液压制动系统排气的通用方法

④踩制动踏板数次,然后用力将踏板踩下至最大行程,并保持不动。

⑤松开放气螺塞,排出空气,然后拧紧放气螺塞,应注意在制动轮缸中的油压消失之前拧紧放气螺塞。

⑥放松制动踏板,重复(4)、(5)的操作步骤数次,直至从管中流出的制动液没有气泡为止。

⑦向储液罐中加注制动液至上限处。

⑧踩下制动踏板,检查制动管路各个部位,不应有油液泄漏现象。

## 2 ABS 制动液的更换

ABS 制动液建议每年换一次,另外还要根据使用条件,在必要时提前进行更换;或者通过检验制动液的吸湿率对是否更换进行判断,如果吸湿率超过标准就应该及时更换。在对具有液压动力或助力的 ABS 进行更换或补充制动液时,应按如下程序进行:

(1)先将新制动液加至储液罐的最高液位标记处。

(2)如果需要对 ABS 中的空气进行排除,应按规定的程序进行空气排除。

(3)将点火开关置于点火位置,反复地踩下和放松制动踏板,直到电动泵开始运转为止。

(4)待电动泵停止运转后,再对储液罐中的液位进行检查。

(5)如果储液罐中的制动液液位在最高液位标记以上,先不要泄放过多的制动液,而应重复以上(3)和(4)步骤。

(6)如果储液罐中的制动液液位在最高液位标记以下,应向储液罐再次补充新的制动液,使储液罐的制动液液位达到最高标记处,但切不可将制动液加注到超过储液罐的最高液位标记,否则,当蓄能器中制动液排出时,制动液可能会溢出储液罐。

(7)在ABS中,ABS电控单元通常根据液位开关输入的信号对储液罐的制动液液位进行监测。当制动液液位过低时,ABS将会自动关闭,因此,应定期对储液罐中的制动液液位进行检查,并及时补充制动液。

ABS排气比普通制动系统稍微复杂一些,应遵循一定的要领和注意事项,否则不但浪费操作时间,而且使空气排除不彻底。排气时,要注意以下7点。

①对于装有真空助力器的ABS,在进行排气前,要把制动助力控制装置断开,使制动系统处于无助力状态。

②断开ABS ECU,以使排气过程中ABS电子控制系统不起作用,避免ABS对排气造成影响。

③ABS排气要比普通制动系统耗时长、消耗的制动液也比较多,需边排气边向制动主缸储液罐添加制动液,使储液罐制动液液面保持在MAX与MIN之间。

④刚刚放出的制动液不能马上添回储液罐,需在加盖的玻璃瓶上静置3天以上,待制动液中的气泡排尽后才能再用。

⑤在排气过程中,制动踏板要缓慢地踩,不能过猛,这与普通制动系统不一样。

⑥不同形式的ABS,其排气程序可能会有不同,应参照相应的维护手册进行操作。

⑦有些ABS的排气可在ABS中的液压泵工作的条件下进行,在加压情况下,可使排气更快更彻底。

## 十一 燃油系统维护

### 1 汽油滤清器的更换

汽油滤清器主要由壳体和滤芯组成,燃油通过滤清器进油口进入滤清器,经过滤芯后,从通往汽油泵的出油口流出。汽油滤清器的出油口在顶部,进油口在底部,更换汽油滤清器腔管时要记清进油口和出油口的位置。

现代汽车大多数汽油滤清器不可分解,属于消耗件,需定期更换,更换周期为30000km。如果车辆经常在尘土较多的地方行驶,换汽油滤清器的里程还要相应缩短。

现在以桑塔纳2000汽油滤清器为例,说明汽油滤清器更换方法:首先松开车辆底部燃油滤清器托架紧固螺栓,取下燃油滤清器托架。然后松开夹箍,拔下燃油滤清器的油管(注意:使用一块抹布防止剩余的燃油滴落),取下燃油滤清器。最后,安装上新的汽油滤清器。

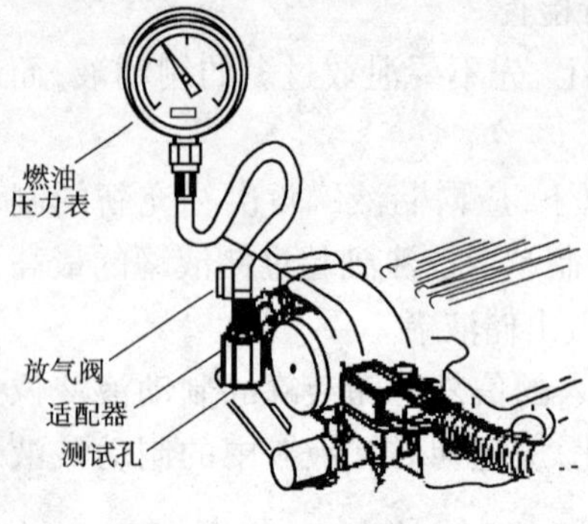


图 3-52　燃油压力测试

## 2 燃油压力测试

燃油压力测试如图 3-52 所示。

告诫：为了减小发生火灾或人身伤害的概率，在拆卸任何燃油系统部件前，应先释放燃油系统压力。

### 1 燃油压力表的安装

(1)关闭点火开关。

(2)释放燃油系统压力。

告诫：当将燃油压力表连接到燃油压力测试点时，可能会释放少量的燃油。在连接燃油压力表前，使用棉丝堵住接头以吸收溢出的燃油。执行燃油压力测试程序后将脏污的棉丝丢弃在适当的容器中。

(3)拆卸燃油压力测试点处的放气阀密封盖。

(4)将燃油压力表连接到燃油表阀接头适配器上，然后安装到燃油压力测试孔上，当连接燃油压力表时，在接头周围裹上棉丝，以避免燃油溢出。

(5)将燃油压力表的排气软管放置在适当的燃油容器中。

特别注意事项：连接燃油压力表并给燃油系统加压后，检查燃油压力表和燃油压力测试点处是否存在燃油泄漏故障。

(6)让燃油泵给燃油系统增压，检查燃油压力表和燃油压力测试点处是否存在燃油泄漏，然后将燃油压力表中的空气排出。或者，重新安装燃油泵继电器和燃油泵熔断丝，然后打开燃油表放气阀，以将燃油压力表中的空气排出。

(7)取下脏污的棉丝并将其放置在适当的容器中。

### 2 压力测试

(1)起动发动机并记录燃油压力。

(2)关闭点火开关。

(3)释放燃油系统压力。

### 3 燃油压力表的拆卸

(1)关闭点火开关。

(2)释放燃油系统压力。

告诫：系统压力释放完毕之后，维修燃油管或接头时可能会流出少量的燃油。在断开接头前，用棉丝盖住接头，这样可吸收掉漏出的燃油。接头断开后，将脏污棉丝放置在适当的容器中。

(3)在燃油压力测试点周围裹一块棉丝抹布，以吸掉溢出的燃油。

(4)拆卸燃油压力表并将燃油压力表中的剩余燃油放到适当的燃油容器中。

(5)取下脏污的棉丝抹布并放置在适当的容器中。

(6)给燃油系统加压。

(7)路试车辆,并检查工作是否正常。

### 3 燃油泄漏测试

特别注意事项:在安装了任何燃油系统部件后,应检燃油系统是否泄漏,然后才能起动发动机。

重要注意事项:

(1)拆卸发动机装饰盖。

(2)接通点火开关 2s。

(3)关闭点火开关 10s。

(4)接通点火开关。

(5)检查是否存在燃油泄漏,尤其在标记有●的位置(即,快接接头、燃油脉动阻尼器、燃油分配管、喷油器、放气阀和蒸发排放控制炭罐清污电磁阀)

(6)更换任何有故障的部件并重复步骤 2 至步骤 5。

(7)更换所有已拆卸的发动机部件,以执行燃油泄漏测试。

(8)重新安装发动机装饰盖。

### 4 燃油管的检查

告诫:在维修操作过程中,燃油系统减压后其燃油滤清器和燃油管路仍存有燃油并会溢出。

告诫:即使燃油箱已置空,仍会存有燃油蒸气,使用适合的材料或塑料塞住密封燃油箱所有的开口。确保附近没有明火或其他点火源,确保所有移动电话(及可能导致金属物体意外变成接收天线的发射装置)都已关闭。

告诫:在执行任何车上维修程序前,应在附近放置干燥化学(B 级)灭火器。若违反这些注意事项,可能导致人身伤。

告诫:使用压缩空气时应戴上安全眼镜,切勿将压压缩空气吹向任何车身部件。

### 5 清洗燃油系统

由于汽车燃油分配系统非常精密,不能随便拆卸。在清洗燃油系统时,要用发动机免拆洗清洁剂,因为免拆洗清洁剂不需要拆卸燃油系统,一方面起到彻底清洁燃油系统的作用,另一方面有利于保护燃油系统。

用免拆洗清洁剂清洗油路和油箱的操作流程:

(1)打开油箱,取出滤网筒,用软管抽出油箱里大部分燃油,留下有 10 ~ 15cm 深的燃油,并加入乙醇汽油更换清洗剂,装上滤网筒并盖上加油口盖。

(2)拆开发动机进、回油管,将发动机进油管和回油管与免拆清洗机相连接,并用专用接口连接进油管和回油管形成回路,如图 3-53 所示。

(3)按免拆洗清洁机储液罐的刻度或发动机缸数(每缸 100mL 汽油),将汽油加入清洗剂储液罐中,并加入 100mL 乙醇汽油更换清洗剂。

(4)根据车型调整压力,化油器车调整适当压力即可,电喷车调整2~3个压力。

(5)起动发动机,检查进、回油路是否漏油,怠速下清洗15~20min,每3~5min踩一次加速踏板,使清洗的积炭和水分从排气管排出。

(6)拆开免洗清洁机和发动机进、回油路,恢复汽车油路,发动汽车检查油管是否漏油。

(7)打开加油口盖,并取出滤网筒,用细软的气管接通气泵,将软管由油箱口插入油箱底部,以294kpa的气压吹扫,使油箱底部积存的各种杂质被翻腾的汽油清洗掉。在进行清洗时,最好用净布挡在油箱口上,并不断的移动软管吹扫位置。

(8)当确认油箱底部的杂质被吹洗干净后,立即放出油箱中的全部油液。

特别提醒:原油箱放出的油必须经过过滤沉淀后,才能再注入油箱。

(9)更换燃油滤清器(视具体情况)。

(10)加入乙醇汽油或普通汽油,起动发动机,路试。

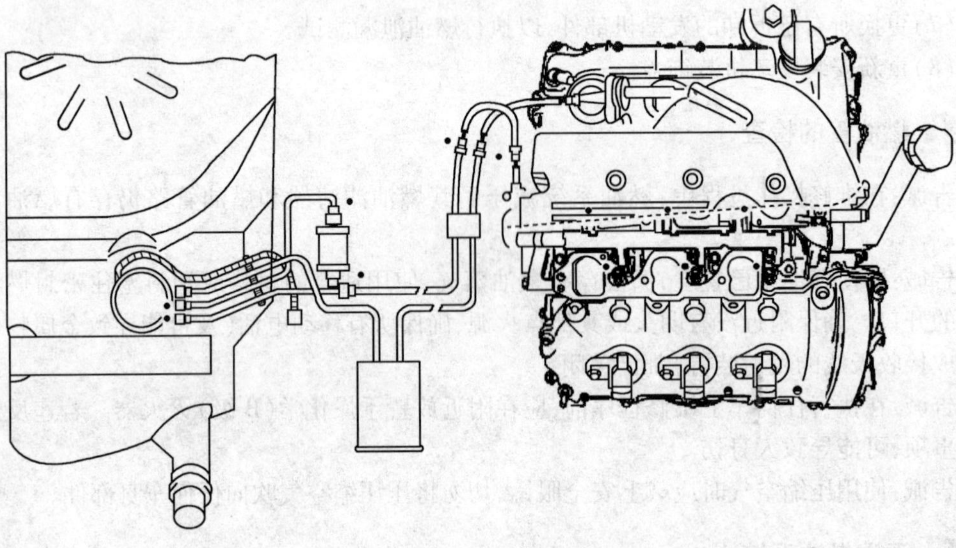

图3-53　免拆清洗机

## 思考练习

1. 汽车处于位置2的维护内容有哪些?
2. 更换制动液应注意的事项?
3. 蓄电池电解液过少对汽车有哪些影响?
4. 火花塞间隙的调整距离过大对汽车有哪些影响?

# 第四节 汽车处于位置3的维护

| 顶起位置3：<br>汽车处于离地1.7m | 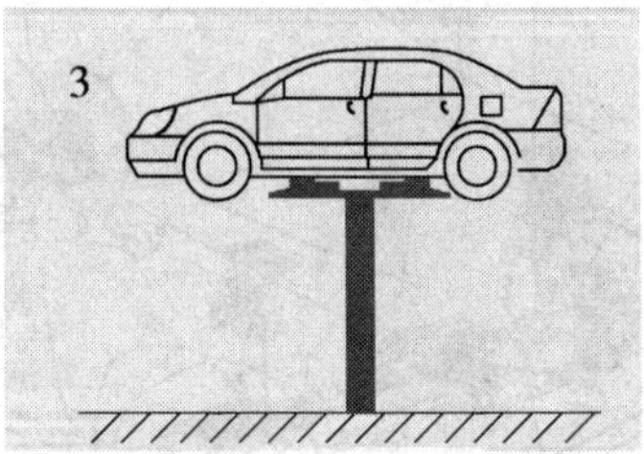 | |
|---|---|---|
| 序　　号 | 检查位置 | 作业内容 |
| 1 | 车辆下方 | 1. 螺母和螺栓；<br>2. 悬架；<br>3. 半轴；<br>4. 排气管及装置；<br>5. 氧传感器；<br>6. 燃油管路；<br>7. 制动管路；<br>8. 变速器；<br>9. 传动带及放机油；<br>10. 油脂更换；<br>11. 起动机的维护 |

## 一 螺母和螺栓(车辆下)的检查

检查下述底盘连接的螺栓和螺母是否松动，如图3-54和图3-55所示。

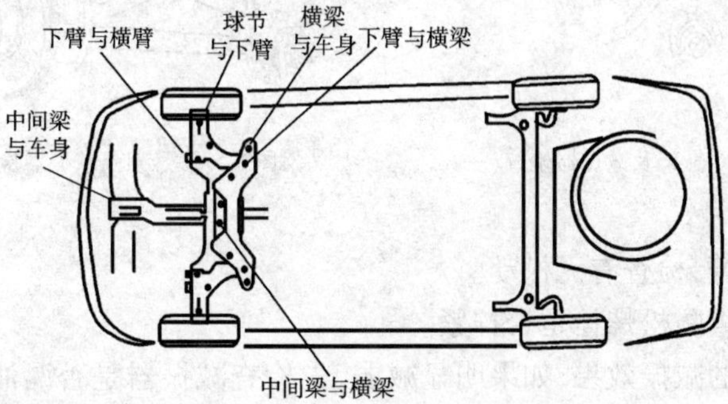


图3-54　螺母和螺栓的检查

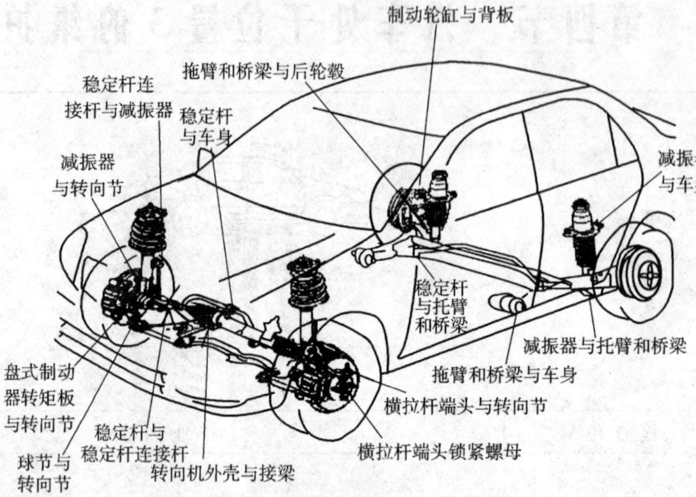


图 3-55　螺母和螺栓的检查

## 二 悬架及缓冲减振器的检查

(1)检查各易损件有无损伤,同时用手摇动检查有无松动,如图 3-56 和图 3-57 所示。

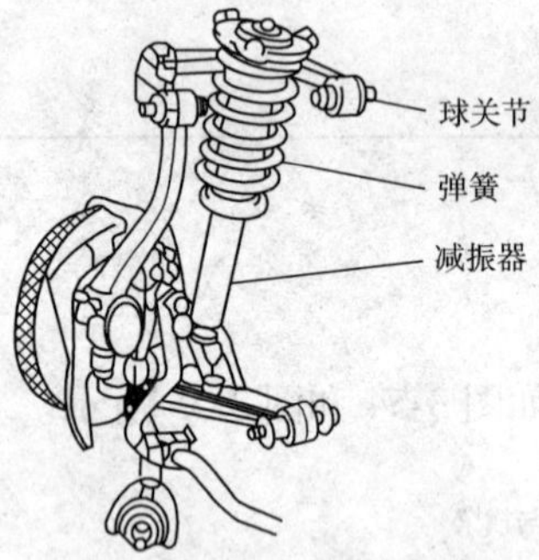


图 3-56　悬架及减振器检查(一)

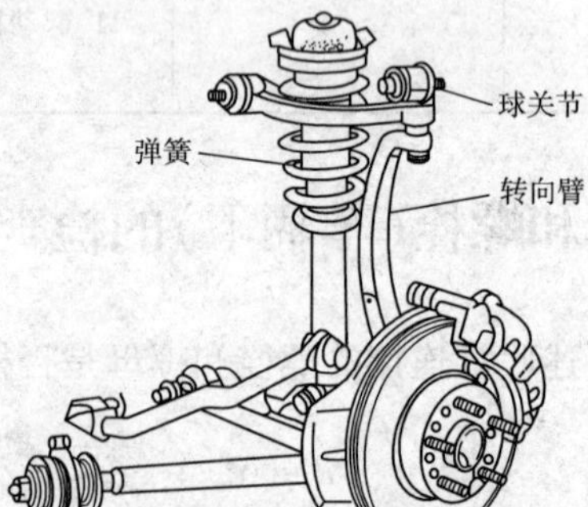


图 3-57　悬架及减振器检查(二)

(2)拉伸螺旋弹簧,检查有无松动。

(3)使用扳手检查防松螺栓是否拧紧。

(4)检查减振器的减振效果,如果明显减弱,先检查减振器是否漏油,若没漏油,则把减振器拆卸下来,用手上下推拉减振器,看其减振效果(距离较大,且拉伸阻力稍大于推压阻力)。

## 三 半轴的检查

(1)检查驱动轴的万向节罩有无裂纹、损伤,如图 3-58 所示。

(2)发现有裂纹时,检查罩内侧有无腐蚀、尘埃、缺乏润滑脂等。

(3)卡住万向节附近的轴,向各个方向摇动,检查万向节有无松动。

## 四 排气管的检查

(1)查看排气管有无破裂、凹瘪、漏气现象与底盘有无碰擦,各橡胶垫片有无老化损坏现象,如图 3-59 所示。

(2)检查消声器是否损坏。

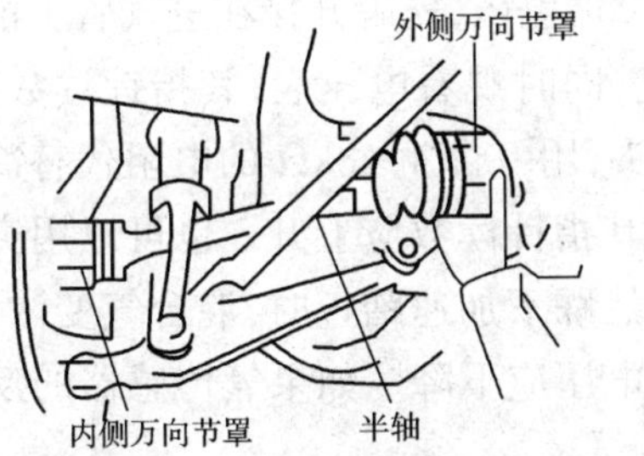


图 3-58

图 3-59 检查排气管

## 五 氧传感器的检查

### 1 氧传感器电阻的测量

拔下氧传感器线束插头,用万用表电阻挡测量氧传感器接线端中加热器接柱与搭铁接柱之间的电阻,其阻值为 4 ~ 40Ω(参考具体车型说明书)。如不符合标准,应更换氧传感器。

### 2 氧传感器反馈电压的测量

测量氧传感器的反馈电压时,应拔下氧传感器的线束插头,对照车型的电路图,从氧传感器的反馈电压输出接线柱上引出一条细导线,然后插好线束插头,在发动机运转中,从引出线上测出反馈电压(有些车型也可以由故障检测插座内测得氧传感器的反馈电压,如丰田汽车公司生产的系列乘用车都可以从故障检测插座内的 OX1 或 OX2 端子内直接测得氧传感器的反馈电压)。

对氧传感器的反馈电压进行检测时，最好使用具有低量程（通常为2V）和高阻抗（内阻大于10MΩ）的指针型万用表。具体的检测方法如下：

（1）将发动机热车至正常工作温度（或起动后以2500r/min的转速运转2min）。

（2）将万用表电压挡的负表笔接故障检测插座内的E1或蓄电池负极，正表笔接故障检测插座内的OX1或OX2插孔，或接氧传感器线束插头上的引出线。

（3）让发动机以2500r/min左右的转速保持运转，同时检查电压表指针能否在0～1V之间来回摆动，记下10s内电压表指针摆动的次数。在正常情况下，随着反馈控制的进行，氧传感器的反馈电压将在0.45V上下不断变化，10s内反馈电压的变化次数应不少于8次。如果少于8次，则说明氧传感器或反馈控制系统工作不正常，其原因可能是氧传感器表面有积炭，使灵敏度降低所致。对此，应让发动机以2500r/min的转速运转约2min，以清除氧传感器表面的积炭，然后再检查反馈电压。如果在清除积炭可后电压表指针变化依旧缓慢，则说明氧传感器损坏，或电脑反馈控制电路有故障。

（4）检查氧传感器有无损坏，拔下氧传感器的线束插头，使氧传感器不再与电脑连接，反馈控制系统处于开环控制状态。将万用表电压挡的正表笔直接与氧传感器反馈电压输出接线柱连接，负表笔良好搭铁。在发动机运转中测量反馈电压，先脱开接在进气管上的曲轴箱强制通风管或其他真空软管，人为地形成稀混合气，同时观看电压表，其指针读数应下降。然后接上脱开的管路，再拔下冷却液温度传感器接头，用一个4～8kΩ的电阻代替冷却液温度传感器，人为地形成浓混合气，同时观看电压表，其指针读数应上升。也可以用突然踩下或松开加速踏板的方法来改变混合气的浓度，在突然踩下加速踏板时，混合气变浓，反馈电压应上升；突然松开加速踏板时，混合气变稀，反馈电压应下降。如果氧传感器的反馈电压无上述变化，表明氧传感器已损坏。

另外，氧化钛式氧传感器在采用上述方法检测时，若是良好的氧传感器，输出端的电压应以2.5V为中心上下波动。否则可拆下传感器并暴露在空气中，冷却后测量其电阻值，若电阻值很大，说明传感器是好的，否则应更换传感器。

（5）氧传感器外观颜色的检查，从排气管上拆下氧传感器，检查传感器外壳上的通气孔有无堵塞，陶瓷芯有无破损。如有破损，则应更换氧传感器。

通过观察氧传感器顶尖部位的颜色也可以判断故障：

①淡灰色顶尖：这是氧传感器的正常颜色。

②白色顶尖：由硅污染造成的，此时必须更换氧传感器。

③棕色顶尖：由铅污染造成的，如果严重，也必须更换氧传感器。

④黑色顶尖：由积炭造成的，在排除发动机积炭故障后，一般可以自动清除氧传感器上的积炭。

## 六 燃油管的检查

检查燃油管无泄漏、老化，安装牢固，各连接件不得有松动现象，如图3-60所示。

## 七 制动管路的检查

(1)检查制动管路连接部分是否有液体泄漏。

(2)检查制动管路是否有凹痕或者其他损坏。

(3)检查制动管路软管是否扭曲、磨损、开裂、隆起等。

(4)检查制动管道和软管安装状况,确保车辆运动时,或者转向盘完全转动到任何一侧时,不会因为振动而与车轮或者车身接触。

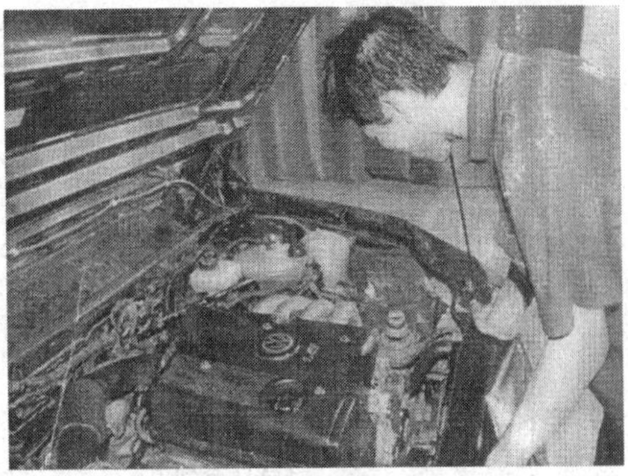

图 3-60 检查燃油管

## 八 变速器油的检查

### 1 自动变速器

#### 1 油面高度检查

自动变速器油面的高低对自动变速器的工作有很大的影响,油面过低时空气可能进入油泵内部循环并与油液发生混合导致油液分解,出现气阻使得油压难以建立或油压过低,导致离合器和制动器打滑。油面过高同样会使油液分解,因为行星齿轮在过高的油面下转动,空气同样会被压入油液。被分解的油液可能会产生泡沫、过热或氧化等现象。所有这些问题都会使得各种阀门、离合器、伺服机构等部件因压力不够而出现故障。

自动变速器油的油面检查分热机和冷机两种方式,如图 3-61 所示。自动变速器油的标尺刻有 COOL(冷)和 HOT(热)两个范围。COOL 是供更换自动变速器油作参考用,检查油面高度时应以热态为准,油面高度必须处于 HOT 的范围,其检查方法如下。

(1)在检查自动变速器油的油面之前,将车辆停放在平直路面上。

(2)起动发动机热车,使冷却液温度达到 80 ~ 90℃,发动机保持运转状态。

(3)踩住制动踏板,将换挡手柄从 P 位依次换入每一个挡位后回到 P 位,使油液进入阀体和变速器壳体。

(4)抽出油尺,用干净的抹布擦净后重新插入油尺管,接着拔出油尺检查。

(5)检查时应注意,油面高度应达到油尺规定的上限刻度。这是因为油尺上的冷态范围(COOL)用于常温下的检测,而热态范围(HOT)才是比较标准的。如果超出或未达到允许范围,则要添加或排出部分油液。

#### 2 油质检查

正常情况下,油液应该清爽,并保持原来的粉红色。如果变脏、变色或者有粉末,说明自

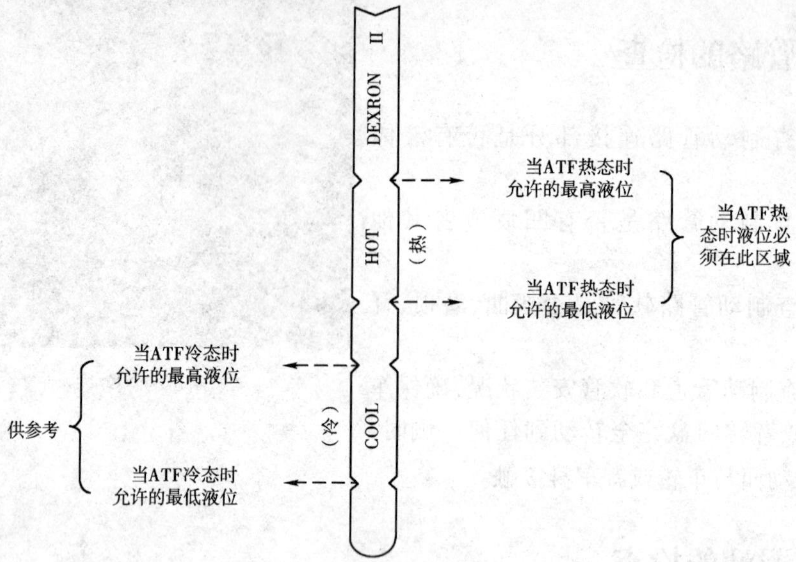


图3-61 自动变速器的油尺冷态、热态范围

动变速器内部有损坏。油液的品质可用检测仪器进行检查。如无检测设备，可从外观上判断，如用手指捻一捻油液，感觉一下黏度，用鼻子闻一闻有无特殊的气味。若发现油液变质，应及时换用新油。

❸ 油温检查

油温是影响自动变速器油和自动变速器使用寿命的一个重要因素。油温过高将使油液黏度下降和性能变坏；产生油膏沉淀物和积炭，堵塞细小孔道，阻滞控制滑阀，降低润滑、冷却效果，破坏密封件等，最终导致故障。而影响油温的主要因素有液力变矩器故障，离合器、制动器打滑或分离不彻底，单向离合打滑及油冷却器堵塞等。因此，驾车时必须按规定正确操纵自动变速器，保证自动变速器技术状况良好。行车途中应注意检查自速器壳体的温度是否正常，若发现温度过高，应立即停车检修。

因自动变速器热而引起自动变速器油变质时，应首先检查油面高度是否合适。若油面高度合适仍过热，则应更换自动变速器油；若换油不能奏效，就需要检查管路是否堵塞；若仍然难以奏效，那就需要全面检修自动变速器。

## 2 手动变速器

目前，变速器油为手动变速器维护中最为基础和重要的一个项目。下面介绍变速器机油的检查步骤。

(1)拆下注油螺塞，然后检查油位和变速器油的情况，如图3-62所示。

(2)油位应处于注油螺塞孔附近，如果在螺塞孔以下，则添加变速器油；当有变速器油溢出时,停止加注,然后换上新垫圈,重新装上注油螺塞。

(3)如果变速器油脏污,则拆下放油螺塞,排出变速器油。

(4)换上新垫圈,重新装上放油螺塞,然后加注变速器油,使液位升至正常高度。

(5)更换垫圈,安装注油螺塞。

(6)变速器油加注量(广本雅阁):1.9L(更换变速器油时);2.0L(大修时)。

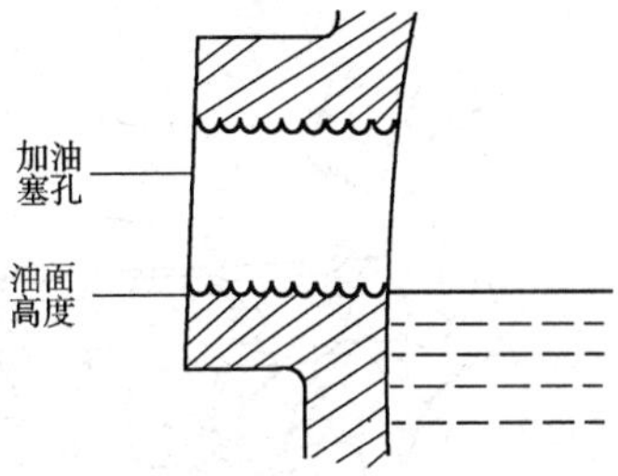


图 3-62

**注意**

乘用车出厂时变速器中已加入了优质的齿轮油,正常情况下无需更换变速器油。当正常行驶 80000 ~ 100000km 后则必须更换一次变速器油。

**注意**

广州本田雅阁乘用车使用的变速器油通常是纯正的本田手动变速器油(MTF)。如果没有此种变速器油,也可采用黏度符合 SAE10W-30 或 10W-40 标准的 API 维护用 SG 或 SH 级电动机油临时代替。

## 九 检查/更换传动带、排放机油

### 1 发电机传动带的检查、调整及更换

#### 1 发电机传动带的检查

(1)检查发电机传动带上是否有损伤、剥落,若有,应及时更换传动带。

(2)检查风扇传动带的松紧度。用拇指以约 100N 的力按压传动带中间部位时,挠度应为 5 ~ 10mm,如不符合要求,应进行调整。

#### 2 传动带的调整

如果发电机传动带过松,会引起充电不足和发动机过热的故障。

调整发电机传动带紧度时,用调整螺栓将整个交流发电机向里或向外移位调整传动带的紧度,如图 3-63 所示。调整后,应可靠地拧紧固定螺栓。注意不要将传动带调整得过紧,否则传动带紧度过大会伤害风扇传动带和轴承。操作时应注意避免传动带被油脂污染,否则会引起滑磨而缩短其使用寿命。

#### 3 传动带的更换

当传动带表面出现龟裂裂纹、磨损以及剥落等前兆现象,或出现滑磨声(除传动带松弛

出现滑磨声外)时,表示传动带可能会发生断裂。此时,应及时更换传动带。

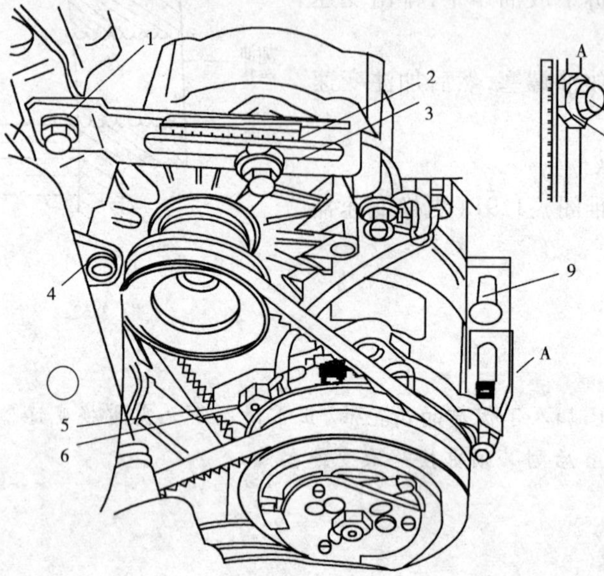


螺栓的规定拧紧力矩

| 螺栓号 | 力矩（N·m） |
|---|---|
| 1 | 22 ± 3.3 |
| 2 | 8 ± 1 |
| 3 | 35 |
| 4 | 35 |
| 5 | 35 |
| 6 | 35 |
| 7 | 36 |
| 8 | 9 ± 1 |
| 9 | 35 |

图 3-63　发电机传动带的调整

更换传动带时,先松开发动机的固定螺钉,将发动机向缸体方向移动,使传动带松弛,然后将传动带取下来。如果传动带松弛后仍不易取下,可用螺丝刀插入带轮与传动带之间,边转带轮边向外拉传动带,这样就可将传动带取下。

在取下传动带前,应记好传动带安装绕行的位置,以防装错。安装传动带时,按与拆卸相反的顺序操作即可。

## 2 正时传动带的检查及调整

正时传动带大多为齿形带,它不但保证了传动的精确性,而且噪声小。但齿形带经过长期的使用后,会发生硬化、龟裂、剥离、脱落、磨损和纤维松散等损坏现象,严重时会折断。在检查中如果发现上述情况,必须更换齿形带。

处理正时系统时要按照以下四个步骤来操作:

(1)当汽车行驶 3 万 mile(1mile = 1609. 344m)以后,要检查正时系统,查看其是否出现了过度磨损现象。

(2)检查整个正时系统,包括正时传动带、带轮、张紧轮和惰轮。

(3)更换正时系统不要超过制造商推荐的更换周期。一旦发现任何故障问题,要立即进行更换工作。

(4)更换时,要更换正时系统中的所有部件,并使用相互匹配的整套部件。

### 1 检查齿形带张紧度

齿形带张紧度的检查如图 3-64 所示,如果齿形带张紧度适中,在规定齿形带张紧度检查位置处用食指和拇指可将齿形带翻转大约90°。

❷ 检查张紧轮状况

张紧轮出现异常的声音、不平稳以及摇晃时，说明张紧轮已损坏，必须更换为新品。

齿形带检查第一项任务是检查齿形带的松紧度。大多数发动机都带有齿形带张紧自动调节机构，也有些发动机带有手动调节装置，但调节器本身是自动的。最准确的方法还是通过感觉来判断齿形带松紧度。

如果已查明齿形带松弛，有可能是齿形带拉伸过度，或者是自动张紧装置松弛或卡住，还可能是弹簧断裂。问题发现得早，也就是在齿形带转动松弛还没有咬合齿形带齿时，可对张紧装置复位，或者拧紧定位螺钉。如果齿形带有跳动现象，就应该及时把齿形带换掉。

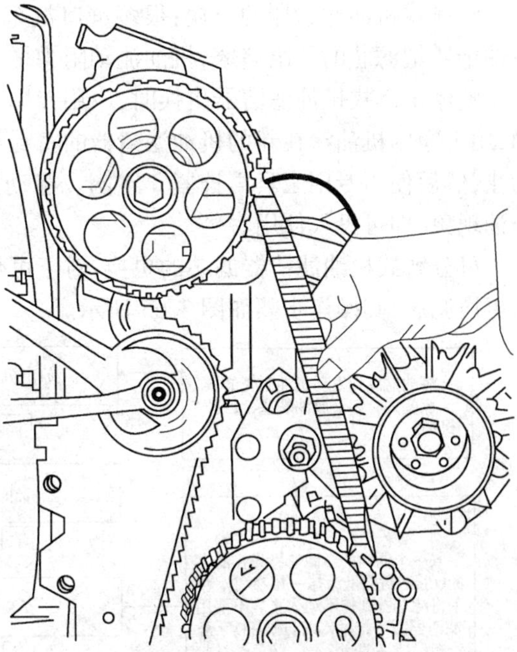

图3-64　齿形带紧度的检查

如果齿形带相当紧怎么办呢？可以用粉笔或胶带纸在齿形带背面做个记号，然后用手转动发动机，检查整条齿形带。查看齿形带齿是否有磨损或剪切、齿形带侧壁有无裂纹（尤其是齿形带齿边缘）、齿形带背面是否有裂纹以及有无油污、油脂或冷却剂浸湿的痕迹。如果出现上述任何一种现象都应更换齿形带，而且还应查明产生上述问题的根本原因，并予以排除。油迹、冷却剂印痕等可能是人为的，并非渗漏所致。但是，要记住齿形带外壳有衬垫密封，它们会被渗透的液体所伤蚀，而齿形带的外壳罩也有可能因卷曲而变形。

## 3 方向助力泵传动带的检查

汽车每行驶15000km，就应检查一次传动带的张紧力，必要时更换传动带。方向助力泵传动带张紧力的检查：用大约100N的力从传动带中间位置按下，传动带应有约10mm的挠度，否则应当进行调整。

## 4 排放机油

(1)检查发动机缸体的编号及机油规定量。

(2)拧下放油螺塞，放置接油桶。

(3)拆下汽缸盖罩的加油盖。

(4)机油完全排出后，安装时使用新的放油螺塞垫圈。

更换机油滤清滤芯：机油滤清器是用来去除机油中的金属碎屑和各种杂质，以免它们进入润滑系统，磨损零部件。机油滤清器经过一段时间的使用后，滤芯上会聚集许多油泥和金属碎屑，造成滤清器堵塞，阻碍润滑系统的正常工作，此时，应更换机油滤清器（或滤芯）。

整体式机油滤清器的更换：很多进口汽车都采用整体式机油滤清器，滤芯不可拆卸，当机油杂质把滤芯的孔眼堵塞，机油流动阻力增大时，必须整体更换机油滤清器。

整体全流式机油滤清器更换时，应用专用工具拆下机油滤清器，清洗机油滤清器安装平面，用干净的机油涂在新的机油滤清器的密封垫上。用手拧紧机油滤清器，直到感到有阻力为止，然后使用专用工具再拧紧 3/4 圈。起动发动机，看机油滤清器是否有漏油现象，若无漏油现象，即可投入使用。

可分解式机油滤清器滤芯的更换：对于可分解式机油滤清器，当滤芯过脏堵塞孔眼时只需更换滤芯，其操作步骤如图 3-65 所示。

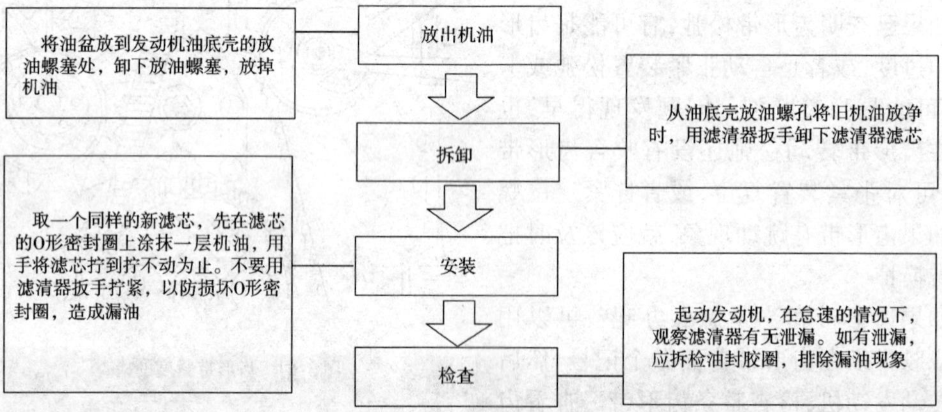


图 3-65　更换滤清器滤芯操作步骤

### 5 润滑脂的更换

使用一把润滑脂枪，从润滑脂嘴将润滑脂压入，直到新鲜的润滑脂从对面的润滑脂嘴、润滑脂出口或者护套端慢慢流出。

在下列部件处更换或者补充润滑脂：

（1）前悬架臂衬套（螺旋型）。

（2）转向节、转向拉杆、中间臂和转向连接装置。

（3）传动轴。

（4）悬架弹簧挂钩销和钩环销。

## 十 起动机的维护

### 1 起动机的拆卸

（1）断开蓄电池的负极电缆，如图 3-66 所示。

(2)拆下起动机电缆。

(3)断开起动机插接器。

(4)清洁起动机外表的灰尘与油污。

(5)拆卸起动机,如图 3-67 所示。

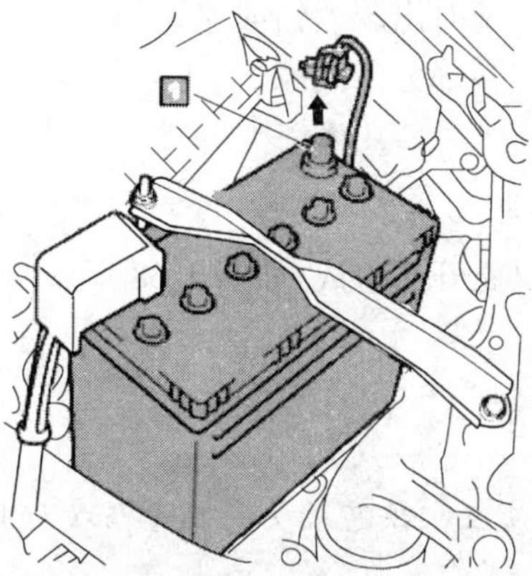

图 3-66　蓄电池负极电缆的断开

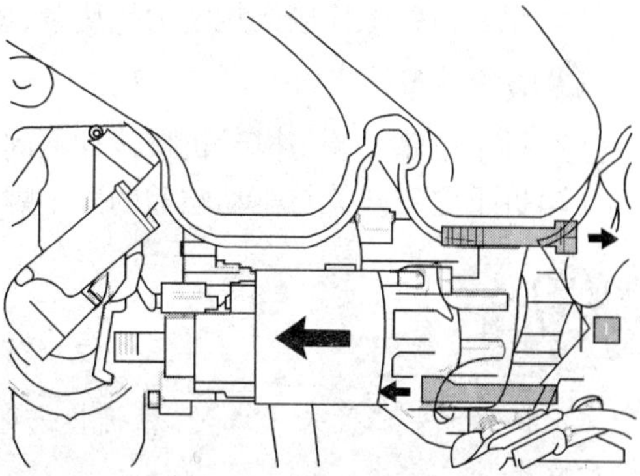

图 3-67　起动机的拆卸

(6)拆下防尘罩,拉起电刷弹簧,取出电刷。

(7)拆下夹紧螺柱,使端盖、壳与传动端分开,取出电枢。

(8)放出驱动杠杆销轴的螺钉,取出传动叉销与复位弹簧。

(9)拆出中间轴承支撑板的固定螺钉,取下支撑板垫圈、传动叉和啮合器。

(10)拆下开关至磁场线圈接柱间的连接铜片,再拆去开关的固定螺钉,取下开关。

(11)将解体的各部件清洗干净。

## 2 起动机的安装

(1)将驱动壳内的衬套涂上润滑脂。

(2)安装单向离合器组件前,对螺旋花键涂以润滑脂,对与拨叉连接的滑动和接触表面涂上润滑脂,对安装在支架上的衬套和插入此衬套内的电枢轴涂上润滑脂。

(3)安装止动螺母后,使用冲杆在两个地方撑住,并将其锁紧。

(4)调整移动双头螺栓的长度,使限位螺母和位于嵌入状态的驱动轮之间的间隙在 1 ~ 4mm。检查时,在空载状态下起动起动机,使驱动齿轮脱离,直至起动机速度稳定为止。

(5)连接蓄电池搭铁线。

(6)检查起动机工作是否正常。

## 3 起动机的分解

### 1 拆装分解安全及注意事项

(1)在拆装过程中,应避免用锤子、扳手等工具敲击起动机,以免零部件损伤。

(2)起动机的拆装必须按照规定的步骤进行(不同型号的起动机解体与组装顺序有所

不同，应按厂家规定的操作顺序进行），特别是分解作业规定不能分解的部件或总成，绝不可随意分解（如电磁开关、定子铁芯及绕组）。

（3）分解时，应按要求仔细分析起动机的构造、部件的作用、工作原理、装配关系以及线路的连接等。

（4）拆下的零件应按先后顺序依次排列好，以免装配时出现差错或遗漏。

（5）组装时各螺栓应按规定力矩旋紧，应检查调整各部分的间隙。

**2 分解步骤**

（1）拆下电磁开关与电动机接线柱之间的连接铜片。

（2）拆下电磁开关与驱动端盖的固定螺母，取下电磁开关总成，如图3-68所示。

**注意**

在取出电磁开关总成时，应将其头部向上抬，使柱塞铁芯端头的扁方与拨杆脱开后取出。

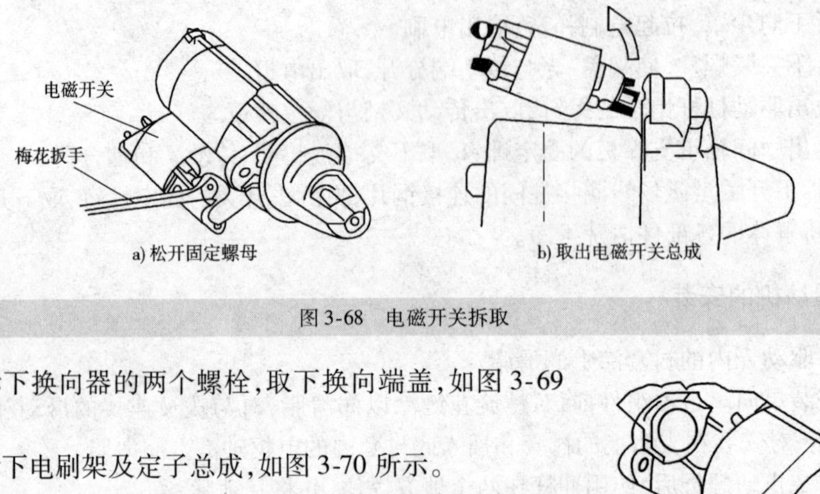


a) 松开固定螺母　b) 取出电磁开关总成

图3-68　电磁开关拆取

（3）拆下换向器的两个螺栓，取下换向端盖，如图3-69所示。

（4）拆下电刷架及定子总成，如图3-70所示。

（5）将起动机电枢总成及小齿轮拨杆一起从起动机机壳上拉出来，如图3-71所示。

（6）从电枢轴上拆下卡环、电枢止动环，拆下超速离合器总成，如图3-72所示。

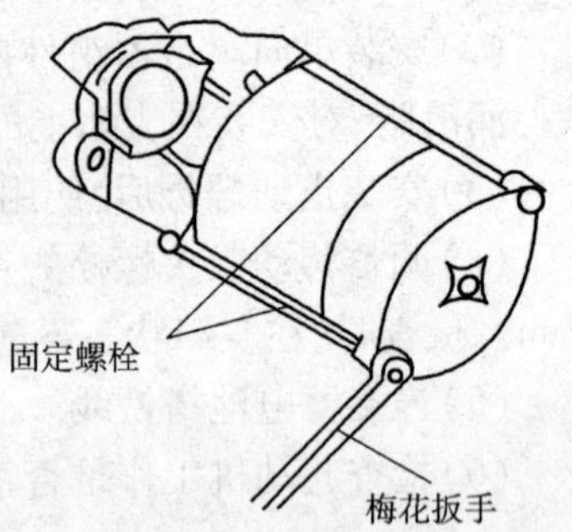


图3-69　取下换向端盖

## 4 起动机的清洗

对分解的零部件进行清洗，清洗时，对所有的绝缘部件，只能用干净布蘸少量汽油擦拭，其他机械零件均可放入汽油、煤油或柴油中洗刷干净并晾干。

**注意**

整流片及电刷表面在装配时，不应沾有油污。

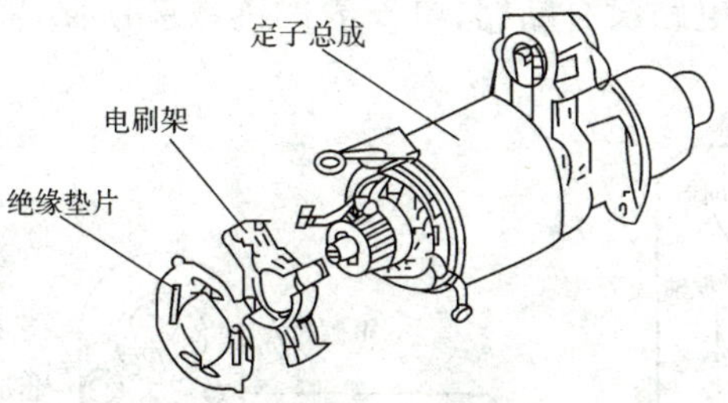


图 3-70　拆电刷架及定子总成

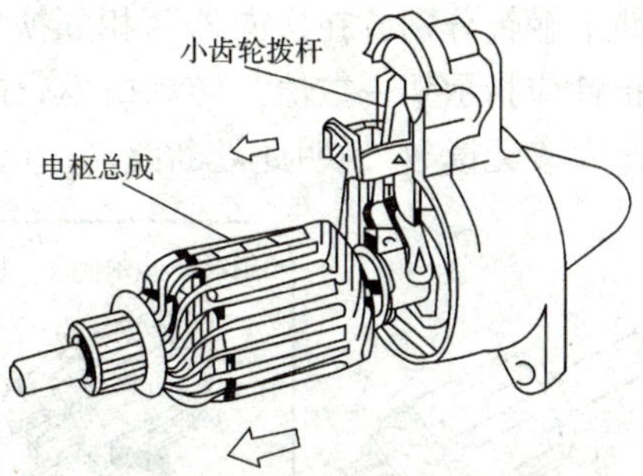


图 3-71　拆电枢总成及小齿轮拨杆

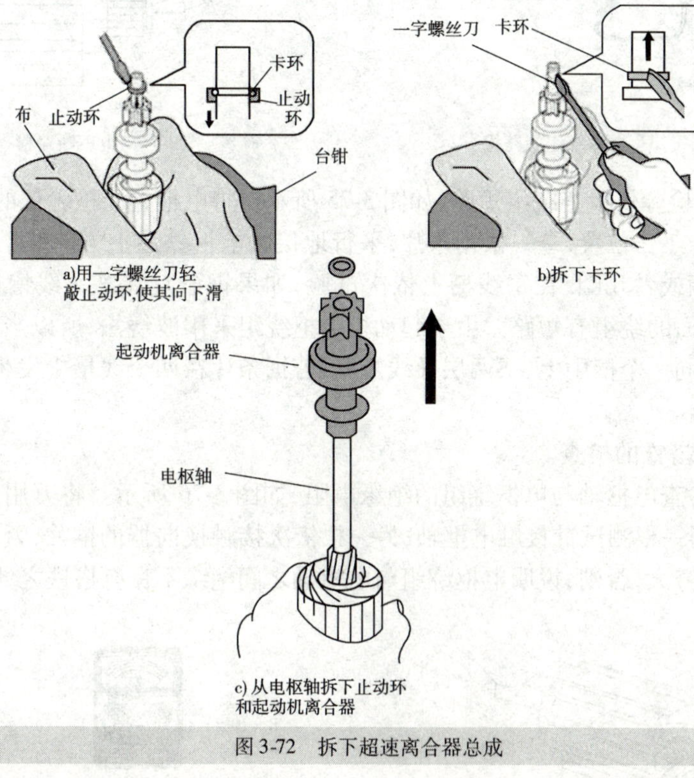


图 3-72　拆下超速离合器总成

## 5 起动机的检测

### 1 电枢绕组的检查

（1）万用表检查电枢绕组的断路，如图 3-73 所示。断路故障多发生在线圈接头与换向器的连接处,由于长时间大电流运转或电枢铁芯与磁场铁芯摩擦,使电枢温度过高,焊锡熔化,导致换向片上的线头脱焊。首先将万用表选择开关拨至 R×1Ω 挡,然后用两个测试棒分别接触换向器相邻的铜片,测量每相邻两换向片是否相通,如万用表指针有指示,说明绕组无断路故障,若指示电阻无穷大,说明此处有断路故障。

(2)利用电枢检验仪检查断路,如图 3-74 所示。将电枢置于感应仪的 V 形槽中,用接毫安表的两个触针分别放在换向器两相邻换向片上,将电源开关置于工作位置,指示灯点亮,毫安表指针应指示某一数值。转动电枢,如电路没有断路,毫安表的读数应该保持不变;若在某处毫安表无读数,说明此处断路。

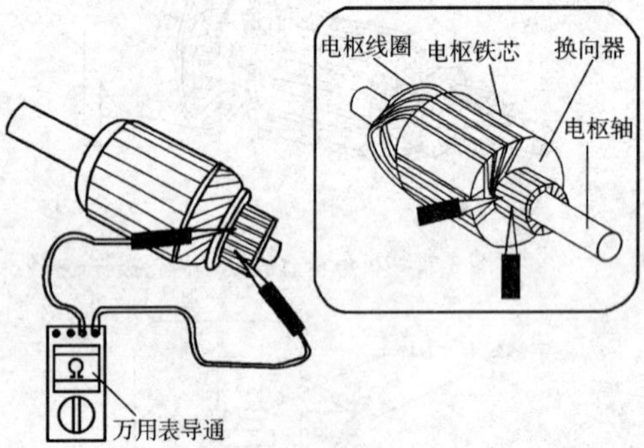


图 3-73 电枢绕组断路检查

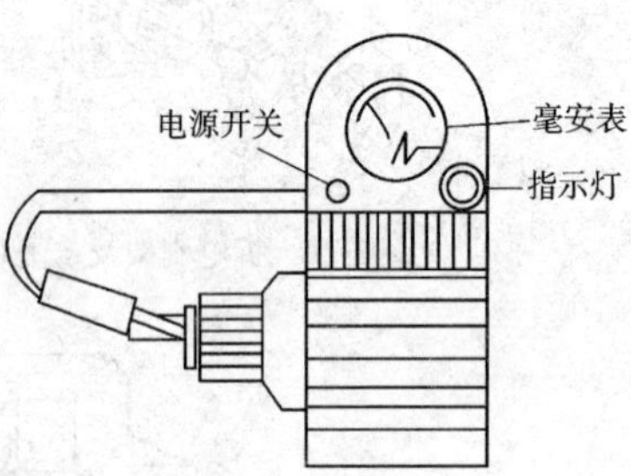


图 3-74 电枢断路检查

(3)利用电枢检验仪检查绕组短路,如图 3-75 所示。将电枢置于检验仪的 V 形槽中,然后将电源开关置于工作位置,拿一条锯条片,平行地接触电枢铁芯上方的线槽,在 V 形槽中慢慢转动电枢一圈或者几圈,在每线槽上依次试验,如果锯条片在某一线槽位置上发生振动,说明锯条片下面的绕组有短路。由于起动机电枢绕组采用波绕法,所以当锯条片在所有槽上振动时,说明同一个槽中上、下两层导线短路,若锯条片在四个线槽中发生振动,说明相邻两换向片间短路。

(4)电枢绕组搭铁的检查。

①用万用表检查电枢轴与电枢绕组的绝缘电阻,如图 3-76 所示。将万用表选择开关拨至 R×10kΩ 挡,用一根测试针接触电枢轴;另一根依次接触换向器的铜片,万用表指针不应摆动,即电阻为无穷大,否则,说明电枢绕组与电枢轴之间绝缘不良有搭铁之处。

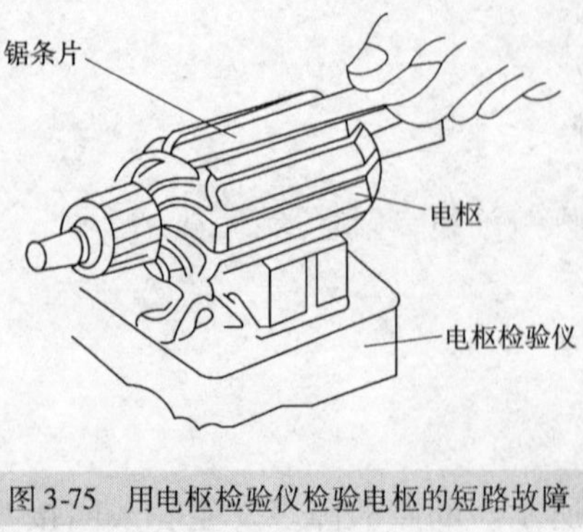


图 3-75 用电枢检验仪检验电枢的短路故障

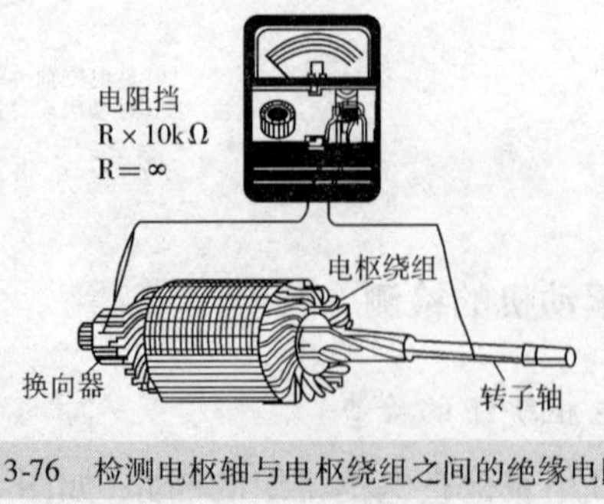


图 3-76 检测电枢轴与电枢绕组之间的绝缘电阻

②将万用表选择开关拨至 R×1Ω 挡,检查换向器和电枢铁芯之间是否导通,如图 3-77 所示。如有导通现象,说明电枢绕组搭铁,应更换电枢。

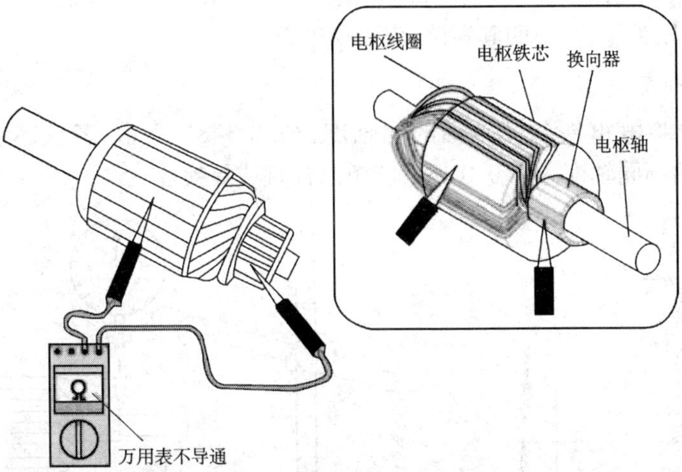


图 3-77　电枢绕组搭铁检查 2

### ❷ 换向器的检查

(1)观察换向器表面是否脏污或者轻微烧伤,若有,可用"00"号砂布磨光。

(2)用游标卡尺测量换向器直径,如图 3-78 所示,铜片的径向厚度不得小于 2mm,否则应换电枢。

(3)用千分表在 V 形铁上测量换向器径向圆跳动,如图 3-79 所示,圆度误差大于 0.25mm时,应将换向器车光、车圆。

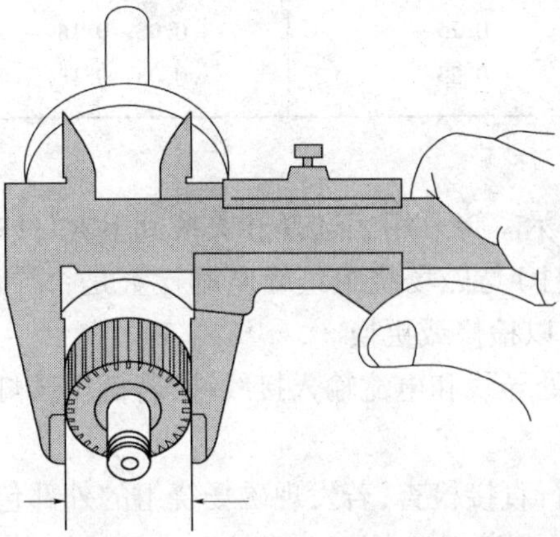

图 3-78　游标卡尺测量换向器直径

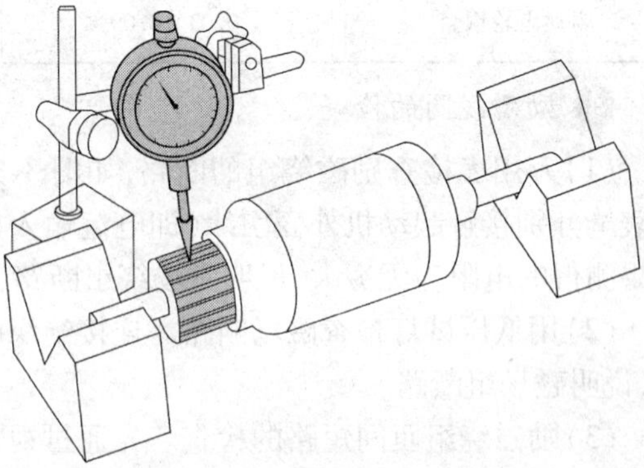

图 3-79　换向器径向圆跳动检查

(4)清除换向器凹槽的杂质,用游标卡尺测量凹槽深度,如图 3-80 所示。凹槽的标准值为 0.5 ~0.8mm,如小于最小规定值时,可用钢锯条对其进行休整,不带凹槽的转向器不进行这项作业。

(5)检查换向器铜片短路时,可在电枢感应仪上进行。将电枢置于夹紧位置中,电源开关置于测试工作位置,把电枢感应仪的测试头跨接在换向器相邻的两个换向片上,调节电压,直到指针达到最高的刻度。依次对每个换向片和相邻的换向片进行测试。如果某一对换向片测出的电压为零,则说明其短路,应更换电枢。

**3 电枢轴检查**

用千分表检验电枢铁芯及转轴的同轴度,如图 3-81 所示,若铁芯表面同轴度大于 0.15mm或中间轴颈同轴度大于 0.05 时,应予以校直或更换。

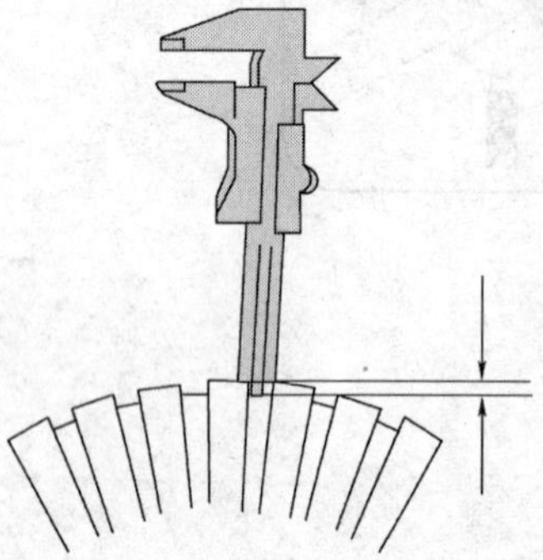

图 3-80 测量换向器凹槽深度

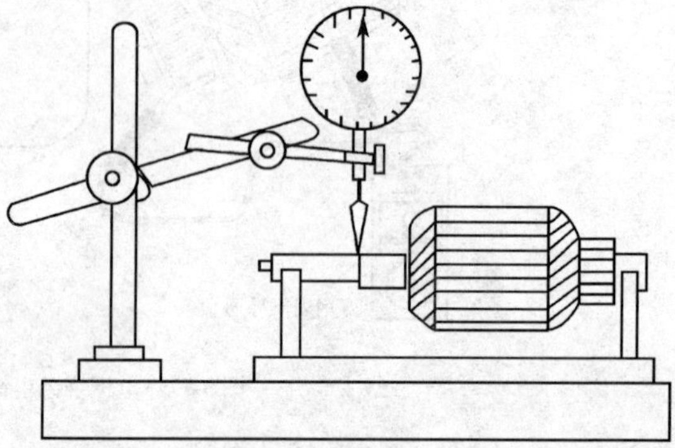

图 3-81 电枢轴弯曲度的检查

转轴与各铜套的配合间隙见表 3-16,配合间隙超过时应更换衬套,并进行铰配。

**铜套与轴的配合间隙**(适用于一般起动机) 表 3-16

| 名 称 | 标准间隙(mm) | 允许最大间隙(mm) | 铜套外圆与孔的过盈(mm) |
|---|---|---|---|
| 前端盖铜套 | 0.04~0.09 | 0.18 | 0.08~0.018 |
| 后端盖铜套 | 0.04~0.09 | 0.18 | 0.08~0.18 |
| 中间轴承支承板铜套 | 0.085~0.15 | 0.25 | 0.08~0.18 |
| 驱动齿轮铜套 | 0.03~0.09 | 0.23 | 0.08~0.18 |

**4 励磁线圈的检查**

(1)万用表检查励磁绕组的断路,如图 3-82 所示。将万用表选择开关拨到 R×1Ω 挡,两表笔分别接触起动机外壳引线(即电流输入接线柱)与磁场绕组绝缘电刷检查是否导通,如果测得的电阻为无穷大,说明磁场绕组断路,应予以检修或更换。

(2)用低压试灯检查磁场断路。连接绝缘电枢处导线和电流输入接线柱,若低压试灯不亮,说明磁场组断路。

(3)励磁绕组匝间短路的检查。先通过视觉进行直接检查,若发现磁场绕组的外部包扎层已经烧焦、脆化,表明绝缘不良。若外部完好,无法判断时,可用 2V 直流电进行接线,如图 3-83 所示。电路接通后,将螺丝刀放在每个磁极上,检查磁极对螺丝刀的吸引力是否相同。若某一磁极吸力太小,就表明该磁场绕组有匝间短路故障存在。

(4)励磁绕组搭铁的检查,如图 3-84 所示。用万用表检查时,先将绝缘电刷从电刷架上拆下并悬空,并注意不要与机壳相碰,然后用 R×10kΩ 挡检查,两表笔分别接触起动机电流输入接线柱(引线)和机壳,若表针不摆动(电阻无穷大),说明绝缘良好,否则,说明磁场绕组绝缘不良而搭铁。

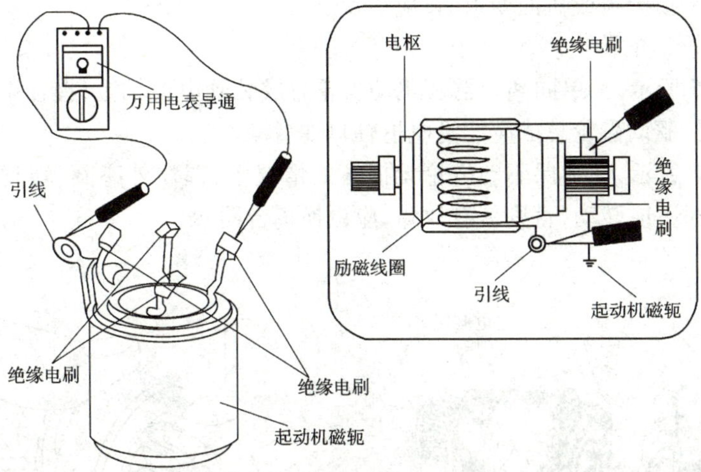


图 3-82　励磁绕组断路检查

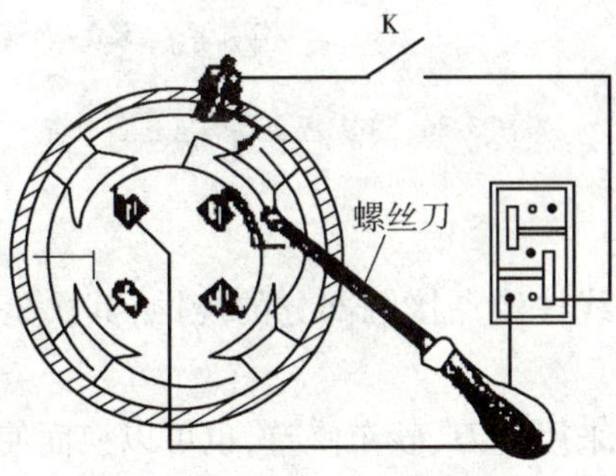


图 3-83　磁场绕组短路检查

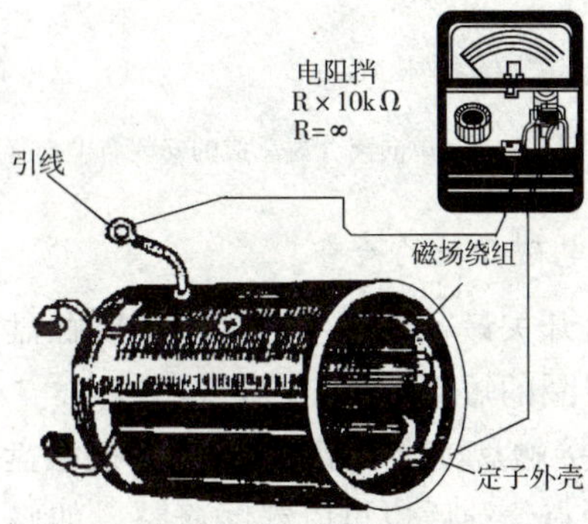


图 3-84　磁场绕组搭铁检查

### 5 电刷与电刷架的检查

(1)检查电刷的高度。电刷高度应不低于新电刷高度的 2/3,否则应该换新。

(2)检查电刷的接触面。电刷与整流子之间的接触面积应达到 75% 以上,否则应该研磨电刷。

(3)电枢的弹簧压力及电刷架的检修。用弹簧秤检查电刷弹簧压力(普通货车为 12 ~ 15N),如压力不足,可将弹簧向螺旋方向相反的方向拨动,以增加弹力,若无效果,则更换。

### 6 端盖的检查

主要是轴承有无粗糙、烧伤现象,轴承与端盖座孔和电枢轴轴颈之间的配合是否得当,轴承与座孔之间是否有松旷、歪斜的现象。若有上述情况之一,应立刻更换轴承。

### 7 传动机构的检查

(1)检查拨叉。拨叉应无变形、断裂、松旷等现象,复位弹簧应无锈蚀,弹力正常,否则应更换。

(2)驱动齿轮的检查。驱动齿轮的齿长不得小于全齿长的1/3,且不得有缺损、裂痕,否则应更换;齿轮磨损严重或扭曲变形时,应更换。

(3)单向离合器的检查。

①如图3-85所示,将单向离合器及驱动齿轮总成装到电枢轴上,握住电枢,当转动单向离合器外座圈时,驱动齿轮总成应能沿电枢轴自如滑动。

②如图3-86所示,在确保驱动齿轮无损坏的情况下,握住外座圈,转动驱动齿轮,应能自由转动;反转时不应转动,否则就有故障,应更换离合器。

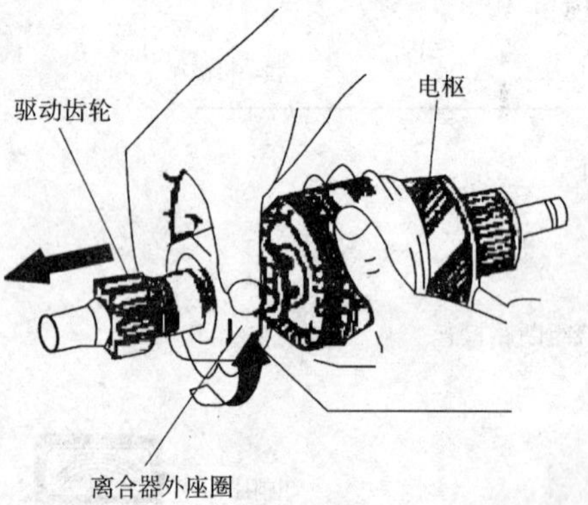

图3-85 单向离合器总成的安装与检查

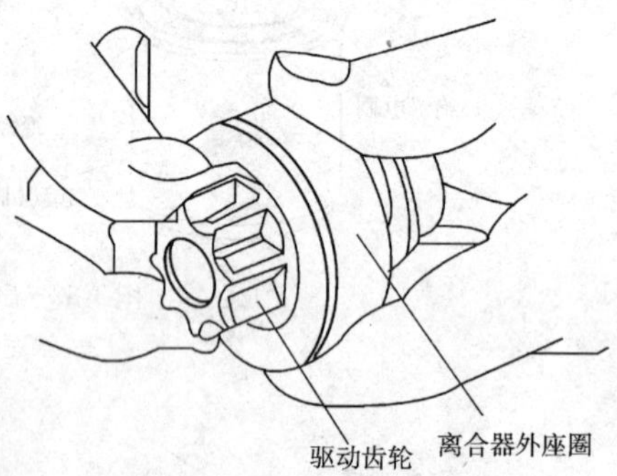

图3-86 单向离合器的进一步检查

### 8 电磁开关的检查

电磁开关最容易发生的故障是接触盘和接线柱触点接触部分的烧蚀,其次是吸引线圈和保持线圈的短路、断路或搭铁。

(1)接触盘接线柱触点的维修:接触盘拆下来用锉刀、砂布修整,也可以换面使用。接线柱头部触点烧蚀后也可以锉磨修整。如修整后接触片和接线柱触点间隙过大,可以在接线柱根部加装垫片调整。

(2)线圈的检修:用万用表R×1Ω挡测量吸引线圈和保持线圈的电阻值,其值应该符合表3-17中的规定。若阻值为无穷大,说明线圈断路;如阻值小于规定值,说明短路。

常见国产起动机电磁开关线圈的技术数据 表3-17

| 电磁开关型号 | 适应起动机型号 | 保持线圈 | | | 吸引线圈 | | |
|---|---|---|---|---|---|---|---|
| | | 线径(mm) | 匝数 | 电阻(Ω) 20℃ | 线径(mm) | 匝数 | 电阻(Ω) 20℃ |
| 384 | 321 | $\phi$0.83 | 245±3 | 0.97±0.1 | $\phi$0.9 | 245±3 | 0.6±0.05 |
| PC811 | ST811 | $\phi$0.71 | 230±5 | 1.13 | $\phi$0.9 | 230±5 | 0.53 |
| PC604 | ST614 | $\phi$0.93 | 230±5 | 0.6 | $\phi$0.93 | 230±5 | 0.8 |
| | QD124A | $\phi$0.75 | 200四层 | 1.29±0.12 | $\phi$1.25 | 200七层 | 0.33±0.03 |
| PC60 | 2Q2B | $\phi$0.8 | 160±5 | 1.57 | $\phi$1.35 | 160±5 | 0.275 |

续上表

| 电磁开关型号 | 适应起动机型号 | 保持线圈 | | | 吸引线圈 | | |
|---|---|---|---|---|---|---|---|
| | | 线径（mm） | 匝数 | 电阻（Ω）20℃ | 线径（mm） | 匝数 | 电阻（Ω）20℃ |
| PC110 | ST111 | ϕ0.55 | 390±5 | 5 | ϕ1.12 | 390±5 | 0.94 |
| PC20 | ST710 | ϕ0.93 | 350±5 | 1.2~1.3 | ϕ2.12 | 140 | 0.14~0.15 |
| PC21 | ST711 | ϕ0.93 | 350±5 | 1.2~1.3 | ϕ2.12 | 140 | 0.14~0.15 |
| 384A | QD124F | ϕ0.83 | 245±3 | 0.97±0.1 | ϕ0.9 | 235 | 0.6±0.05 |
| DK50 | QD50 | ϕ0.8 | 250+3 | 1.3 | ϕ1.2 | 250 | 0.45 |
| DK50 | QD273 | ϕ0.8 | 250+3 | 1.3 | ϕ1.2 | 250 | 0.45 |
| DK26 | QD26 | ϕ0.8 | 160 | 1.3 | ϕ2 | 82 | 0.083 |
| DK27 | QD27A | ϕ0.95 | 220 | 1.0 | ϕ1.56 | 200 | 0.28 |
| DK27 | QD27E | ϕ0.95 | 220 | 1.0 | ϕ1.56 | 200 | 0.28 |
| DK27 | QD27T | ϕ0.95 | 220 | 1.0 | ϕ1.56 | 200 | 0.28 |
| 388 | 340 | ϕ0.69 | 330 | 1.98 | ϕ1.0 | 320 | 0.69 |
| 388 | 340A | ϕ0.69 | 330 | 1.98 | ϕ1.0 | 320 | 0.69 |

（3）电磁开关的试验：电磁开关可按图3-87所示进行测试。合上开关后，将调压电源从零逐渐增大，直至试灯发亮。灯亮瞬间的电压为电磁开关的闭合电压，应符合表3-18的规定。随后再逐渐调低电压，直到电磁开关释放，试灯熄灭，这一瞬间的释放电压不应大于标称电压的40%。

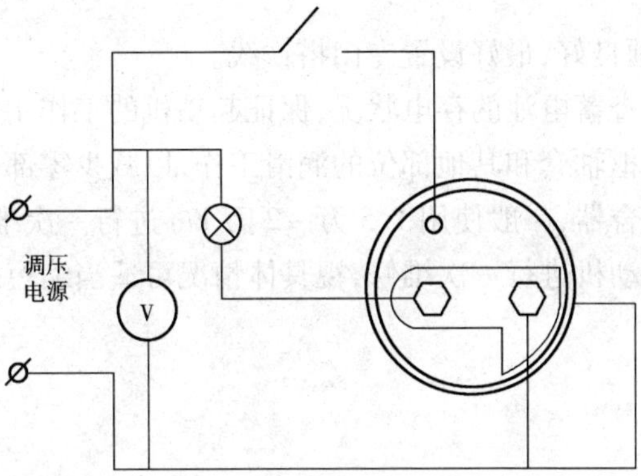


图3-87 电磁开关吸放性能测试

电磁开关的闭合电压 表3-18

| 环境温度（℃） | 标称电压（V） | |
|---|---|---|
| | 12 | 24 |
| 23 | ≤9 | ≤24 |

### 6 起动机的装配

(1)按解体的相反顺序进行安装,在将电枢轴装入电刷架时,应防止将电刷撞断,必要时使用专用工具进行安装。

(2)装配完毕后,转子应转动灵活,无碰擦或卡滞现象。

(3)用螺丝刀沿轴向拨动驱动齿轮,应能伸出并能自动复位。

### 7 起动机使用与维护的注意事项

(1)经常保持起动机各连接导线绝缘良好,连接牢固可靠。

(2)经常保持起动机各部位清洁、干燥、电刷和换向器触角良好,所有组成部件技术状况正常。

(3)起动发动机时,每次接通电源时间不应超过 5s,起动机使用时间间隔不少于 15s。若发动机第三次起动不着,应检查起动系统是否发生故障。

(4)起动发动机时,当发动机正常运转后,应立即松开点火开关,使其回复到正常工作位置。严禁在发动机正常运转时,使用起动机。

(5)起动机零部件较笨重,拆装过程中要防止打滑跌落。

(6)每次空载试验不要超过 1min,以免起动机过热。

(7)应保持起动机各部的清洁、干燥,电路系统接触良好,连接牢固,接线柱及导线之间绝缘良好。

(8)起动机主电路导线长度应尽可能短,导线截面不得过小(一般应大于 $35mm^2$),接线柱必须接触良好。

(9)起动机搭铁必须良好,最好设置专门搭铁线。

(10)经常测量和检查蓄电池的存电状况,保证起动机的工作用电。

(11)做好起动机电枢轴套和其他部位的润滑工作,以减少零部件的磨损。

(12)对摩擦片式离合器,一般使用 1.5 万 ~2 万 km 进行一次维修。

(13)一般每年对起动机进行一次维修,视具体情况可适当缩短或延长。

## 思考练习

1. 汽车处于位置 3 的维护内容有哪些?
2. 检查变速器时应注意的事项有哪些?
3. 简述检查氧传感器的过程。
4. 简述起动机的维护过程。

# 第五节　汽车处于位置4的维护

| 顶起位置4：升举位置为距离地面0.5m | 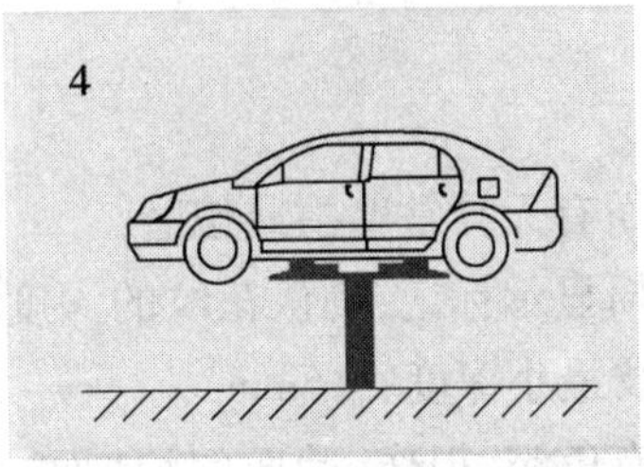 |  |
|---|---|---|
| 序　　号 | 检查位置 | 作业内容 |
| 1 | 各个轮胎 | 1. 车轮轴承；<br>2. 拆卸车轮；<br>3. 轮胎；<br>4. 制动器 |

## 一　车轮轴承的检查

(1)抓紧车轮，前后上下推拉摇动，检查车轮轴承有无松动。

(2)检查发现异常时，由一人坐在驾驶人位上踩制动踏板。另一人再次抓紧车轮，前后上下推拉摇动，有松动的话，有可能是轴承松动过大造成的，要对轴承进行检查。

(3)按维修手册调整轴承间隙时，特别是对于圆锥滚柱轴承，要预留一定的间隙，并且不能拧得过紧，否则将会被磨耗、过热或烧灼。

## 二　车轮的拆卸

(1)把车轮上的固定螺栓拧出来，把车轮从车桥上拆卸下来。

(2)将拆下的车轮总成平放在地面上，并使可拆轮缘的一面朝上。

(3)用专用轮胎气门芯扳手拧下气门芯，将轮胎空气放出，再用脚踢几下轮胎，使胎圈与轮辋脱开。

(4)用轮缘拆离片压迫轮胎使之与轮辋离缝。

(5)将轮胎放在拆胎机的工作台上撑牢(或卡紧)，如图3-88所示。调整好拆装头与轮胎之间的位置后锁紧。

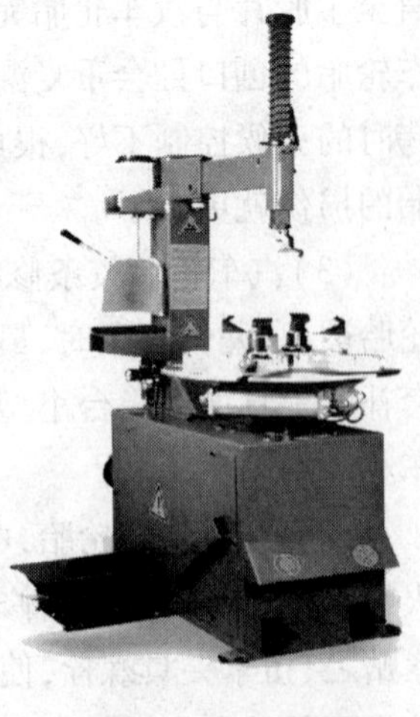

图3-88　拆胎机

(6)在轮胎及轮辋边缘涂润滑剂(肥皂水也可)。

(7)用撬棍将轮胎边缘撬到拆装头上，撬棍不必抽出，这时，使工作台顺时针旋转，即可拆下轮胎。用同样的方法可将另一侧轮胎拆下。

(8)对于扁平率比较低的轮胎，可以使用压杆和压盘对轮胎臂充分旋转挤压，便于轮胎拆装。

## 三 轮胎的检查

(1)检查轮胎接地面有无异常磨损或偏磨。

(2)检查胎面的磨损显示标记，确认花纹的深度是否超过规定的最小值。必要时，使用深度计测量。(轮胎花纹最小深度:1.6mm)。

(3)检查轮胎是否有龟裂、损伤，胎面(接地面)以及两侧面的四周是否有钉子、石头及其他异物挤入或卡入。



## 四 轮胎的修补

一般而言，汽车轮胎的修补技术依据汽车轮胎受损程度，大致可分为三种:冷补技术(内补或粘贴补)、热补技术(俗称火补)和胶条补胎技术。

(1)汽车轮胎的冷补技术。所谓冷补是将受伤的汽车轮胎从轮辋上卸下，找到创口之后，将创口处的异物清理后，从汽车轮胎内层贴上专用的补胎胶皮，从而完成补漏。其实，这种技术类似自行车的补胎技术，只不过需要专用的扒胎机及补胎胶皮才能完成。其优点是可以对较大的汽车轮胎创口进行修补，缺点是不够耐用，在经过一段时间的水浸或车辆高速行驶之后，汽车轮胎修补处很可能再次出现漏气现象。

(2)汽车轮胎的热补技术(俗称火补)是最彻底的补胎措施。汽车轮胎热补技术同样要将汽车轮胎从轮辋上卸下，然后将专用的生胶片贴附于创口，再用烘烤机对创口进行烘烤，直至生胶片与汽车轮胎完全贴合。汽车轮胎热补技术的好处是非常耐用，基本不用担心汽车轮胎的创口处会重复漏气。不过它也有缺点，那就是施工时的技术要求较高，因为一旦烘烤时的火候控制不好，很可能会将汽车轮胎烤焦，严重的还会产生变形，那样一来，对汽车轮胎的损伤就更大了。

(3)汽车轮胎胶条修补技术对于广大的车主朋友来说，当您的爱车行驶在路上出现汽车轮胎被扎、漏气现象时，最简单实用的方法还是用胶条法。胶条技术补胎对设备要求低(一套补胎工具加上一台小型轮胎充气泵即可)，对车主的专业技术要求不高，因此很适合普通车主使用。

一般有内胎的轮胎，内胎破损后，常采用热补法修复。采用的修补胶片是未经过硫化的火补胶片和专门夹具。修补的方法是将内胎破损处，平铺于夹片安放在要补的锉粗面上并紧贴之，扭紧夹具螺栓，使螺栓头上的十字形压头压扣住铁皮盒，夹具夹紧之后看看火补胶片是否紧贴在粗糙面上了；再将铁皮盒内燃烧材料稍微拨松一点，用火柴或香烟头点燃，待燃料全部烧完，火补胶片就硫化了，经过 15min 左右冷却，就可以卸下夹具，拆下铁皮盒，内胎随即补好,待温度降到常温时再装用。

## 五 轮胎气压检查

轮胎是汽车安全行驶的一个很重要的部件,由于轮胎的原因而造成的事故其后果是很严重的,胎压是轮胎的生命,所以随时保持在正确的胎压下行驶,对行车安全及其汽车的维护都有极大好处。

汽车轮胎气压是轮胎内部的空气压力,因为它支撑汽车的重量,同时对轮胎的异常磨损、四轮定位、耗油量有极大的影响,所以确认轮胎压力是非常重要的。而轮胎气压过高或过低都有爆胎危险,不可小视气压问题。应当按照厂家要求保持轮胎的标准气压,包括备胎气压。保持标准的车胎压力和及时发现轮胎漏气是安全驾驶的关键。

轮胎的气压以正常的轮胎为基准时每月气压会减小 1/100bar($1bar=10^5Pa$),所以每周测定一次气压是必需的,不过气压测定必须使用正确的气压表。对不同的车型,轮胎气压标准值的标签位置不同,有的位于左前门下方,有的标于加油口盖背面,有的在发动机铭牌上。例如大众捷达车就标在加油口盖的内侧,捷达车的轮胎充气标准为:半载前轮 200Pa,后轮 180kPa;满载前轮 200kPa,后轮 260kPa。

### 1 注意事项

(1)测量时,车辆需停放在平地上。

(2)被测车辆停驶 1h 以上,确保轮胎处于冷却状态,因为在热胎状态下测量的结果是不准确的。

(3)保证胎压表刻度为零;如果不是,请按胎压表回零按钮使之归零。

(4)胎压表在插入气门嘴时要迅速,防止轮胎漏气。

### 2 仪器结构功能

轮胎压力表(图 3-89)是一种专用汽车轮胎压力压力表,一般由表头、导管、归零阀和接头等组成。当归零阀处于关闭位置时,轮胎气体控制在压力表内,可保持测得的轮胎压力读数(保持压力表指针位置);当归零阀打开时,压力表指针回零,以便于下次测量。

### 3 操作步骤

测量时,车辆需停放在平地上,保证车胎冷却后,开始测量,如图 3-90 所示。

(1)先将气门嘴帽取下,将胎压表插口对准气门嘴。

(2)用力迅速将胎压表插口插入气门嘴,等待 1~2s。

(3)迅速拔出胎压表,查看读数。

(4)读数完毕,按下归零阀按钮,使其归零。

(5)测量后,重新将轮胎气门嘴上的盖子锁上。

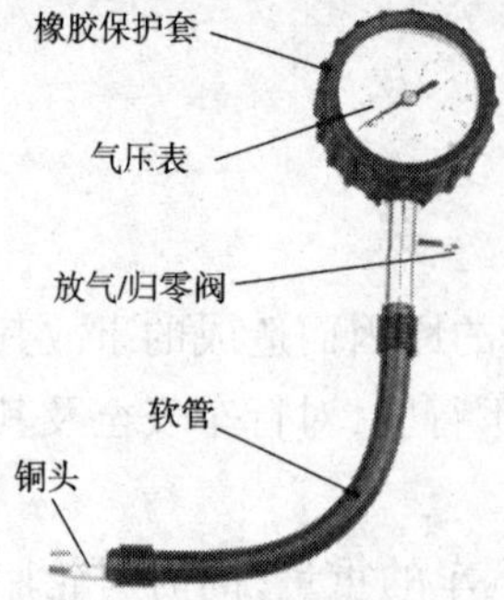


图 3-89　轮胎压力表

图 3-90　测量轮胎压力

## 六 轮胎动平衡机的操作

### 1 试验前准备工作

(1)清除轮胎胎面上的泥土和嵌在胎纹中的泥土和石子以及扎在轮胎上的铁钉等异物。

(2)拆除轮辋上旧的平衡块。

(3)检查轮胎气压是否达标,不达标的要进行充放气使其达到标准值。

(4)检查轮胎磨损状况。

(5)检查车轮平衡机并预热 5min 左右。

### 2 检修注意事项

(1)离车式车轮动平衡机的主轴固定装置和就车式车轮动平衡机的支架上都装有精密的位移传感器和易碎的压电晶体传感器,因此严禁冲击和敲打主轴或传感器支架。

(2)在检修车轮动平衡机时,传感器的固定螺栓不得松动。因为这一螺栓不是一般的紧固件,需要由它向传感晶体提供必要的预紧力。当这一预紧力发生变化时,电算过程完全失准。

(3)车轮动平衡机的平衡块又称配重,通常有卡夹式和粘贴式两种类型。卡夹式适用于轮辋有卷边的车轮。对于铝镁合金轮辋,因无卷边可夹,可使用粘贴式平衡块。粘贴式平衡块的外面有不干胶,粘贴于轮辋内各面。

(4)必须明确,车轮动平衡机的机械系统和电算电路,都是针对正常车轮使用条件下平衡失准或轻微受损但仍能使用的车轮而设计的,对因交通事故而严重变形的轮辋或胎面大面积剥离的车轮是不能上机进行平衡检测的。一方面平衡量过大的车轮旋转时的离心力可能损伤车轮动平衡机的传感系统,另一方面超值的不平衡力可能溢出电算范围而使仪器自动拒绝工作。

(5)当不平衡量超过最大平衡块时,可用两个以上平衡块并列使用。但这时要注意因多个平衡块占用较大的扇面会使其有效质量低于实际质量。

(6)一般情况下,离车式车轮动平衡机和就车式车轮动平衡机都是独自使用的。但对高速行驶的汽车车轮而言,如果用离车式车轮动平衡机平衡后再装在车上行驶时,仍会出现不平衡现象。因此,使用离车式车轮动平衡机平衡车轮后,最好能用就车式车轮动平衡机进行校对。

### 3 车轮平衡机的结构功能

车轮平衡度应使用车轮平衡机检测,车轮平衡机又称车轮平衡仪。车轮平衡机有以下类型:如果按功能分,车轮平衡机可分为车轮静平衡机和车轮动平衡机两类;如果按测量方式分,车轮平衡机可分为离车式车轮平衡机和就车式车轮平衡机两类;如果按车轮平衡机转轴的形式分,车轮平衡机又可分为软式车轮平衡机和硬式车轮平衡机两类。

LAUNCH KWB-402 车轮平衡机为离车式车轮平衡机,平衡机的外形图如图 3-91 所示,本节以 LAUNCH KWB-402 车轮平衡机为例介绍如何进行轮胎动平衡。

(1)离车式车轮动平衡机的专用测量卡尺(图 3-92):卡尺主要用于测量车轮的安装距离(简称轮距)和轮毂直径(简称轮径)。

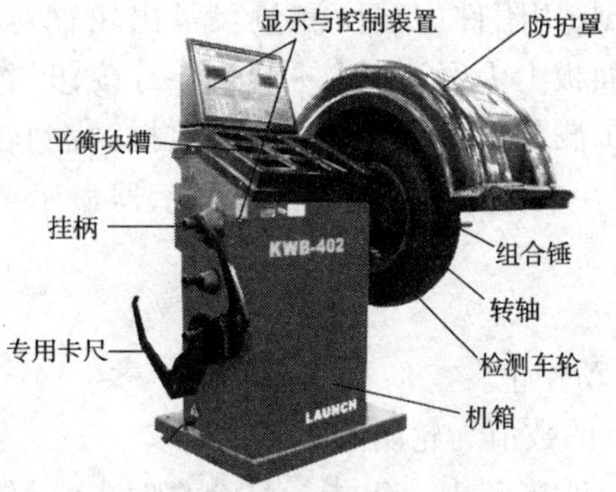


图 3-91　离车式车轮平衡机

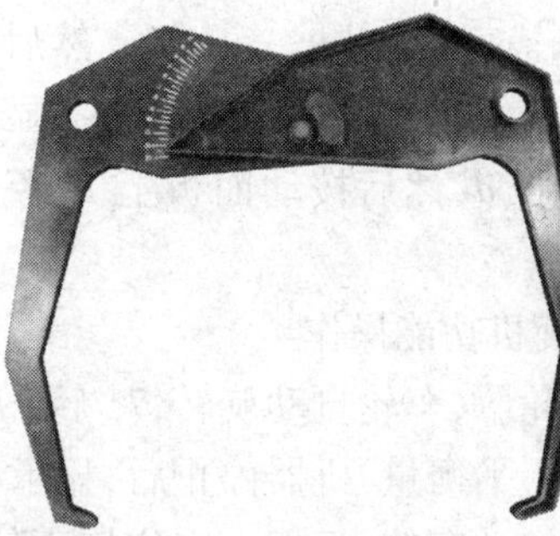

图 3-92　平衡机专用测量卡尺

(2)操作面板:实现人机对话,将测试的数据显示在面板上以及通过面板进行操作控制,不断调整,实现轮胎的动平衡调整。

(3)挂柄:悬挂锥套、轮宽尺等备件。

(4)平衡块槽:用于分类盛装配重铅块。

(5)平衡轴:装配待平衡的轮胎。

(6)组合锤(组合锤的外形如图 3-93 所示):组合锤的功能主要是清洁轮胎和装卸平衡块,运用组合锤可以对轮胎的胎面和沟槽的泥沙进行清理,拔掉扎在轮胎上的钉子,剪断平衡块至适合质量,敲击平衡块以把平衡块安装在轮辋上,以及拔掉不需要的平衡块等。

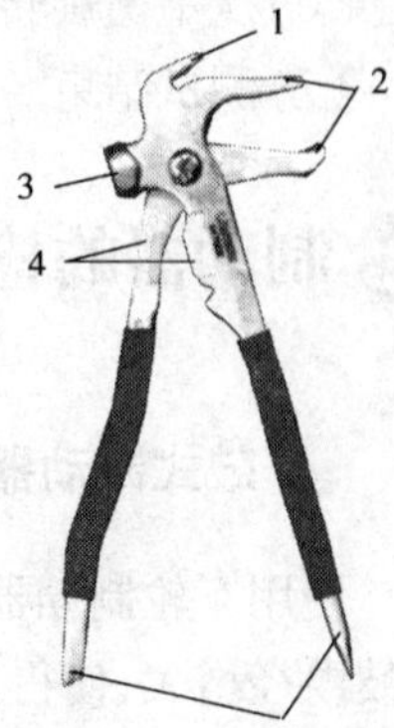


图 3-93　组合锤外形图

图 3-93 中各代号对应的功能如下:

(1)1 用于拔掉扎在轮胎上的钉子。

(2)2 用于拔掉不需要的平衡块。

(3)3 用于敲击平衡块以把平衡块安装在轮辋上。

(4)4 用于剪断平衡块至适合质量。

(5)5 用于对轮胎的胎面和沟槽的泥沙进行清理。

### 4 车轮平衡机的操作步骤

(1)开机。打开位于机器左侧的电源开关,平衡仪进行自检,自检完毕默认“动平衡”测量选项。

(2)选择功能。每次开机时,电脑自动设置为标准平衡模式;按【F】键可选择自己所需要的平衡模式。

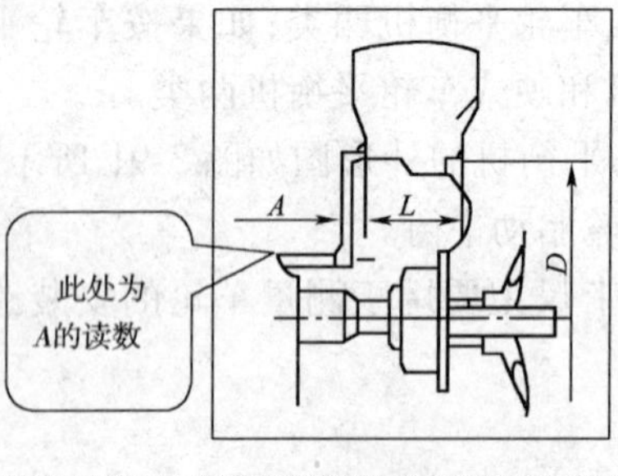


图 3-94　车轮数据

(3)被测轮胎的装配。把车轮套在平衡轴上,靠近法兰;选择一个合适的锥套,用快锁螺母锁紧车轮。

(4)车轮数据的输入。如图 3-94 所示,输入 $A$ 值数据,将测量尺拉至轮辋安装平衡块的位置,读出测量尺上的数据,即车轮安装距离,然后按动面板上 $A$ 旁边的【+】或【-】按钮,直至显示器显示值跟测量值一致;输入 $L$ 值数据,用附件中宽度测量尺量出轮辋对边宽度,然后按动面板上 $L$ 旁边的【+】或【-】按钮,直至显示器显示值跟测量值一致;输入 $D$ 值数据,找到轮辋上标记的名义直径 $d$,然后按动面板上 $D$ 旁边的【+】或【-】按钮,直至显示器显示值跟 $d$ 值一致。

(5)平衡机功能操作。

①放下轮罩,车轮自动旋转,7s 后,机器自动停止。

②显示不平衡量:机器停止后,显示器显示的数值为轮胎的不平衡值。

③用手转动车轮,面板上定位灯不停地闪动,当其中一组指示灯全亮时,表示轮辋最高点位置为不平衡点,其中左侧定位灯对应内侧不平衡点,右侧定位灯对应外侧不平衡点。

④在轮辋不平衡点处装上显示器测得数值的相应平衡块,并重复之前操作步骤,直至左右两侧的显示器均显示为“00”。

(6)从平衡旋转轴上卸下车轮,操作程序结束。

(7)测试结束。切断电源,从传动轴上取下车轮总成。

## 七 制动器的检查与维护

### 1 鼓式制动器的检查与维护

使用车轮制动器时,制动蹄与制动鼓间存在着磨损,磨损引起制动摩擦片厚度减小,制动鼓内径增大,使得制动蹄、制动鼓间的间隙增大,制动器的起作用时刻推迟,制动效能下降。因此,汽车行驶一定里程或出现制动不良的故障时,应对车轮制动器进行必要的调整和维护。

车轮制动器的检查内容和方法如下。

(1)拆下鼓式制动器,检查制动摩擦片有无损伤、剥离及异常磨损。

以桑塔纳后鼓式制动器为例,如图3-95所示,先拆下后车轮,撬下润滑脂盖,取下开口销和锁止环,旋下螺母,取下止推垫圈和外圆锥滚子轴承内圈。用螺丝刀插入制动鼓上的小孔,向上压楔形调节板使制动蹄外径缩小后,再取下制动鼓。然后旋下螺栓,从后桥体上取下制动底板总成和短轴。

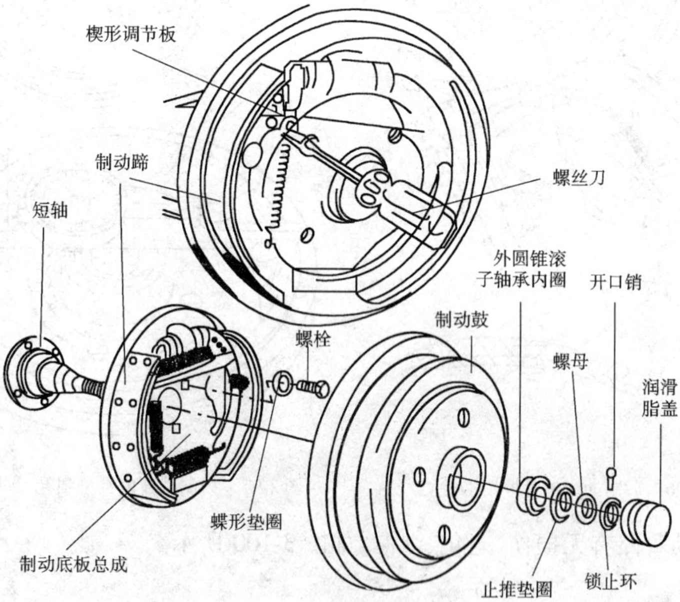


图3-95　桑塔纳后鼓式制动器的拆卸

(2)检查车轮油缸罩上有无制动液泄漏的痕迹。

(3)制动摩擦片厚度的检查。如图3-96所示,用游标卡尺测量制动摩擦片的厚度,标准值为5mm,使用极限为2.5mm,其铆钉与制动摩擦片的表面深度不得小于1mm,以免铆钉头刮伤制动鼓内表面。在未拆下车轮时,后制动摩擦片的厚度可从制动底板的观察孔中检查。

(4)制动鼓内孔磨损及尺寸的检查。如图3-97所示,首先检查后制动鼓内孔有无烧损、刮痕和凹陷,若不能修磨应更换新件;检查制动鼓内孔尺寸及圆度误差时,用游标卡尺检查内孔尺寸,标准值为$\phi$180mm,使用极限为$\phi$181mm。用工具测量制动鼓内孔的圆度误差,使用极限为0.03mm,超过极限时应更换新件。

(5)后制动摩擦片与后制动鼓接触面积的检查。如图3-98所示,将后制动摩擦片表面打磨干净后,靠在后制动鼓上,检查两者的接触面积,应不小于60%,否则应继续打磨后制动摩擦片的表面。

(6)后制动器定位弹簧及复位弹簧的检查。如图3-99所示,若后制动器定位弹簧、上复位弹簧、下复位弹簧和楔形调整板拉簧的自由长度增长率达5%,则应更换新弹簧。

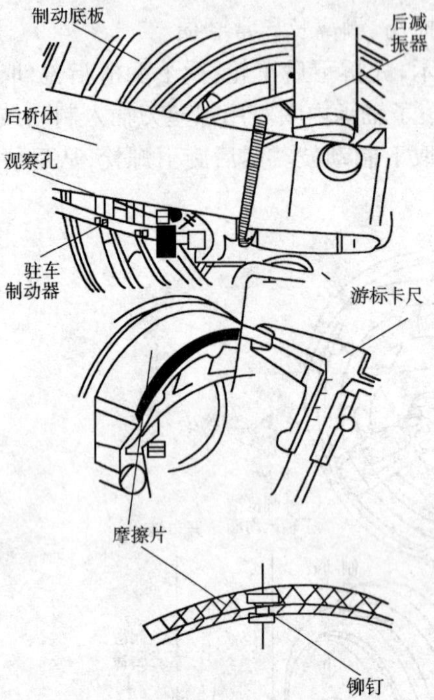


图 3-96　后制动摩擦片厚度的检查

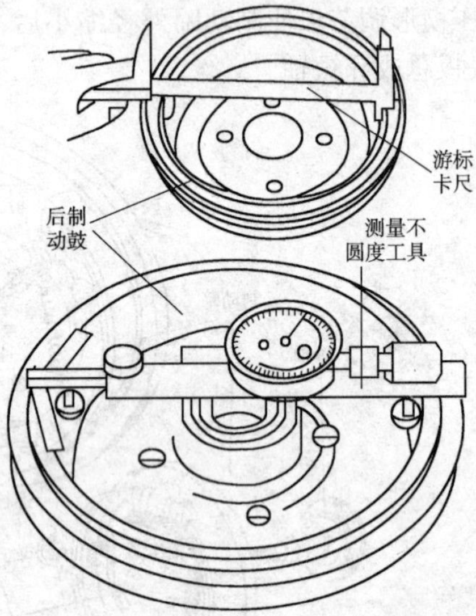


图 3-97　后制动鼓内孔磨损及尺寸的检查

(7)检查制动管路有无损伤、老化、泄漏,如图 3-100 所示。

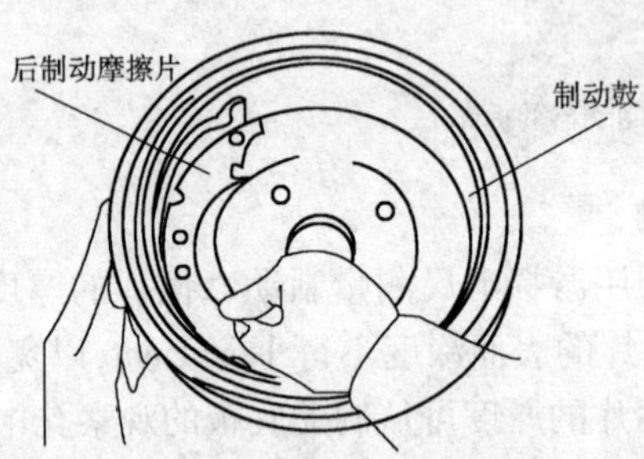


图 3-98　后制动摩擦片与后制动鼓接触面积的检查

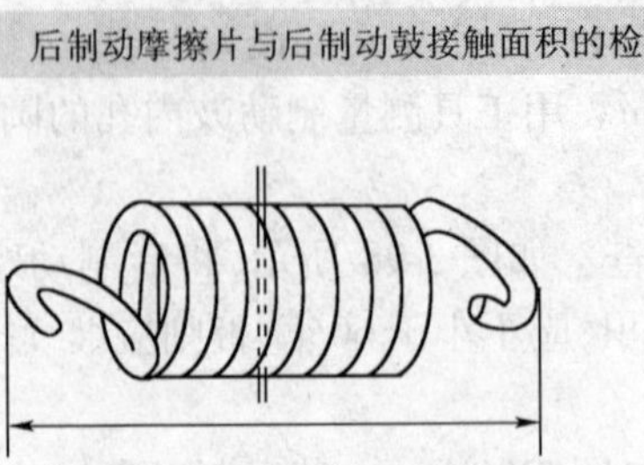

图 3-99　后制动器定位弹簧的检查

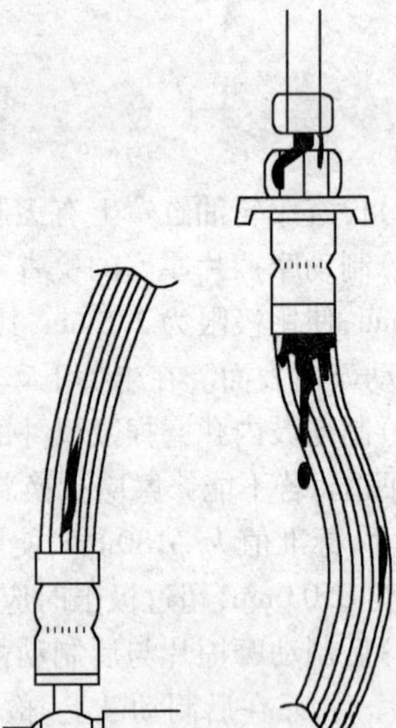

图 3-100　制动管路的损坏与老化

(8)使用扳手检查制动管路、卡箍有无松动。

(9)安装制动器。如图 3-101 所示,在推杆两端涂上润滑脂,夹在虎钳上,并装上定位弹簧和后制动前制动蹄。再将推杆与后制动前制动蹄之间插进楔形调整板。在驻车制动拉杆与后制动后制动蹄之间涂上润滑脂后装在推杆的另一端。然后装上上复位弹簧,把驻车制动钢索连接到驻车制动拉杆上,把制动蹄总成的一端装到制动底板上制动轮缸的活塞上。把制动蹄总成另一端装到下支承上。装上下复位弹簧,在前制动蹄与楔形调整板之间装上楔形调整板拉簧。装上带有弹簧座的弹簧,从制动底板另一端装入销钉,压紧弹簧座并转 90°,将销钉钩住后使制动蹄靠在制动底板上。

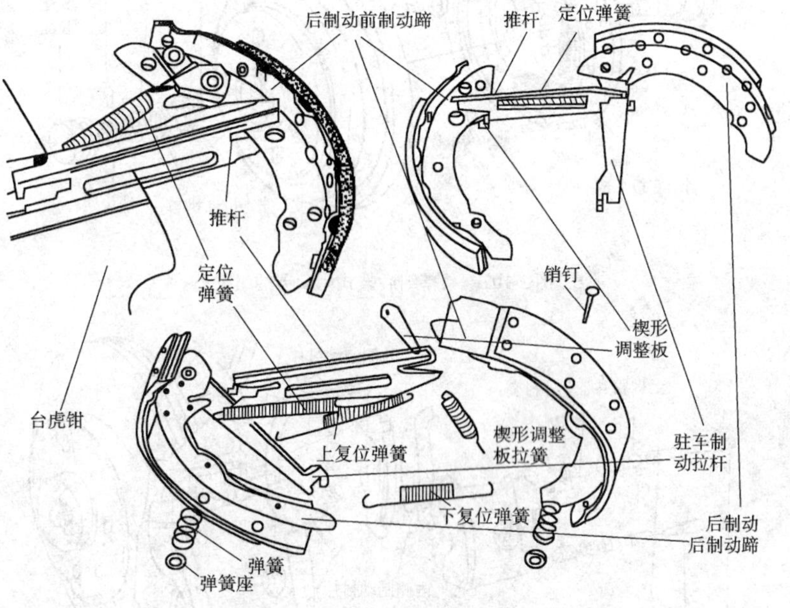


图 3-101　鼓式制动蹄的组装

如图 3-102 所示,将装好后制动蹄的制动底板总成和短轴一起装到后桥体上,再装上碟形垫圈(其大支承面朝向制动底板总成)。旋上螺栓,规定的拧紧力矩为 60N · m。装上制动鼓,若装入困难,可用螺丝刀向上撬动楔形调整板。装上外圆锥滚子轴承内圈、止推垫圈、旋上螺母。调整轴承的预紧力后装上锁止环和开口销。全部制动系统装好后,用力踩一次制动踏板,使后制动片就位。

## 2 盘式制动器的检查与维护

(1)拆卸制动器,检查制动钳上有无制动液泄漏的痕迹。

以桑塔纳前盘式制动器为例,如图 3-103 所示,首先旋下上、下导销螺栓,从下向上摆动取下制动钳,取下外侧制动块和内侧制动块。再从制动钳上取下上内衬套、上橡胶套、上外衬套,然后取下下内衬套、下橡胶套和下外衬套。

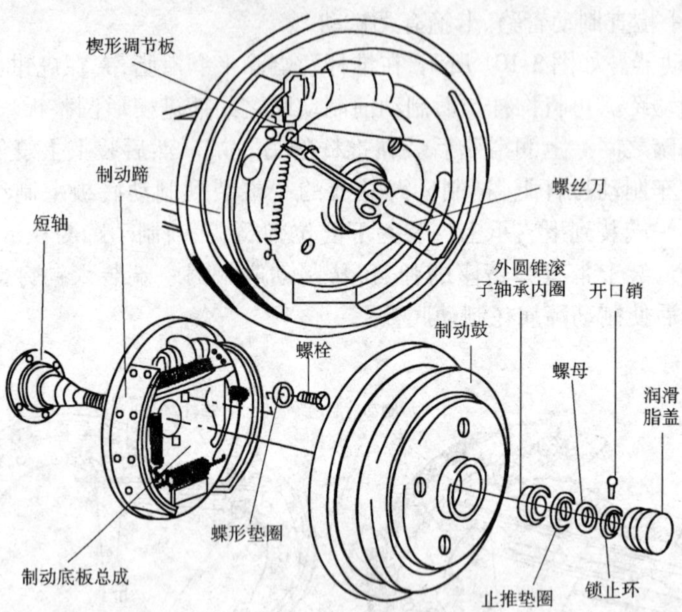


图 3-102　桑塔纳后鼓式制动器的组装

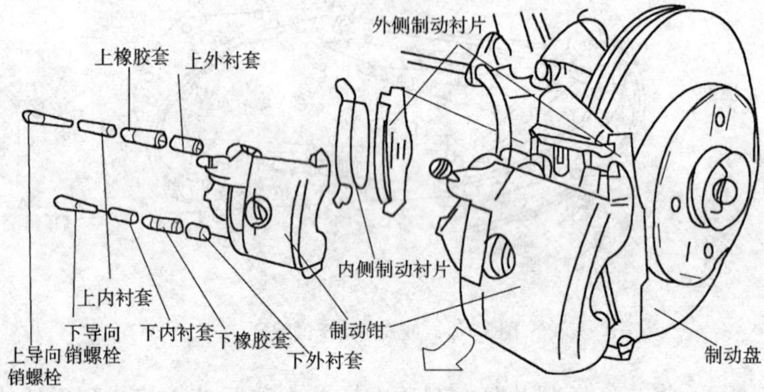


图 3-103　桑塔纳前盘式制动器的制动钳的拆卸

(2)制动盘厚度的检查。制动盘使用磨损会使其厚度减小,厚度过小会引起制动踏板振动、制动噪声及颤动。

检查制动盘厚度时,可用游标卡尺或千分尺直接测量,如图 3-104 所示。桑塔纳前制动盘标准厚度为 10mm,使用极限为 8mm,超过极限尺寸时应予更换。

小　提　示

制动盘厚度的测量位置应在制动块与制动盘接触面的中心部位。

(3)制动盘端面圆跳动的检查。制动盘端面圆跳动过大会使制动踏板抖动或使制动块磨损不均匀。

检查制动盘端面圆跳动可用百分表进行,如图 3-105 所示。端面圆跳动量应不大于 0.06mm。不符合要求可进行机加工修复(加工后的厚度不得小于 8mm)或更换。

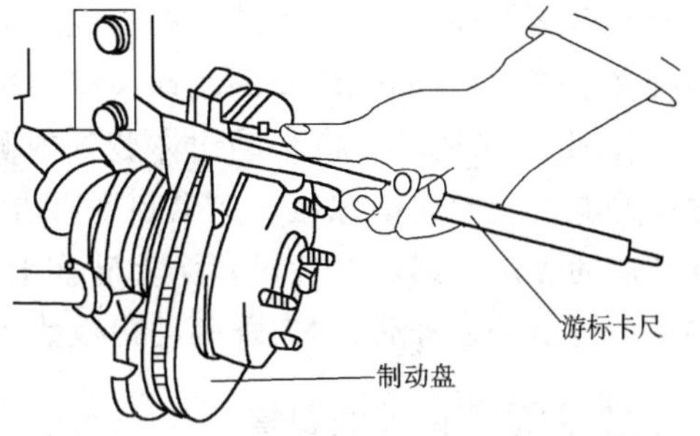

图 3-104　制动盘厚度的检查

(4)制动块厚度的检查。制动块厚度的检查如图 3-106 所示。若制动块已拆下,可直接用游标卡尺测量。制动块摩擦片的厚度为 14mm(不包括底板),使用极限为 7mm。若车轮未拆下,对外侧的制动块摩擦片,可通过轮辐上的检视孔,用手电筒目测检查。内侧制动块摩擦片,利用反光镜进行目测检查。

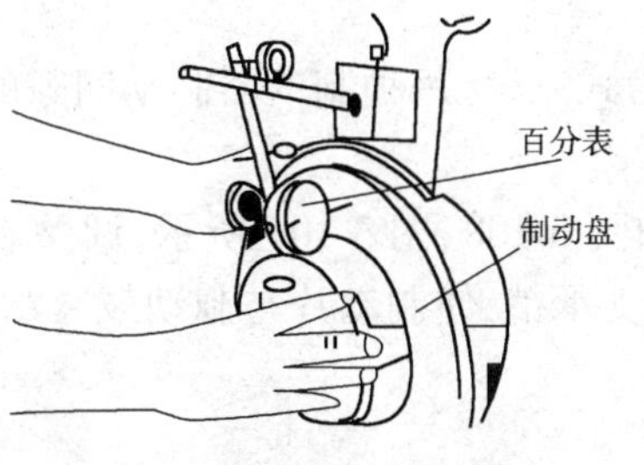

图 3-105　制动盘端面圆跳动的检查

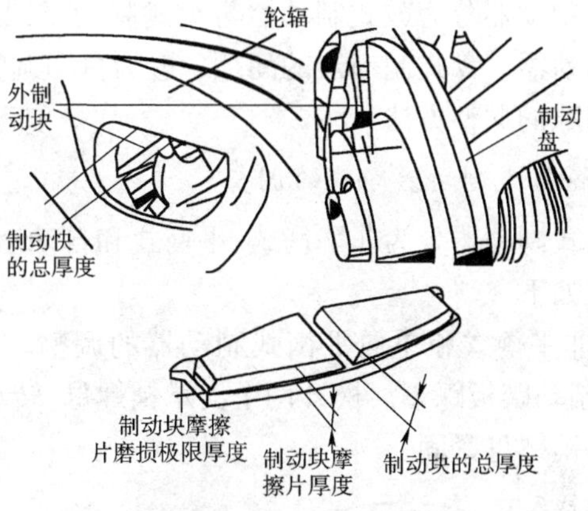

图 3-106　制动块厚度的检查

(5)使用扳手检查制动管路、卡箍有无松动。

(6)制动器的安装。如图 3-107 所示,先把内制动块和弹簧卡箍装到转向节上。当装上

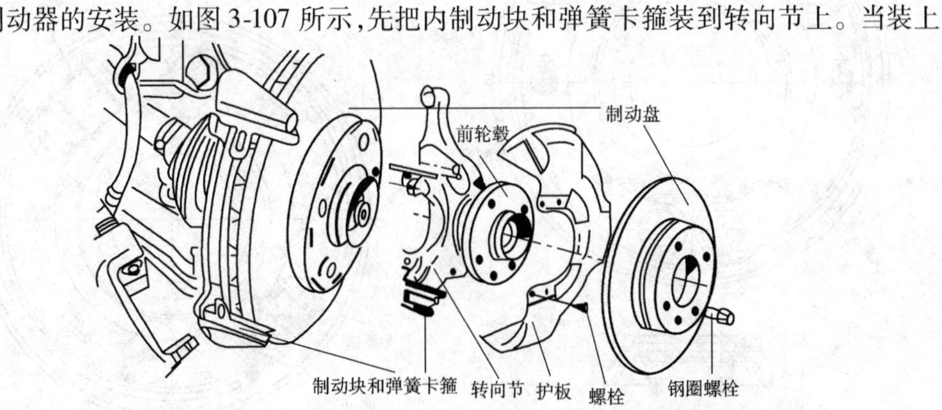

图 3-107　桑塔纳前盘式制动器制动块弹簧卡箍与制动盘的组装

制动盘后装上外制动块,再装上护板,旋上螺栓,力矩为10N·m。更换制动块时,应同时更换弹簧卡箍,摩擦面积较大的制动块应装在外侧。

如图3-103所示,将制动钳体装到内侧制动块和外侧制动块的外侧,压入制动钳时,使之恰好能安装导向销螺栓。如果制动钳压入过远,则会使制动块摩擦片弹簧卡箍变形,从而导致制动噪声。然后在各衬套涂上硅润滑脂,以25N·m的力矩旋紧上下导向销螺栓。待制动系统全部装好后,用力踩制动踏板数次,使内外侧制动块进入正常的工作位置。

## 3 制动器间隙的调整

制动器间隙是指在不制动时,制动鼓和制动片之间的间隙。

制动器间隙过小,不能保证完全解除制动,此间隙过大,制动器反应时间过长,直接威胁到行车安全。制动器在使用过程中,随着制动片的磨损,制动器间隙会变大,要求制动器必须有检查和调整间隙的可能。

车轮制动器分为鼓式制动器与盘式制动器,其中鼓式制动器又可分为轮缸式制动器与凸轮式制动器。盘式制动器的间隙一般为自动调整的。下面介绍轮缸式制动器与凸轮式制动器的间隙的调整方法。

### 1 轮缸式制动器间隙的调整

轮缸式制动器分为非平衡式、平衡式和自动增力式三种,每种制动器制动间隙的调整方法及部位如下。

(1)非平衡式和单向平衡式制动器的调整。如图3-108、图3-109所示,调整制动间隙时,应将制动踏板踩下。松开两个支承销螺母,转动支承销,使制动片与制动鼓紧贴为止,然后将支承销螺母紧固。

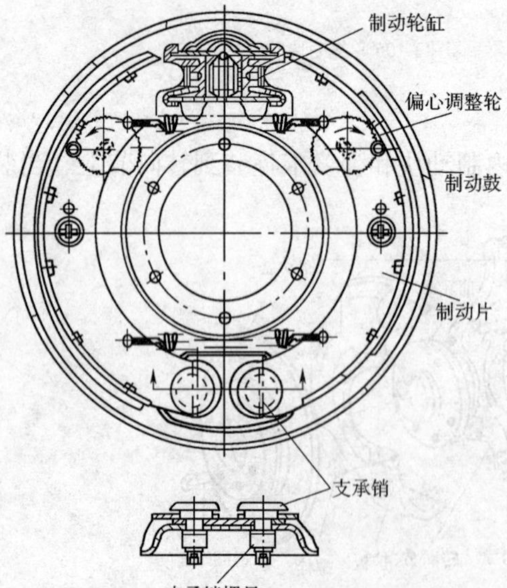


图3-108　非平衡式制动器

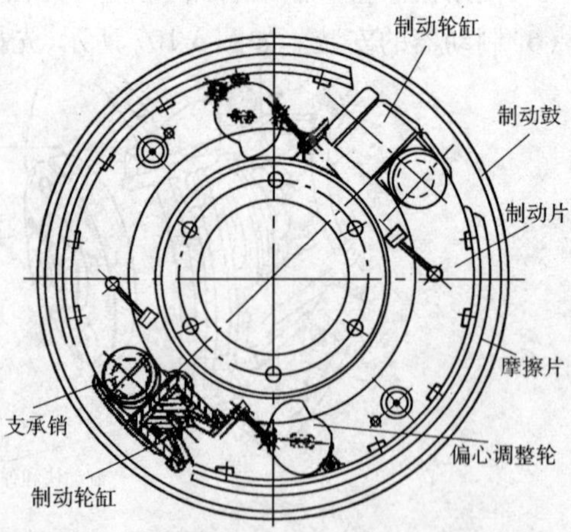


图3-109　单向平衡式制动器

放松制动踏板,转动制动鼓。如不能自由转动应朝反方向转动支承销,直至车轮制动鼓能转动为止,然后将螺母紧固。

若放松制动踏板后,能自动转动,则应锁紧支承销螺母,用手扳动偏心调整轮,将制动蹄与制动鼓紧贴。然后,向反方向转动偏心调整轮至制动鼓刚能转动为止。

(2)双向平衡式制动器的调整。调整时,将车桥支起,车轮能自由转动。从制动底板孔拨转调整螺母(图3-110)直至车轮不能转动为止,然后反方向拨转调整螺母,使车轮刚好能自由转动为止。

(3)自动增力式制动器的调整。将车桥支起,车轮能自由转动;取下制动底板下部的调整孔橡胶盖,用螺丝刀伸入调整孔内,拨动制动蹄下端之间的推杆上的调整螺母,至制动鼓刚能转动为止,然后再反方向拨动调整螺母2~3扣,直至车轮能自由转动,如图3-111所示。

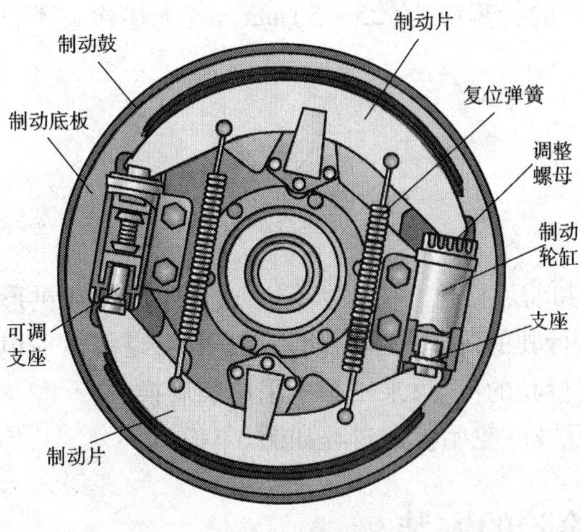


图3-110 双向平衡式制动器

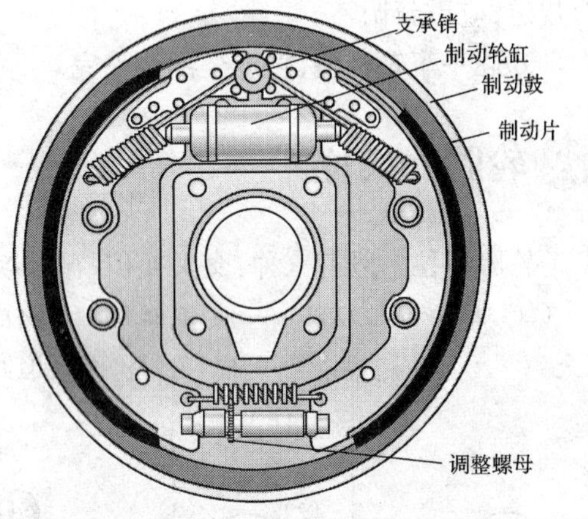


图3-111 自动增力式制动器

### 2 凸轮式制动器

凸轮式制动器的调整分为局部调整与全面调整两种。局部调整是以制动片的下端为支点,通过调整蜗杆,移动制动片上端,从而使制动片间隙发生改变的调整方法。全面调整则是通过调整蜗杆和支点销轴,同时改变制动片上、下两端的间隙。当通过局部调整不能使制动片与制动鼓间隙恢复正常,或是镗削制动鼓以及更换制动片后,应进行全面调整。

(1)局部调整。经一段时间使用后,制动片磨损变薄,导致制动间隙增大,制动时行程增大,当推杆行程超过40mm时,即应进行局部调整,以减小制动间隙。

调整时,拧动调整臂上的蜗杆,在推杆长度不改变的前提下,使凸轮轴转过一定的角度,以改变制动间隙。

为使两侧制动器前后两蹄有合适一致的制动间隙,调整时,首先通过转动蜗杆(前蹄面向调整臂蜗杆顺时针拧动时制动间隙减小;后蹄面向调整臂蜗杆逆时针拧动时制动间隙减小)将制动间隙调为零。然后,反方向拧动两侧蜗杆相同的角度,使两侧制动蹄出现制动间隙,并且制动间隙一样。

(2)全面调整。在二级维护、更换制动片以及拆卸制动器后,应对制动器进行全面调整。以解放 CA6102 为例,调整步骤如下。

①将车桥支起,车轮离地。

②取下制动器上的检视孔盖。

③松开制动蹄支承销的固定螺母,转动制动蹄支承销,使两个销端的标记朝内相对,制动蹄支承端互相靠近。

④分别向外旋转两支承销,使两制动蹄完全与制动鼓贴合,车轮转不动为止。

⑤拧紧制动蹄支承销固定螺母,并将螺母锁紧。

⑥将蜗杆轴拧松 1/2 ~ 2/3 转,制动鼓应能转动而无摩擦、拖滞现象。

⑦检查制动间隙:支撑端为 0.25 ~ 0.40mm;凸轮端为 0.40 ~ 0.55mm;同一端两蹄之差不大于 0.1mm。通入压缩空气后,制动气室推杆的行程应为(25 ± 5)mm。若上述检查不符合规定,应重新调整。

⑧逐一车轮调整,直至全部调整完。

## 八 轮胎的换位

轮胎换位一般有三种:交叉换位、循环换位和前后换位。交叉换位法适用于经常在拱形路面上行驶的汽车;循环换位法适用于经常在平坦道路上行驶的汽车;乘用车多采用前后换位。

3 万 km 轮胎换位过程如图 3-112 所示。

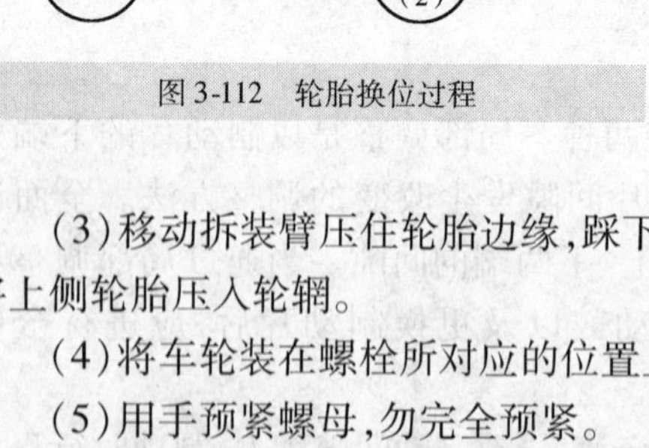


图 3-112　轮胎换位过程

## 九 轮胎的安装

(1)先在轮胎内侧边缘涂抹润滑脂。

(2)用拆胎的方法将轮辋固定在卡盘上,将轮胎放到轮辋上朝下,并确定好气眼位置。

(3)移动拆装臂压住轮胎边缘,踩下制动踏板,逐渐将轮胎压入轮辋内。用同样的方法将上侧轮胎压入轮辋。

(4)将车轮装在螺栓所对应的位置上。

(5)用手预紧螺母,勿完全预紧。

(6)使用气动扳手拧紧车轮螺母。

(7)使用扭力扳手,按图 3-113 的顺序紧固车轮螺母至规定的力矩。

(8)轮胎充气时一定要注意安全。

(9)要注意观察压力表,以免轮胎跳起,造成人员伤害。

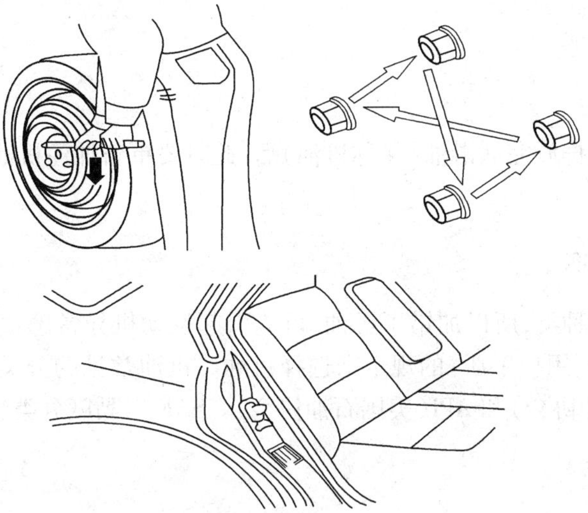

图 3-113 车轮螺母的紧固

## 思考练习

1. 汽车处于位置 4 的维护内容有哪些?
2. 在普通路面和高速公路行驶的车辆,对轮胎气压的要求有什么不同?
3. 不同种类制动器间隙的调整方法有什么不同?
4. 对汽车轮胎的安装有什么要求?

# 第六节 汽车处于位置 5 的维护

| 顶起位置 5:<br>汽车升举 40cm | 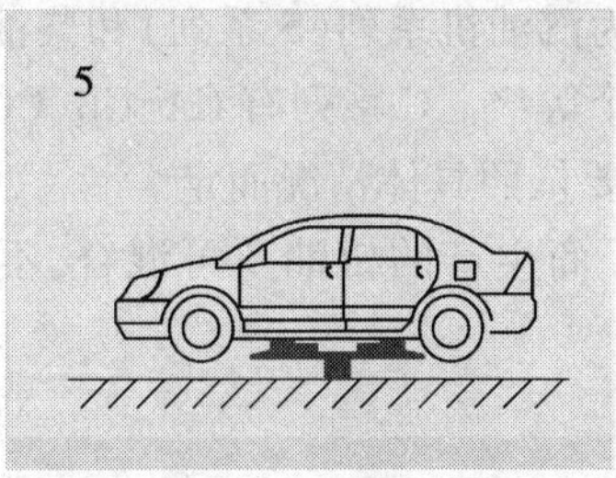 |
|---|---|
| 序 号 | 作业内容 |
| 1 | 加注机油 |
| 2 | 检查制动拖滞 |
| 3 | 制动液的检查及更换 |

# 一 加注机油

在顶起位置3处排放完润滑油(又称机油)后,此时要重新加注机油,并要对机油液面高度进行检查。

## 1 正确选取机油

由于机油有许多种类,所以加错了机油,可能引起发动机异常磨损,甚至导致发动机报废。一般根据随车的《用户手册》的规定来选择机油。机油常见的分类标准有两种,分别为SAE(美国汽车工程师协会)和API(美国石油协会)。SAE以黏度分类法为基准,API以性能分类法为基准。

### 1 SAE标准

SAE标准规定用在-18℃所测定的动力黏度对冬用的机油分类,共有0W、5W、10W、15W、20W、25W六个级别,级别越高,最低操作温度越高;对春秋和夏季用机油则按99℃的运动黏度来分类,有20、30、40、50、60五个等级,级别越高,黏度越大。对于-18℃和99℃所测得的黏度值只能满足其一的机油称为单级油,能满足两个方面的黏度要求的机油称为多级油,如10W/40。汽车可根据自身的驾驶习惯、所处环境和车辆功能等因素选取机油,表3-19为部分推荐的机油最低操作温度。

部分推荐的机油最低操作温度　　表3-19

| SAT黏度级号 | 最低操作温度(℃) | SAT黏度级号 | 最低操作温度(℃) |
|---|---|---|---|
| 5W | -32 | 10W/40 | -23 |
| 5W/30 | -32 | 20W | -12 |
| 10W | -23 | 20W/50 | -12 |

### 2 API质量分类法

API分类将机油分为汽油机系列(S系列)和柴油机系列(C系列)。其中S系列有SA、SB、SC、SD、SF、SE等几个等级。C系列有CA、CB、CC、CD等几个等级。标号越靠后质量越高。但一般选用的时候要依照具体情况而定。

要注意的是:不同厂商生产的机油不可混合,不同级别的机油也不可混合。

## 2 加注机油

向发动机注入新机油,之后通过油尺测量机油液面高度。具体方法为:如图3-114所示,油位在上下刻线间为正常,若超出上刻线,则应放掉一部分机油;若在下刻线以下,则应加注一些机油。

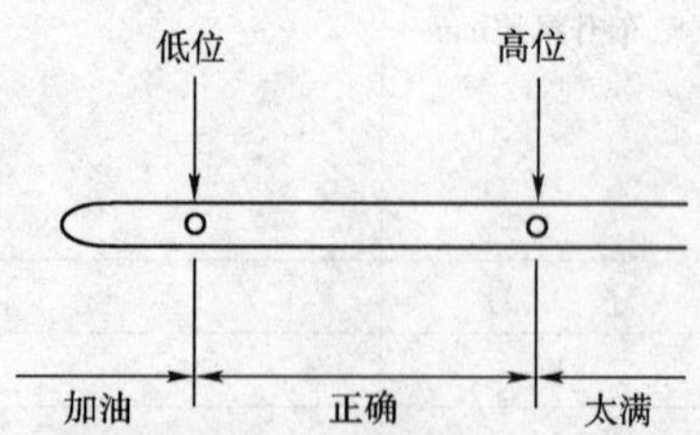


图3-114 油量检查示意图

## 二 制动器拖滞检查

(1)检查、调整制动踏板自由行程。

(2)将车辆支起后检查各车轮转动情况。转动不灵活,故障一般在制动主缸之前,应检查制动主缸及真空助力器。

(3)个别车轮存在转动不灵活及过热现象,故障一般在该轮制动器及制动轮缸,应检查车轮制动器及其制动轮缸的工作性能。

## 三 制动液的检查及更换

### 1 制动液的选取

制动液又称刹车油,对于制动液的性能要求有以下几点:黏温性好,凝固点低,低温流动性好;沸点高,高温下不产生气阻;使用过程中品质变化小,并不引起金属件和橡胶件的腐蚀和变质。制动液在使用一定的时间后,会出现沸点降低、污染及不同程度的氧化变质。所以应根据气候、环境条件、季节变化及工况及时检查其质量性能,及时更换。普通工况下,制动液在使用两年或5万km后就应更换。

我国对于制动液的分级标准将制动液分为JG0、JG1、JG2、JG3、JG4、JG5六个级别,其中JG3、JG4、JG5分别对应美国DOT3、DOT4、DOT5级别。JG0级制动液推荐在严寒地区使用;JG1、JG2制动液一般用于普通车辆的液压制动系统;JG3级制动液可使用于我国的广大地区,适用于各种高级乘用车和轻型、中型、重型货车的液压制动系统;JG4级制动液适用于制动液操作温度较高的乘用车;JG5则用于对制动液有特殊要求的车辆使用。

在制动液的使用时要注意下面几个问题:

(1)选取制动液时应按照《使用说明书》的要求选取。

(2)不可混加制动液,否则可能出现制动液浑浊或沉淀现象,会造成制动性能不足,甚至因管路堵塞造成制动失灵。

(3)制动液多为有机溶剂制成,易挥发且易燃,因此要远离火源,并且要注意防潮,因为制动液会因吸水而降低其制动性能。

ABS工作时,制动系统产生的摩擦热比未装ABS的汽车高,因此对于制动液的选取更为严格,加上由于ABS较常规制动系统更为复杂,因此在选用、更换及补充制动液时应特别注意:

(1)在ABS中,制动液的通路更长、更曲折,致使制动液在流动过程中受到的阻力较大;另外,在ABS中,运动零件更多、更精密,这些运动零件对润滑的要求也更高,因此,ABS所选用的制动液必须具有恰当的黏度。

(2)在ABS中,制动液反复经历压力增大和减小的循环,因而,制动液的工作温度和压力较常规制动系统中的制动液更高,这就要求制动液具有更强的抗氧化性能,以免制动液中形成胶质、沉积物和腐蚀性物质。

(3)在 ABS 中,有更多的橡胶密封件和橡胶软管,这就要求选用的制动液不能对橡胶密封件产生较强的膨润作用。

(4)在 ABS 中,有更多、更为精密的金属零件,因此,要求所选用的制动液具有较好的耐腐蚀性,以免对金属零件产生锈蚀。

(5)在 ABS 中,有更长、更复杂的管路,因此,要求所选用的制动液具有较高的沸点,以免制动液发生汽化使制动系统产生气阻。

根据以上特点,ABS 一般都选用 DOT4 的制动液。尽管 DOT5 的制动液具有更高的沸点,但是,由于 DOT5 是硅基制动液,会对橡胶件产生较强的损害。因此,在 ABS 中,一般不选用 DOT5 的制动液。但是,由于 DOT3 和 DOT4 是醇基制动液,具有较强的吸湿性,随着使用时间的延长,其中的含水量会不断增多。当制动液中含有较多的水分时,会使制动压力调节装置中的精密零件发生锈蚀,在寒冷的气候条件下,还会使制动液的黏度变大,影响制动液在制动系统中的流动,使制动变得迟缓,导致制动距离延长。

### 2 制动液的检查

通常制动液的更换周期为 2 年或 5 万 km,以先到为准。正常制动液液位应在储液罐的上限(MAX 或 HIGH)与下限(MIN 或 LOW)刻度之间或标定位置处。除检查液面外,也要检查是否有渗漏,如有,应当及时修复。

### 3 不带 ABS 制动系统的排气步骤

制动系统中渗入空气,会影响制动效果。特别是更换或补加制动液后应排放液压管路中的空气。在维修过程中,由于拆检液压系统、接头松动或制动液不足等原因,造成空气进入管道时,应及时将系统中的空气排出。每次排气都应所有的制动轮缸逐一进行,其过程如下:

(1)检查储液罐液面高度,若不符合规定,应加注制动液。

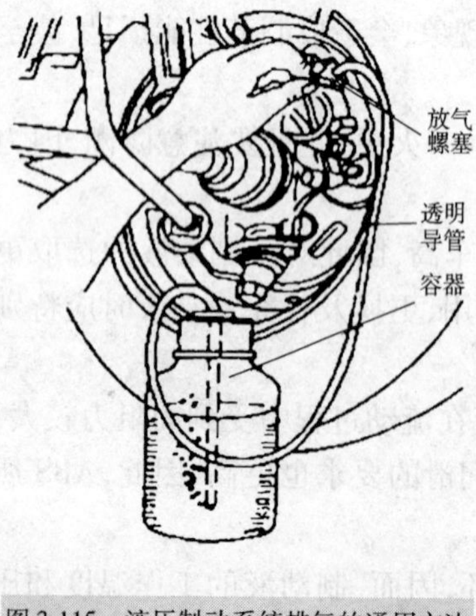

图 3-115　液压制动系统排气的通用方法

(2)放气顺序视车型而定。

(3)人工放气时,将透明塑料软管一端接在轮缸的放气螺塞上,另一端放入盛有制动液的容器里,并且在放气过程中该端不露出液面,如图 3-115 所示。

(4)踩制动踏板数次,然后用力将制动踏板踩至最大行程,并保持不动。

(5)松开放气螺塞,排出空气,然后拧紧放气螺塞,应注意在轮缸中的油压消失之前拧紧放气螺塞。

(6)放松制动踏板,重复(4)、(5)的操作步骤数次,直至从管中流出的制动液没有气泡为止。

(7)向储油罐中加注制动液至上限处。

(8)踩下制动踏板,检查制动管路各个部位,不应有油液泄漏现象。

## 4 ABS 空气排放

以现代索纳塔车为例介绍 ABS 空气排放的操作方法。

### 1 准备工作

(1)排空气前,检查储液罐制动液液位,液面高度应当在上限(MAX 或 HIGH)与下限(MIN 或 LOW)刻度之间,若不足应拧下储液罐盖,加满制动液,注意不要使制动液沾到油漆上,如沾上应立即清洗;并注意制动液的清洁,防止灰尘和水分进入制动液。

(2)一人进入驾驶室,举升车辆。

### 2 制动排空

ABS 制动排空时,与普通排空一样,需要用透明塑料软管将轮缸的放气螺塞和盛有制动液的容器相连,并且保证在放气过程中透明塑料软管不露出液面,具体参照图 3-115。

(1)将放气孔和盛有制动液的容器相连好之后,驾驶室的人把诊断仪 Hi-Scan 检测插头连接到诊断座,选择北京现代索纳塔车辆诊断,选择防抱死制动系统,选择放气模式,如图 3-116 所示界面。

| 1 北京现代车辆诊断 |
|---|
| 模式:SONATA99MY 全部 |
| 系统:防抱死制动系统 |
| 01 故障代码 |
| 02 数据流 |
| 03 行驶记录 |
| 04 执行器试验 |
| 05 模拟-扫 |
| 06 放气模式 |

图 3-116　放气模式界面

(2)按[YES]键,操作回流泵转动和电磁阀关闭,出现如图 3-117 所示界面。再按[TES]键,出现如图 3-118 所示界面就可以开始放气了。注意电动机转动时间不要超过 60s, 以保护电动机不被损坏。

(3)驾驶室的人反复几次踩制动踏板,直到制动踏板变硬踩不下去为止,然后踩着不动。

(4)另一个人在车下,将放气螺塞旋松,让空气与一部分制动液排出,待踏板降低到底时拧紧放气螺塞,松开踏板。需要注意的是:在放气螺塞未拧紧之前,切不可抬起踏板,否则空气又会渗入;在排气过程中,注意检查制动液储液罐的制动液液位,若不足时应及时加注制动液,再继续排放空气。

| 1.6 系统排气 | |
|---|---|
| ABS 开始放气 | |
| 01. 电磁阀 | 关闭 |
| 02. 回流泵电动机状况 | OFF |
| 想要开始吗? | |
| (按 YES 按钮) | |

图 3-117　放气准备界面

| 1.6 系统排气 | |
|---|---|
| ABS 放气开始 | |
| 01. 电磁阀 | 打开 |
| 02. 回流泵电动机状况 | ON |
| 想要开始吗? | |
| (按 YES 按钮) | |

图 3-118　放气进行中界面

(5)重复(3)、(4)两步骤,直到放气孔中没有气泡流出,以规定力矩 7 ~ 13N · m 拧紧放气螺塞。

(6)排放下一个制动轮缸,重复(3)、(4)、(5)三步骤。

### 3 最后检查

(1)检查并拧紧所有放气螺塞。

(2)放下车辆,收回检查设备。

(3)检查并加注制动液,确保储液罐液位至标准液位。

## 5 不带 ABS 制动液的更换

制动液的更换的流程如下:

(1)起动发动机并保持怠速运转,拧下制动液储液罐的加液口盖。

(2)在轮缸放气螺塞上套上透明塑料管,将塑料管的另一端放入装有制动液的容器里。

(3)拧松放气阀并连续踩下制动踏板,直至制动液不再流出为止,拧紧放气阀。

(4)向储液罐加入足量的符合规定的制动液。



## 6 ABS 制动液的更换

ABS 制动液建议每年换一次,另外还要根据使用条件,在必要时提前进行更换;或者通过检验制动液的吸湿率对是否更换进行判断,如果吸湿率超过标准就应该及时更换。在对具有液压动力或助力的 ABS 进行更换或补充制动液时,应按如下程序进行:

(1)先将新制动液加至储液罐的最高液位标记处。

(2)如果需要对 ABS 中的空气进行排除,应按规定的程序进行空气排除。

(3)将点火开关置于点火位置,反复地踩下和放松制动踏板,直到电动泵开始运转为止。

(4)待电动泵停止运转后,再对储液罐中的液位进行检查。

如果储液罐中的制动液液位在最高液位标记以上,先不要泄放过多的制动液,而应重复以上(3)和(4)步骤。

(5)如果储液罐中的制动液液位在最高液位标记以下,应向储液罐再次补充新的制动液,使储液罐的制动液液位达到最高标记处。但切不可将制动液加注到超过储液罐的最高液位标记,否则,当蓄能器中制动液排出时,制动液可能会溢出储液罐。

在 ABS 中,ABS 电控单元通常根据液位开关输入的信号对储液罐的制动液液位进行监测。当制动液液位过低时,ABS 将会自动关闭,因此,应定期对储液罐中的制动液液位进行检查,并及时补充制动液。

ABS 排气比普通制动系统稍微复杂一些,应遵循一定的要领和注意事项。否则不但浪费操作时间,而且使空气排除不彻底。排气时,要注意以下几点:

(1)对于装有真空助力器的 ABS,在进行排气前,要把制动助力控制装置断开,使制动系统处于无助力状态。

(2)断开 ABS ECU,以使排气过程中 ABS 电子控制系统不起作用,避免 ABS 对排气造成影响。

(3)ABS 排气要比普通制动系统耗时长,消耗的制动液也比较多,需边排气边向制动主缸储液罐添加制动液,使储液罐制动液液面保持在 MAX 与 MIN 之间。

(4)刚刚放出的制动液不能马上添回储液罐，需在加盖的玻璃容器中静置 3 天以上，待制动液中的气泡排尽后才能再用。

(5)在排气过程中，制动踏板要缓慢地踩，不能过猛，这与普通制动系统不一样。

(6)不同形式的 ABS，其排气程序可能会有不同，应参照相应的维护手册进行操作。

(7)有些 ABS 的排气可在 ABS 中的液压泵工作的条件下进行，在加压情况下，可使排气更快更彻底。

## 思考练习

1. 汽车处于位置 5 的维护内容有哪些？
2. 机油的标准有哪几种？
3. 简述制动液的性能要求和分级标准。
4. 简述现代索纳塔车制动液排气的步骤。

# 第七节 汽车处于位置 6 的维护

| 顶起位置 6：汽车降回水平地面上 |  | |
|---|---|---|
| 序 号 | 检查位置 | 作业内容 |
| 1 | 车轮 | 1. 使用四轮定位仪检测汽车四轮定位参数；<br>2. 根据标准调整四轮定位 |
| 2 | 排气管 | 1. 使用仪器检测汽车尾气；<br>2. 根据检测结果分析故障所在 |
| 3 | 车身 | 1. 清洗；<br>2. 研磨；<br>3. 上蜡；<br>4. 抛光；<br>5. 完饰 |

## 一 四轮定位

对汽车进行四轮定位的方法主要有静态检测法和动态检测法，本节主要以静态检测法为例(图 3-119)介绍汽车四轮定位的原理和检测操作过程。

图 3-119　汽车四轮定位的仪器

车轮定位值的静态检测法是根据车轮旋转平面与各定位角之间存在的直接或间接的几何关系,利用专用的检测设备检测其是否符合原厂规定。具体的操作规程如下。

## 1 被检测车辆应具备的条件

在检测汽车的四轮定位时,被检测车辆应满足以下要求:

(1)前后轮胎气压及胎面磨损基本一致。

(2)前后悬架系统的零部件完好、不松旷,减振器性能良好、不漏油。

(3)转向系统调整适当,不松旷。

(4)汽车前、后高度与标准值的差不大于 5mm。

(5)制动系统正常。

## 2 安装传感器

图 3-120 所示是传感器的安装方法。

(1)将传感器和支架从四轮定位仪上拆下来,放在工作台上。

(2)将 4 个支架安装在 4 个车轮的轮辋上,并将熔断丝上的螺母拧紧在车轮的打气孔上,防止轮辋安装不稳而掉下。

(3)将 4 个传感器按照规定安装在车轮上的 4 个支架上。

(4)用接线将 4 个传感器连接好,并连接到四轮定位后部的接线孔上。

## 3 电脑进入操作系统

启动四轮定位仪上电脑,进入到操作系统进行操作。

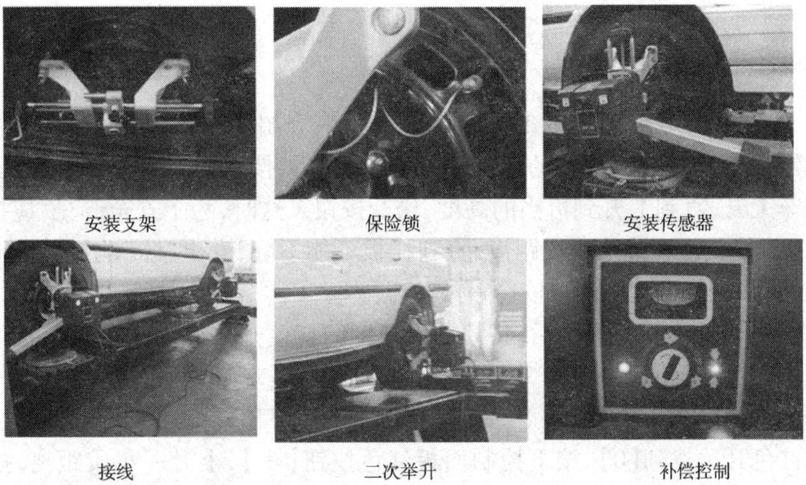



图 3-120　传感器安装方法

(1)输入用户和用户密码。

(2)输入用户信息或者选择查询用户信息,调入用户信息。

(3)选择需要进行四轮定位的车辆的信息,包括汽车车型和底盘号,并单击【OK】按钮。

(4)电脑屏幕上会显示出车型的规格值和公差,单击【OK】按钮。

(5)之后,电脑屏幕上会显示出不同的胎面状态。选择屏幕上的胎面状态与所检测车型最符合的图标并单击【OK】按钮。

(6)进入到胎面深度的操作。检查待检测车辆四个轮胎胎面沟槽的深度,在电脑屏幕上按照对应顺序输入各个轮胎胎面的沟槽的深度,并单击【OK】按钮。

(7)之后,进入到胎面压力的操作。检查待检测车辆四个轮胎压力的大小,在电脑屏幕上按照对应顺序输入各个轮胎的压力,并单击【OK】按钮。

(8)进入到补偿控制。

### 4 补偿控制

(1)补偿方式选择三点补偿。

(2)移动二次举升装置到车桥下,二次举升起汽车。

(3)长按传感器上的补偿按钮,直到绿灯熄灭、红灯闪烁后,旋转传感器的旋钮,松开传感器。

(4)逆时针转动车轮,直到绿灯亮后,将水平仪中的气泡调整到中心,旋转传感器的旋钮锁紧传感器,使其不能与车轮相对转动。

(5)重复第(3)、第(4)步骤,直到红灯不闪烁,红绿两盏灯同时亮。这时,电脑屏幕上的红色字“传感器需要补偿”转变为黑色字的“传感器良好”,说明这个轮胎补偿完毕。

(6)继续按上面的步骤,对余下的轮胎进行补偿,直到 4 个车轮完成补偿后,单击电脑的

【继续】按钮，进行下一步操作。

## 5 二次升举机的操作方法

下面以 QJY3O-4CB 型四柱桥式二次举升机为例，介绍二次升举机的操作方法。

（1）一次举升：将控制面板侧的红色开关拨到【0】后，按下控制面板红色按钮【↑】，这时托板托起汽车上升，直到上升到恰当的高度，松开按钮。这时，为了安全起见，应按下旁边的绿色按钮【↓】，使托板下降一小段距离，直到托板不能下降，发出“咔”响声。此时托板被锁紧，防止在检测和维修过程中造成安全事故。

（2）二次举升：在一次举升之后，将控制面板侧的红色开关拨到【1】，这时按下控制面板的红色按钮【↑】，便能进行二次举升。

（3）下降：二次举升后，直接按下绿色按钮【↓】，便能下降二次举升装置。之后，将将控制面板侧的红色开关拨到【0】，按下控制面板红色按钮【↑】，上升一小段距离，拉下机械保险锁臂后，再按下旁边的绿色按钮【↓】，托板就能受按下绿色按钮的时间控制下降的距离。



## 6 车辆测量调整图解

车辆测量调整图解：图 3-121 和图 3-122 所示是定位仪电脑显示器显示的前后轮的调整条。

进行轮胎补偿后，进行继续操作会进入到车辆测量调整的界面。这时屏幕上会显示前轮的 6 条调整条，显示红色的调整条说明车轮需要进行定位，显示绿色的调整条说明车轮不需要调整或者车轮已经调整好。当前轮的 6 条调整条都显示绿色时，说明汽车的前轮已经调整好。单击屏幕右边的按钮，可以对汽车的后轮或者其他参数进行调整。

（1）单击【调整图解】按钮后，单击【前一调整图】或者【后一调整图】可以查看前轮前束、后倾角、前轮外倾角和后轮前束等车轮定位的调节位置和调整方法。

（2）单击【OK】按钮，返回到车辆测量调整的界面。然后，对汽车的主销后倾角、主销内倾角、前轮外倾角、前轮前束、后轮外倾角和后轮前束进行调整，直到调整条的颜色全部都显示绿色，调整结束，四轮定位完成。

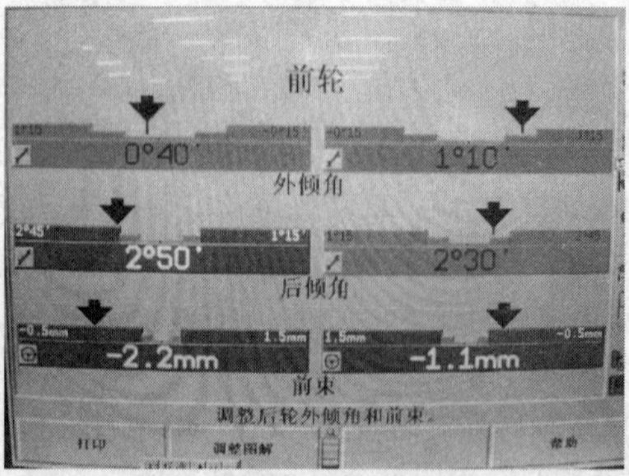


图 3-121　前轮调整条

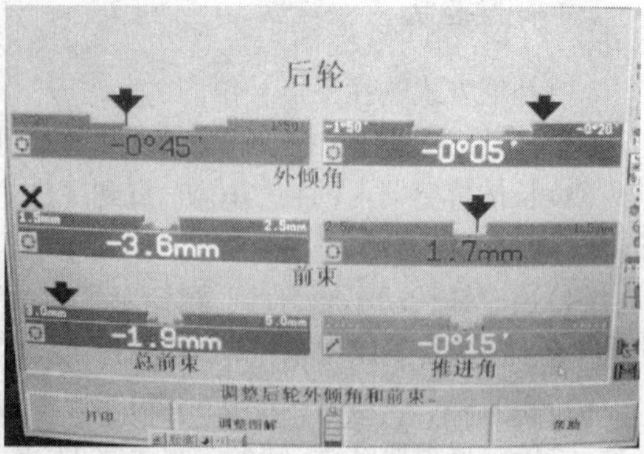


图 3-122　后轮调整条

(3)调整图解如图 3-123 所示。

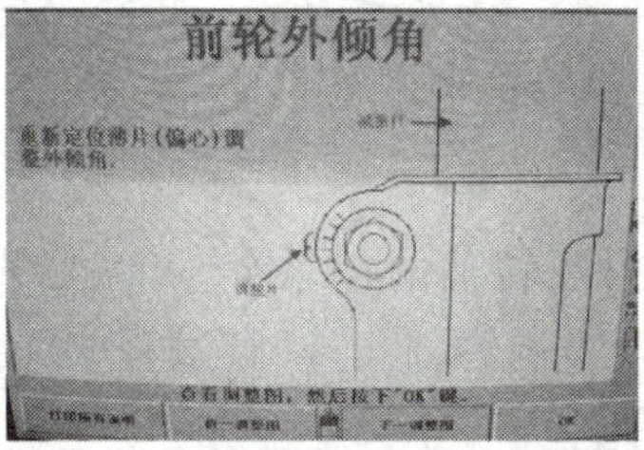

a)前轮外倾角

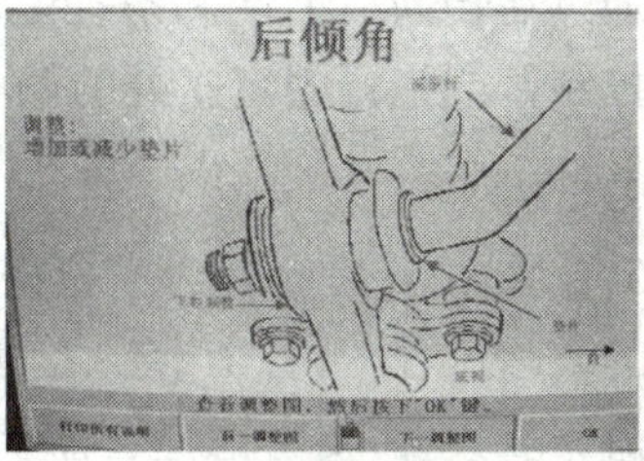

b)前轮后倾角

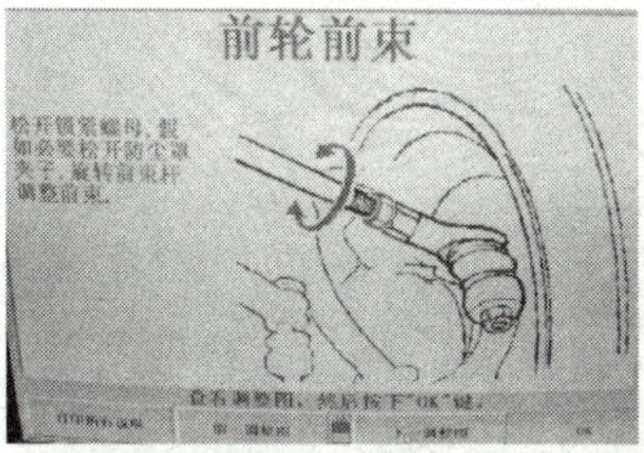

c) 前轮前束

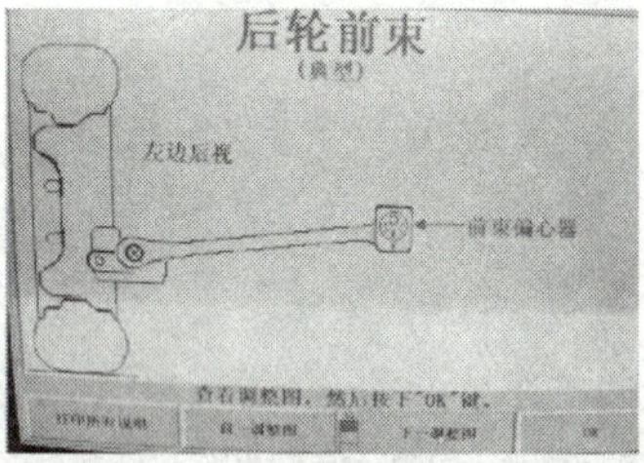

d) 后轮前束

图 3-123　车轮定位调整图解

## 7 四轮定位的调整过程

### 1 调整主销后倾角和车轮外倾角

主销后倾角和车轮外倾角可以在车架内侧和控制臂销轴之间增加或者减少垫片进行调整。通过在销轴一端增、减垫片可以调整主销后倾角;在前、后螺栓增加或减少等量垫片可以调整车轮外倾角。

### 2 调整前轮前束

图 3-124 所示是车轮定位调整位置,在调整前轮前束之前,先确定当前轮朝向正前方时转向盘处于中央位置,然后松开转向横拉杆调整套筒上的锁紧螺栓,必要时松开防尘罩夹子,通过转动套筒改变横拉杆的长度来调整前轮前束。

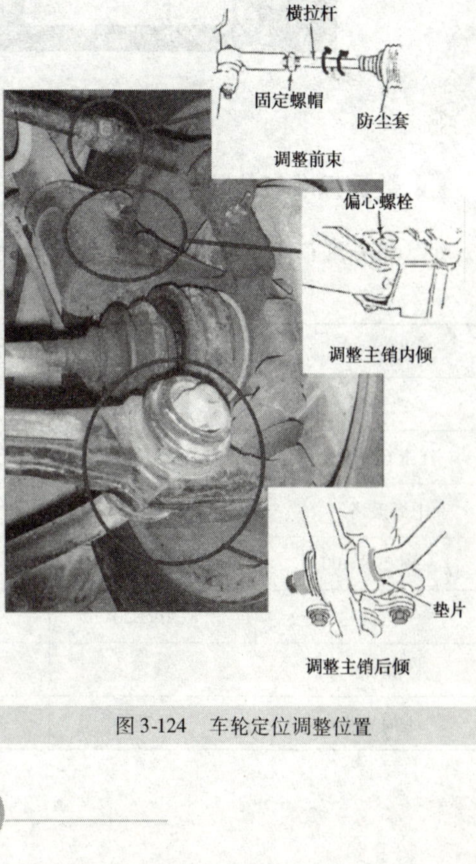

图 3-124　车轮定位调整位置

### 3 调整后轮外倾角和后轮前束

图 3-125 所示是后轮前束的调整,对于有些半独立悬架,可以在后轴和后轴固定座之间加装不同厚度的垫片来改变后轮外倾角和后轮

前束,后轮外倾角可以通过改变后轴上方或下方的垫片厚度来调整。对于其他一些悬架,后轮外倾角可以通过在转向节上端和滑柱之间加装楔形隔套来调整。此外,有些汽车的后轮外倾角是通过控制臂或拖臂固定座处的偏心螺栓和凸轮来调整。

**4 后轮前束的调整**

如图 3-125 所示,松开后轮转向横拉杆锁紧螺栓,转动偏心螺栓,从而改变后轮前束。

车轮定位的调整过程中,各个参数之间是相互影响的,假若调整过程中无论怎样调整都不能达到满意值,此时就需要考虑是否需要更换零件。

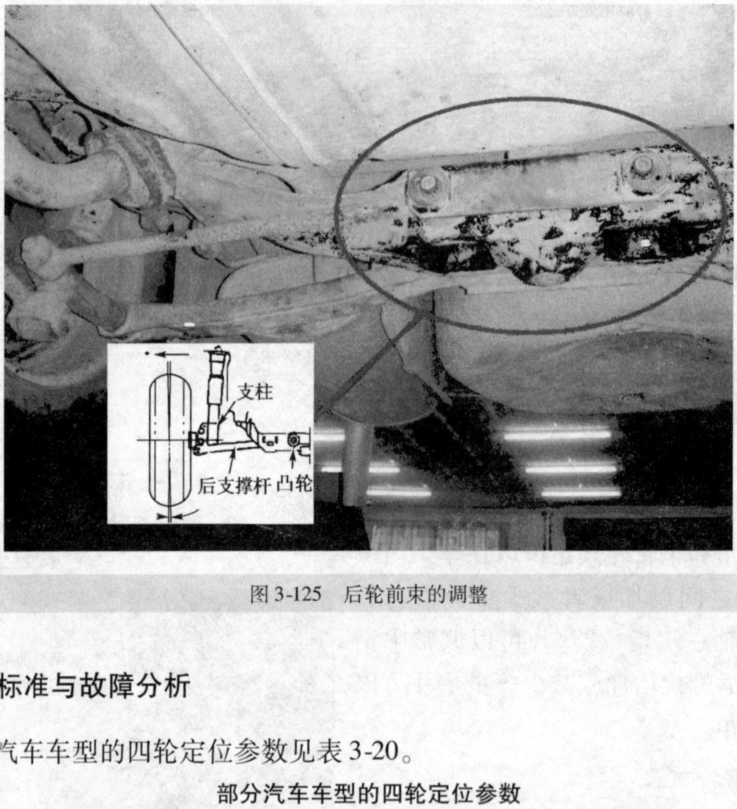


图 3-125　后轮前束的调整

## 8 数据标准与故障分析

(1)部分汽车车型的四轮定位参数见表 3-20。

**部分汽车车型的四轮定位参数**　　表 3-20

| 车　型 | 主销后倾角 $\alpha$ | 主销内倾角 $\beta$ | 前轮外倾角 $\gamma$ | 前轮前束 $T$ |
|---|---|---|---|---|
| 凯美瑞 | 2°00′ | — | 0°30′ | 1.0mm |
| 红旗 CA 7560 | -1° -30′ | 7° -30′ | 0° +30′ | 5 ~ 7mm |
| 上海桑塔纳 | 30′ | — | -0°30′ ±20′ | -1 ~ 3 |
| 一汽奥迪 100 | 1°16′ | 14.2° | -30′ ±20′ | 0.5 ~ 1 |
| 一汽捷达 | 1°30′ ±20′ | 14° | -30′ ±20′ | — |
| 富康 | 1° | 10.7° | 0° | — |
| 上海别克 | 2.7° | — | -1° | — |

续上表

| 车　型 | 主销后倾角 $\alpha$ | 主销内倾角 $\beta$ | 前轮外倾角 $\gamma$ | 前轮前束 $T$ |
|---|---|---|---|---|
| 上海荣威 | 3°27′ | 12°33′±30′ | −21±45′ | — |
| 广州本田 | 1.8° | — | −1° | — |
| 宝马530i | 7.9°±30′ | 12.0° | −0.2° | — |
| 宝马M3 | 9.13°±30′ | 12.8° | −0.7°±30′ | — |
| 本田雅阁 | 3°±1′ | — | 0°±1′ | — |

（2）对汽车四轮定位参数的分析。当检测车辆的定位值与标准值不符时，偏差值的大小会在不同程度上影响汽车的行驶系统，造成方向转向沉重、发抖、跑偏、不正、不归位，或者轮胎单边磨损、波状磨损、块状磨损、偏磨等不正常磨损，以及驾驶人驾驶时，车感漂浮、颠簸、摇摆等现象，此时就需要对汽车四轮定位值进行调整，使汽车性能达到最佳。

## 9 注意事项

### 1 桥式二次举升机的操作注意事项

（1）提升机最大载荷不得超过额定值。

（2）将待修车辆升至所需高度后，再按向下按钮，使横梁挡块平稳地插入立柱保险板上的方孔内，托板处于锁紧状态。

（3）下降时，先用右手按一下向上按钮，使托板上升一小段距离后，左手拉下手柄，使四块挡块脱离保险板，再按向下按钮使托板下降到适当高度。

（4）严禁挡块在保险板方孔内，托板处于锁紧状态下硬按手柄。

（5）提升机工作一段时间后，如发现桥面有倾斜现象，可调节立柱顶面的钢丝绳，使前面调在一个水平面上。

（6）注意电动机的转向标记，顺时针为油泵工作转向，若相反，应转换相序。

（7）配二次举升的举升机在二次举升时，应注意小车活塞杆上的警戒线，当活塞杆超越警戒线时，应立即停止举升。

（8）配二次举升的举升机，切忌接通二次举升开关（二刀二闸开关）而进行二次举升，或在接通二次举升开关状态下，进行升降举升机。

### 2 四轮定位仪的操作注意事项

（1）安装支架到轮辋上，需将熔断丝的螺母拧紧在车轮的打气孔上，防止支架安装不稳而造成支架和传感器跌坏。

（2）传感器是四轮定位仪的重要元件，安装和拆下的过程中应防止发生碰撞，以免损坏传感器。使用前，要对传感器进行校正，以保证测试精度。

（3）4 个传感器之间是靠红外线传递信号的，检测的过程中人和物都应该避免在两传感器之间遮挡着红外线的传递。

（4）移动四轮定位仪时，应避免使其受到振动，否则可能使传感器及电脑受到损坏。

在检测四轮定位前，须进行车轮传感器补偿，以免造成较大的测量误差。

## 二 汽车尾气检测

### 1 汽车尾气检测步骤

下面以 FGA-4100 型五气体分析仪为例，介绍汽油机汽车尾气的检测步骤。

#### 1 车辆准备

(1)发动机油路、电路调整好，工作温度正常；

(2)取样探头插入尾气管的深度应不小于 400mm，否则取样探头接管应加长，并接口处保证不漏气。

#### 2 预热

打开仪器电源后，仪器内部的发热和恒温装置开始工作，经过 5min 达到热稳定，但为了达到更高精度，建议至少预热 15min。预热时不能进入主菜单界面，需要等待预热画面上时间倒数完毕后方能进入，如图 3-126 所示。

#### 3 参数设置

进入主菜单后，首先选择第 4 个选项进行车辆信息的选择，包括车牌号码信息与转速参数的设置。然后可以对第 6 个选项进行基本设置，如时间、语言、打印等设置。

校准：选择 5“功能选择”子菜单项中的 1“校准”，打开“校准屏”界面可进行校准，如图 3-127 所示。对设定值输入标准气的浓度，然后将标准气通过标准气入口输入仪器 5～7s，随着标准气进入，显示屏中测量值将会有读数(注：这些是校准前的读数)待读数稳定后按【OK】键即可完成校准。

#### 4 调零

在“功能选择”子菜单中选择 2“调零”，按下【OK】键即可进行调零，调零过程需要 25s。调零时利用空气中的氧校准氧通道，所以调零后，在测量界面氧体积分数为(20.8 ±0.2)%，其他气体读数在 0 附近。

图 3-126　主菜单界面

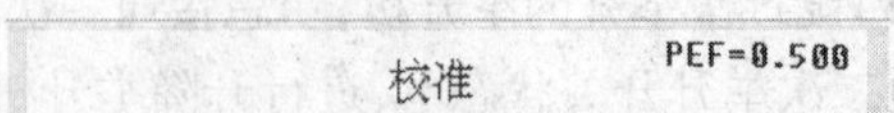


图 3-127　校准屏

**5 泄漏检查**

用于检查仪器取样系统是否泄漏。连接好取样管和取样探头后，用测漏帽堵住进气口，按下【OK】键开始检查。当仪器测量数值偏低时，先进行此项检查。如不合格，检查取样管两端接头有无开裂，粉尘滤清器和水分离器的密封圈接触是否良好。

**6 吸附测试**

进行吸附测试时，取下探头上的侧漏帽，探头必需放在清洁的空气中，以保证流经仪器内部的气体是清洁的。吸附测试合格必须同时满足以下三个条件：

HC（体积分数）$\leqslant 20\times10^{-6}$；CO（体积分数）$\leqslant 0.03\%$；$CO_2$（体积分数）$\leqslant 0.5\%$

**7 普通测量**

准备工作做好后，退回主菜单选择 1 可进行普通测量。普通测量屏普通测量的界面如图 3-128 所示。进入此界面后，显示屏显示实时数值，1s 更新一次。在测量屏下可以进行以下操作：

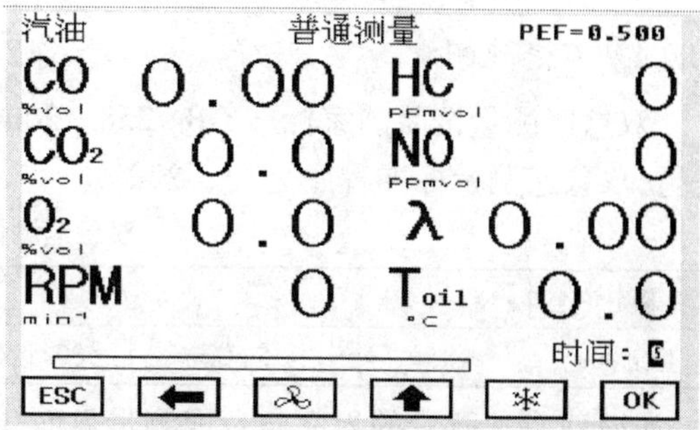


图 3-128 普通测量界面

（1）按【✿】键可以打开或关闭气泵。

（2）连续记录某个时间段的数据值，并以曲线显示所有记录。记录时间可以通过按键【↑】设定，时间为 0 ~ 5min。设定后按下【OK】键，开始取该时间段的数值，此过程有进度条提示；取值完毕后按键【↓】变为【📈】，按下该键可以查看曲线。当设定值为 0，表示不取曲线，【OK】键无效。

（3）冻结读数：当时间的设定值为 0，可以按下【❄】键冻结当前的读数。处于冻结状态时，数据不再变化，按键【←】图标变为【🖨】，表示按下该键可以打印当前数值，打印内容包括车牌号码和当前日期时间；同时【❄】变为【▶】，此时按下【▶】键即可解冻，实时刷新数值。

**8 怠速测量**

根据 GB 7258—2004，怠速测量要按照怠速标准进行测试。怠速测量标准程序见表 3-21。

怠速测量标准程序 表 3-21

| 0.7 额定转速 | 减 速 | 稳 定 | 怠 速 测 量 |
| --- | --- | --- | --- |
| 稳定 30s | 15s | 15s | 30s 读平均值 |

（1）在此界面下（图 3-129），根据仪器的提示完成怠速测试流程。将取样探头插入汽车尾气管内约 40cm，直到测试流程结束才可取出探头，并将转速传感器夹在发动机高压点火线上。

（2）仪器提示加速，操作者要把发动机转速加到额定转速的 70%，具体数值在目标转速位置提示。显示界面会出现“保持”和 30s 的倒计时。倒计时完成后，进入下个步骤。

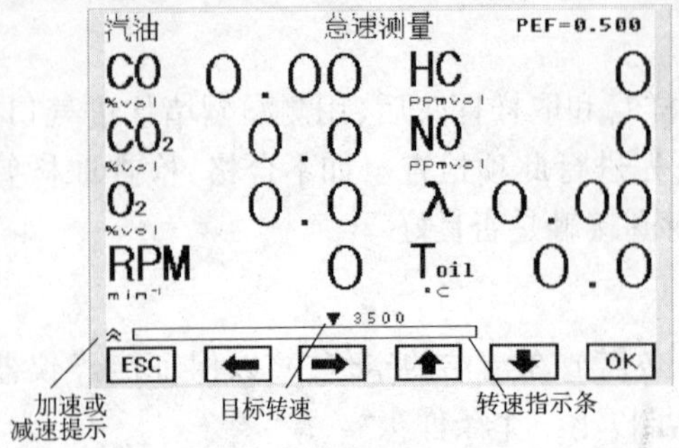


图 3-129　怠速测量界面

(3)仪器提示减速到怠速。此时操作者应该松开节气门，当发动机转速降到怠速范围时，显示界面会出现“保持”和 15s 的倒计时。倒计时完成，进入下一个步骤。

(4)取数 30s，这个过程有倒计时。倒计时完毕，显示 30s 内的测试平均值。这时按下【OK】键可以打印这个测试结果，按【🖫】对应的键可保存当前测试结果。怠速测试流程结束。

### 9 双怠速测量

双怠速测量按照国家标准 GB 7258—2004 进行，具体测量时按照以下操作流程的提示进行，双怠速测量标准程序见表 3-22。

**双怠速测量标准程序**　　表 3-22

| 0.7 额定转速 | 减　速 | 高 怠 速 | | 减　速 | 怠 速 转 速 | |
|---|---|---|---|---|---|---|
| 稳定 30s | 15s | 15s 稳定 | 30s 读数 | 15s | 15s 稳定 | 30s 读数 |

(1)双怠速测量的界面与怠速测量界面一样，将取样探头插入到汽车尾气管内约 40cm，并将转速传感器夹在发动机高压点火线上，按照双怠速测量流程的提示，用户可以完成相应的操作。对于轻型汽车，高怠速转速规定为(2500 ± 100)r/min，重型汽车的高怠速转速规定为(1800 ± 100)r/min；如有特殊规定的，按照制造厂技术文件中规定的高怠速转速。

(2)实验结果取显示屏幕中的平均值。

(3)注意：此处的平均值是 30s 内的平均值，不是最大值和最小值的平均值，该处的最大值和最小值仅供参考。

## 2 数据标准与故障分析

### 1 汽车尾气排放标准

(1)按照《点燃式发动机汽车尾气污染排放限值及测量方法》(GB 18285—2005)的规定，双怠速试验尾气污染物排放限值见表 3-23。

**汽车怠速尾气污染物排放限值(体积分数)**　　表 3-23

| 车　型 | 类　别 | | | |
|---|---|---|---|---|
| | 怠速 | | 高怠速 | |
| | CO(%) | HC($10^{-6}$) | CO(%) | HC($10^{-6}$) |
| 2005.7.1 起新生产的第一类轻型汽车 | 0.5 | 100 | 0.3 | 100 |
| 2005.7.1 起新生产的第二类轻型汽车 | 0.8 | 150 | 0.5 | 150 |
| 2005.7.1 起新生产的重型汽车 | 1.0 | 200 | 0.7 | 200 |
| 1995.7.1 前生产的轻型汽车 | 4.5 | 1200 | 3.0 | 900 |
| 1995.7.1 起生产的轻型汽车 | 4.5 | 900 | 3.0 | 900 |

续上表

| 车　型 | 类　别 | | | |
|---|---|---|---|---|
| | 怠速 | | 高怠速 | |
| | CO(%) | HC($10^{-6}$) | CO(%) | HC($10^{-6}$) |
| 2000.7.1 起生产的第一类轻型汽车 | 0.8 | 150 | 0.3 | 100 |
| 2000.10.1 起生产的第二类轻型汽车 | 1.0 | 200 | 0.5 | 150 |
| 1995.7.1 前生产的重型汽车 | 5.0 | 2000 | 3.5 | 1200 |
| 1995.7.1 起生产的重型汽车 | 4.5 | 1200 | 3.0 | 900 |
| 2004.9.11 起生产的重型汽车 | 1.5 | 250 | 0.7 | 200 |

注:第一类车指包括驾驶人座位在内,座位数不超过六座,且最大总质量不超过 2500kgM1 类汽车;第二类车指除第一类车外的其他所有轻型汽车。

(2)常温下冷起动后尾气污染物排放试验——Ⅰ型试验(见表 3-24)。

**轻型汽车国Ⅱ与国Ⅲ、Ⅳ排放标准型Ⅰ试验排放限值对比**　　表 3-24

| 阶段 | 类　别 | 级别 | 基准质量(RM)(kg) | 限值(g/kg) | | | |
|---|---|---|---|---|---|---|---|
| | | | | 一氧化碳 | 碳氢化合物 | 氮氧化合物 | 氮氧化合物和碳氢化合物 |
| Ⅱ | 第一类车 | — | 全部 | 2.2 | — | — | 0.5 |
| | 第二类车 | Ⅰ | RM≤1250 | 2.2 | — | — | 0.5 |
| | | Ⅱ | 1250 < RM≤1700 | 4.0 | — | — | 0.6 |
| | | Ⅲ | 1700 < RM | 5.0 | — | — | 0.7 |
| Ⅲ | 第一类车 | — | 全部 | 2.30 | 0.20 | 0.15 | — |
| | 第二类车 | Ⅰ | RM≤1305 | 2.30 | 0.20 | 0.15 | — |
| | | Ⅱ | 1305 < RM≤1760 | 4.17 | 0.25 | 0.18 | — |
| | | Ⅲ | 1760 < RM | 5.22 | 0.29 | 0.21 | — |
| Ⅳ | 第一类车 | — | 全部 | 1.00 | 0.10 | 0.08 | — |
| | 第二类车 | Ⅰ | RM≤1305 | 1.00 | 0.10 | 0.08 | — |
| | | Ⅱ | 1305 < RM≤1760 | 1.81 | 0.13 | 0.10 | — |
| | | Ⅲ | 1760 < RM | 2.27 | 0.16 | 0.11 | — |

(3)乘用车(passenger cars)的欧洲排放标准,克每千米(g/km),见表 3-25。

**欧洲排放标准(g/km)**　　表 3-25

| 标准等级 | 开始实施日期 | 一 氧 化 碳 | 碳氢化合物 | 氮氧化合物 | HC + $NO_x$ |
|---|---|---|---|---|---|
| 欧Ⅰ | 1992 年 7 月 | 2.7 | 0.97 | 0.97 | — |
| 欧Ⅱ | 1996 年 1 月 | 2.0 | 0.50 | 0.50 | — |
| 欧Ⅲ | 2000 年 1 月 | 1.0 | 0.10 | 0.10 | — |
| 欧Ⅳ | 2005 年 1 月 | 1.0 | 0.1 | 0.08 | — |
| 欧Ⅴ | 2009 年 9 月 | 1.0 | 0.1 | 0.06 | — |
| 欧Ⅵ(将来) | 2014 年 9 月 | 1.0 | 0.1 | 0.06 | — |

### 2 检测结果分析

汽油车尾气污染物超过标准，其主要原因是汽油机供油系统调整不当所致。除发动机供油系的调整对尾气污染物的成分、浓度有影响外，点火系统和冷却系统工作状态及曲柄连杆机构技术状况，对尾气中 CO、HC 的浓度也有影响。下面简要介绍降低尾气污染物的调整要点：

(1)混合气过浓。发动机混合气过浓，意味着空气量不足，燃烧不完全，尾气中 CO 的含量必然增高，为此须注意以下的调整与检验。

①化油器调整。检查化油器主量孔是否调整过大(主量针旋入过少；不可调式铜质主量孔螺塞安装不紧或孔径扩大等)；浮子室油面是否过高(浮子是否破裂，三角针阀是否卡住或与阀座不密合，浮子杠杆是否弯曲等)；检查阻风门是否开启不足。

②检查空气滤清器。检查空气滤清器滤芯是否被灰尘堵塞影响发动机吸气。湿式滤芯浸入润滑油池内，检查空气滤清器内润滑油油面高度是否超限。

③检查汽油泵。检查汽油泵安装垫片厚度是否合适。垫片过薄会造成汽油泵摇臂行程加大，提高供油压力，从而造成浮子室油面超高。

(2)点火时刻失准。汽油机点火时刻过迟，会使混合气燃烧不彻底，致使尾气中 CO、HC 含量增加。为此，要按规定正确调整点火提前角，并检查怠速时真空点火提前角调节装置是否起作用，真空点火提前角调节装置膜片是否损坏等。

(3)冷却系统温度过低。发动机冷却系统不良，工作时温度过低，燃油不能充分雾化燃烧，可使尾气中 CO、HC 含量增加。节温器工作失常、散热器容量过大、百叶窗不能关闭等，都会影响冷却系统正常工作。

(4)曲柄连杆机构磨损严重。汽缸、活塞、活塞环等磨损严重，漏气增加，压缩终了时，汽缸内压力不足，混合气不能充分燃烧，也会造成尾气中 CO、HC 的增加。为此，需要适时测量汽缸压力，以便确定汽缸及活塞组件的技术状况。

### 3 尾气检测的注意事项

(1)在打开电源之前，应确保电源电压与仪器相一致。

(2)切不要让水、稀释剂、苯或汽油等溅到仪器上，也不要让仪器吸入这类物质，否则会使仪器发生故障或引起其他事故。

(3)切不要让仪器吸入灰尘或杂质，否则过滤器就会被堵塞，仪器内部被污染而导致不能测量。

(4)避免在温度不正常或会突然发生变化的地方使用仪器，例如，不要直接在太阳光下或在空调机附近使用，否则测量误差就会增大或无法进行测量。试验应在环境温度 0～40℃范围内进行。

(5)确保通风良好，倘若操作者呼吸了被测气体中的有毒成分，就会发展成中毒症候。

## 三 车身上蜡

### 1 清洗

车身清洗如图 3-130 所示。

汽车上蜡前,必须对车辆进行彻底清洗。切记不能盲目使用洗洁精和肥皂水,如无专用的洗车液,可用清水清洗车辆,将车体擦干后再上蜡。如果车身表面的油漆已经褪色或氧化,必须在清除掉旧的和氧化了的油漆后,才能上蜡。

注:油漆表面上的污迹如柏油、机油渍、水迹、死虫等,一般用水冲洗不掉,可购买清除柏油渍、机油渍特殊油剂清除。

图 3-130　车身清洗

### 2 研磨

研磨又称打底,就是将老化的烤漆磨去。不磨不亮,上蜡成败取决于事前的打底工作。因为烤漆表面若凹凸不平,就不容易上蜡,蜡也无法形成均匀的膜,要磨亮也很困难。使用含有研磨剂的复合蜡打底处理时,在烤漆膜较薄的部分,最好用胶带贴起来保护较好。磨光时以边长为 30~40cm 的正方形为单位来磨,或将车身分成一片一片的仔细地磨,如果磨的面积太大,会造成涂抹不均匀。

### 3 上蜡

上蜡可分手工上蜡和机械上蜡两种,手工上蜡简单易行,机械上蜡效率高。无论是手工上蜡还是机械上蜡,都要保证漆面均匀布涂。手工上蜡时,首先将适量的车蜡涂在海绵上,然后按一定顺序往复直线涂布,涂布也要分段,分块进行,但不必使劲擦。每道涂布应与上道涂布区域有 1/5~1/4 的重叠,防止漏涂及保证均匀涂布。机械上蜡时将车蜡涂在打蜡机海绵上,具体涂布过程与手工相似,值得注意的是在边、角、棱处的涂布应避免超出漆面,而在这方面手工涂布更容易把握。图 3-131 所示为上蜡用的车蜡及打蜡机。

上蜡时,上几层蜡要视车漆状况决定,并不是越多越好,太多的蜡反而会使抛光产生困难,而上得太薄,又无法填补车身的缝隙。通常新车需要上蜡 1~2 层,旧车可上 3~4 层。

### 4 抛光

上蜡时应在车蜡还未完全干之前就擦去。根据不同车蜡的说明,一般上蜡 5~10min 后即可进行抛光。抛光时遵循先上蜡先抛光的原则,确认抛光后的车身表面不受污染,抛光作业通常使用无纺布作往复直线运动,并适当用力挤压,以清除剩余车蜡。

a) 车蜡　　b) 打蜡机

图 3-131　车蜡及打蜡机

## 5 完饰

如果蜡上得不均匀,会产生反光现象。可用洗得很干净的绒布或棉布轻轻地掠,也可以在车身表面的蜡上喷水将其溶解后,再用布均匀推开。如果想使车蜡保留的时间长些,可以在已上蜡的车身上喷抹一层护车素,既可保护车蜡,又可提高车身表面的光泽度,还可以起到防晒、防雨及防酸的作用。

注:一般有车库停放,多在良好道路上行驶的车辆,每 3 ~ 4 个月上蜡一次即可。露天停放的车辆,由于风吹雨淋,最好每 2 ~ 3 个月上蜡一次。通过触摸也能进行判断,一般而言,用手触摸车身感觉不光滑时,就可再次上蜡。

## 6 车蜡使用的注意事项

(1)新车不要随便上蜡。因为新车本身的漆层上已有一层保护蜡,过早上蜡反而会把新车表面的原装蜡除掉,造成不必要的浪费,一般新车购回 5 个月内都不必急于上蜡。

(2)应在阴凉处给车上蜡,保证车体不致发热。因为随着温度的升高,车蜡的附着性变差,会影响上蜡质量。

(3)上蜡时,应用海绵块涂上适量车蜡,在车体上直线往复涂抹,不可把蜡液倒在车上乱涂或做圆圈式涂抹。一次作业要连续完成,不可涂涂停停。

(4)车身上蜡后,在车灯、车牌、车门和行李舱等处的缝隙中会残留一些车蜡,使车身显得很不美观。这些地方的蜡垢若不及时擦干净,还可能产生锈蚀。因此,上完蜡后一定要将蜡垢彻底清除干净,这样才能得到完美的上蜡效果。

(5)擦拭车门和风窗玻璃时,不可使用含磨料的清洁剂。死虫等动植物汁液应先用肥皂水浸透,然后用海绵清水清洗,再用软布擦净。

(6)擦拭转向盘、灯具等塑料和橡胶件,只能用普通的肥皂水清洗,不能用有机溶剂如汽油、去渍剂和稀释剂等。

## 思考练习

1. 汽车处于位置 6 的维护内容有哪些？
2. 使用四轮定位仪时，为什么要二次升举？
3. 四轮定位参数的调整具体有哪些步骤？
4. 五气体分析仪能测量哪几种气体？
5. 车身上蜡有哪些注意事项？

# 第四章　Chapter 4

# 汽车维护、检测、诊断技术规范

**中华人民共和国国家标准　GB/T 18344—2001**

前言

为规范在用汽车维护、检测、诊断作业，使汽车保持良好的技术状况，减少汽车故障，保证行车安全，延长车辆使用寿命，有效地控制汽车排放污染物，特制定本标准。

本标准是在总结了行业标准《汽车维护工艺规范》（JT/T 201—1995）经验的基础上，扩大了适用范围，使标准更加完善。

本标准的附录为提示的附录。

本标准由中华人民共和国交通部提出。

本标准由全国汽车维修标准化技术委员会归口。

本标准主要起草单位：交通部公路科学研究所、南京市汽车维修管理处、天津市交通局、北京市汽车维修管理处、云南省交通厅、辽宁省交通厅运输管理局。

本标准主要起草人：冯桂芹、韩国庆、谢素华、孟秋、蔡团结、徐通法、刘亚平、刘林、金诚仁。

本标准由全国汽车维修标准化技术委员会负责解释。

1　范围

本标准规定了汽车日常维护、一级维护、二级维护的周期，作业内容和技术规范。

本标准适用于所有在用汽车。

2　引用标准

下列标准所包含的条文，通过在本标准中引用而构成为本标准的条文。本标准出版时，所示版本均为有效。所有标准都会被修订，使用本标准的各方应探讨使用下列标准最新版本的可能性。

GB 7258—1997 机动车运行安全技术条件。

3 定义

本标准采用下列定义。

3.1 日常维护 routine maintenance

以清洁、补给和安全检视为作业中心内容,由驾驶人负责执行的车辆维护作业。

3.2 一级维护 elementary maintenance

除日常维护作业外,以清洁、润滑、紧固为作业中心内容,并检查有关制动、操纵等安全部件,由维修企业负责执行的车辆维护作业。

3.3 二级维护 complete maintenance

除一级维护作业外,以检查、调整转向节、转向摇臂、制动蹄片、悬架等经过一定时间的使用容易磨损或变形的安全部件为主,并拆检轮胎,进行轮胎换位,检查调整发动机工作状况和排气污染控制装置等,由维修企业负责执行的车辆维护作业。

4 汽车维护分级和周期

4.1 汽车维护的分级

日常维护,一级维护,二级维护。

4.2 汽车维护的周期

4.2.1 日常维护的周期

出车前,行车中,收车后。

4.2.2 一级维护、二级维护的周期

4.2.2.1 汽车一、二级维护周期的确定,应以汽车行驶里程为基本依据。

汽车一、二级维护行驶里程依据车辆使用说明书的有关规定,同时依据汽车使用条件的不同,由省级交通行政主管部门规定。

4.2.2.2 一、二级维护时间间隔,对于不便用行驶里程统计、考核的汽车,可用行驶时间间隔确定一、二级维护周期。其时间(天)间隔可依据汽车使用强度和条件的不同,参照汽车一、二级维护里程周期确定。

5 日常维护

5.1 对汽车外观、发动机外表进行清洁,保持车容整洁。

5.2 对汽车各部润滑油(脂)、燃油、冷却液、制动液、各种工作介质、轮胎气压进行检视补给。

5.3 对汽车制动、转向、传动、悬架、灯光、信号等安全部位和位置以及发动机运转状态进行检视、校紧,确保行车安全。

6 一级维护

一级维护作业内容见表1。

**一级维护作业内容** 表1

| 序 | 项 目 | 作业内容 | 技术要求 |
|---|---|---|---|
| 1 | 点火系 | 检查、调整 | 工作正常 |

续上表

| 序 | 项　目 | 作业内容 | 技术要求 |
|---|---|---|---|
| 2 | 发动机空气滤清器、空压机空气滤滑器、曲轴箱通风系空气滤清器、机油滤清器和燃油滤清器 | 清洁或更换 | 各滤芯应清洁无破损,上下衬垫无残缺,密封良好,滤清器应清洁,安装牢固 |
| 3 | 曲轴箱油面、化油器油面、冷却液液面、制动液液面高度 | 检查 | 符合规定 |
| 4 | 曲轴箱通风装置、三元催化转化装置 | 外观检查 | 齐全、无损坏 |
| 5 | 散热器、油底壳、发动机前后支垫、水泵、空压机、进排气歧管、化油器、输油泵、喷油泵连接螺栓 | 检查校紧 | 各连接部位螺栓、螺母应紧固,锁销、垫圈及胶垫应完好有效 |
| 6 | 空压机、发电机、空调机传动带 | 检查传动带磨损、老化程度,调整传动带松紧度 | 符合规定 |
| 7 | 转向器 | 检查转向器液面及密封状况,润滑万向节十字轴、横直拉杆、球头销、转向节等部位 | 符合规定 |
| 8 | 离合器 | 检查调整离合器 | 操纵机构应灵敏可靠;踏板自由行程应符合规定 |
| 9 | 变速器、差速器 | 检查变速器、差速器液面及密封状况,润滑传动轴万向节十字轴、中间轴承,校紧各部连接螺栓,清洁各通气塞 | 符合规定 |
| 10 | 制动系 | 检查紧固各制动管路,检查调整制动踏板自由行程 | 制动管路接头应不漏气,支架螺栓紧固可靠,制动联动机构应灵敏可靠,储气筒无积水,制动踏板自由行程符合规定 |
| 11 | 车架、车身及各附件 | 检查、紧固 | 各部螺栓及拖钩、挂钩应紧固可靠,无裂损,无窜动,齐全有效 |
| 12 | 轮胎 | 检查轮辋及压条挡圈;检查轮胎气压(包括备胎),并视情况补气;检查轮毂轴承间隙 | 轮辋及压条挡圈应无裂损、变形;轮胎气压应符合规定,气门嘴帽齐全;轮毂轴承间隙无明显松旷 |
| 13 | 悬架机构 | 检查 | 无损坏,连接可靠 |
| 14 | 蓄电池 | 检查 | 电解液液面高度应符合规定,通气孔畅通,电桩夹头清洁、牢固 |
| 15 | 灯光、仪表、信号装置 | 检查 | 齐全有效,安装牢固 |

续上表

| 序 | 项目 | 作业内容 | 技术要求 |
|---|---|---|---|
| 16 | 全车润滑点 | 润滑 | 各润滑嘴安装正确,齐全有效 |
| 17 | 全车 | 检查 | 全车不漏油、不漏水、不漏气、不漏电、不漏尘,各种防尘罩齐全有效 |

注:技术要求栏中的“符合规定”指符合实际使用中的有关规定。

7　二级维护

7.1　二级维护作业过程

汽车二级维护时首先要进行检测,汽车进厂后,根据汽车技术档案的记录资料(包括车辆运行记录,维修记录,检测记录,总成修理记录等)和驾驶人反映的车辆使用技术状况(包括汽车动力性,异响,转向,制动及燃料、润滑料消耗等)确定所需检测项目,依据检测结果及车辆实际技术状况进行故障诊断,从而确定附加作业项目。附加作业项目确定后与基本作业项目一并进行二级维护作业。二级维护过程中要进行竣工检验,竣工检验合格的车辆,由企业填写《汽车维护竣工出厂合格证》后方可出厂。

7.2　二级维护过程图如图1所示。

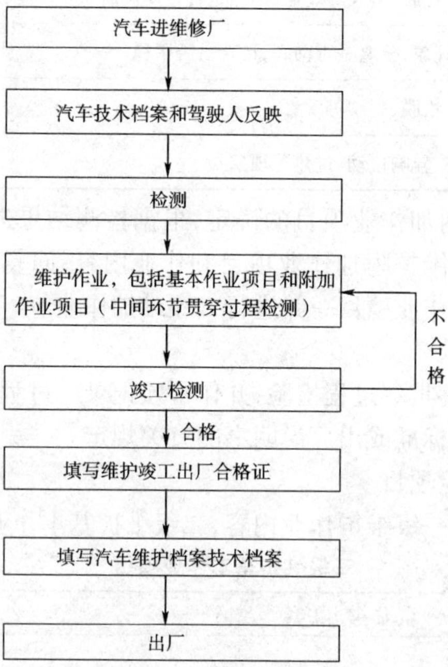


图1　二级维护工艺过程

7.3　汽车二级维护检测、诊断

7.3.1　对汽车二级维护检测项目进行检测时,应使用该检测项目的专检测仪器,仪器精度需满足有关规定。

7.3.2　汽车二级维护检测项目的技术要求应按照国家有关规定的技术标准,或原厂要求。

7.3.3　汽车二级维护检测项目见表2。

汽车二级维护检测项目　表2

| 序号 | 检 测 项 目 |
|---|---|
| 1 | 发动机功率,汽缸压力 |
| 2 | 汽车排气污染物,三元催化转化装置的作用 |
| 3 | 电控燃油喷射系统 |
| 4 | 柴油车检查供油提前角、供油间隔角和喷油泵供油压力 |
| 5 | 制动性能检查制动力 |
| 6 | 转向轮定位,主要检查前轮定位角和转向盘自由转动量 |
| 7 | 车轮动平衡 |
| 8 | 前照灯 |
| 9 | 操纵稳定性,有无跑偏、发抖、摆头 |
| 10 | 变速器,有无泄漏、异响、松脱、裂纹等现象,换挡是否轻便灵活 |
| 11 | 离合器,有无打滑、发抖现象,分离是否彻底,接合是否平稳 |
| 12 | 传动轴,有无泄漏、异响、松脱、裂纹等现象 |
| 13 | 后桥,主减速器有无泄漏、异响松动、过热等现象 |

7.3.4　汽车二级维护附加作业项目的确定,根据检测结果进行汽车故障诊断,确定以消除汽车故障为目的的二级维护附加作业项目和作业内容,回复汽车的正常技术状况。附加作业项目已确定后与基本作业项目一并进行二级维护作业。

7.4　二级维护过程检验

二级维护过程中,要始终贯穿过程检验,并作检验记录。过程检验中各维护项目的技术要求需满足相应的有关技术标准或出厂说明书的有关规定。

7.5　二级维护基本作业项目

二级维护作业内容包括一级维护作业内容,二级维护基本作业项目见表3。

二级维护基本作业项目　表3

| 序号 | 维 护 项 目 | 作 业 内 容 | 技 术 要 求 |
|---|---|---|---|
| 1 | 发动机润滑油、机油滤清器 | ①更换润滑油;<br>②视情况更换机油滤清器 | ①润滑油规格性能指标符合规定;<br>②液面高度符合规定;<br>③机油滤清器密封性良好,无堵塞,完好有效 |
| 2 | 检查润滑油油面高度 | 检查转向器、变速器、主减速器等润滑油规格及液面高度,不足时按要求补给 | 符合出厂规定 |

续上表

| 序号 | 维护项目 | 作业内容 | 技术要求 |
|---|---|---|---|
| 3 | 空气滤清器 | 清洁空气滤清器 | 空气滤清器清洁有效、安装可靠，恒温进气装置真空软管安装可靠，进气转换阀工作灵敏、准确 |
| 4 | ①燃油箱及油管；<br>②燃油滤清器；<br>③燃油泵 | ①检查接头及密封情况；<br>②清洁燃油滤清器，并视情况更换；<br>③检查燃油泵，必要时更换 | ①接头无破损、渗漏，紧固可靠；<br>②燃油滤清器工作正常；<br>③燃油泵工作正常，油压符合规定 |
| 5 | 燃油蒸发控制装置 | 检查清洁，必要时更换 | 工作正常 |
| 6 | 曲轴通风箱装置 | 检查、清洁 | 清洁畅通、连接可靠，不漏气，各阀门无堵塞、卡滞现象，灵敏有效，符合规定 |
| 7 | 散热器、膨胀水箱、百叶窗、水泵、节温器、传动带 | ①检查密封情况、箱盖压力阀、液面高度、水泵；<br>②检视传动带外观，调整传动带松紧度 | 散热器及软管无变形、破损及渗漏；箱盖接合表面良好，胶垫不老化、箱盖压力阀开启压力符合要求；水泵不漏水，无异响；节温器工作性能符合规定 |
| 8 | ①进、排气歧管、消声器、排气管；<br>②汽缸盖 | ①检查、紧固，视情补焊或更换；<br>②按规定次序和扭紧力矩校紧汽缸盖 | ①无裂纹、漏气，消声器性能良好；<br>②扭紧力矩符合规定 |
| 9 | 增压器、中冷器 | 检查、清洁 | 符合规定 |
| 10 | 发动机支架 | 检查、紧固 | 连接牢固，无变形和裂纹 |
| 11 | 化油器及联动机构 | 清洁、检查、紧固 | 清洁，联动机构运动灵活，连接牢固，无漏油、漏气现象，工作系统和附加装置工作正常 |
| 12 | 喷油器、喷油泵 | 检查喷油器和喷油泵作用，必要时检测喷油压力和喷油状况，视情调整供油提前角 | ①喷油器雾化良好，无滴油、漏油现象，供油压力符合规定；<br>②供油提前角符合规定 |
| 13 | 分电器、高压线 | 清洁、检查 | 分电器无油污，调整触电间隙在规定范围内，无松旷、漏电现象，高压线性能符合规定 |
| 14 | 火花塞 | 清洁、检查或更换火花塞，调整电极间隙 | 电极表面清洁，间隙符合规定 |
| 15 | 气门间隙 | 检查调整 | 符合规定 |
| 16 | 电控燃油喷射系统供油管路 | 检查密封状况 | 密封良好，作用正常 |
| 17 | 三元催化装置 | 检查三元催化装置的作用，必要时更换 | 作用正常 |
| 18 | 离合器 | 检查调整离合器踏板自由行程 | 离合器踏板行程符合规定 |

续上表

| 序号 | 维护项目 | 作业内容 | 技术要求 |
| --- | --- | --- | --- |
| 19 | 前轮制动 | ①检查前轮制动器调整臂的作用 | 作用正常 |
| | | ②拆卸前轮毂总成、制动蹄、支承销；清洗转向节、轴承、支承销，清洁制动底盘等零件 | 清洁，无油污 |
| | | ③检查制动盘、制动凸轮轴，校紧装置螺栓 | ①制动底板不变形，按规定力矩扭紧装置螺栓；<br>②凸轮轴转动灵活，无卡滞，转向间隙符合规定 |
| | | ④检查转向节及螺母、保险片及油封、转向节臂，校紧装置螺栓 | ①转向节无裂纹，螺纹完好，与螺母配合应无径向松旷，保险片作用良好，油封完全，不漏油；<br>②转向节轴径与轴承的配合间隙符合要求，转向节臂装置螺栓扭紧力矩符合规定 |
| | | ⑤检查内外轴承 | 滚柱保持架无断裂，滚柱不脱落，无裂损和烧蚀，轴承内圈无裂损和烧蚀 |
| | | ⑥检查制动蹄及支承销 | ①制动蹄无裂纹及明显变形，摩擦片不破裂，铆接可靠，摩擦片厚度符合规定；<br>②支承销无过量磨损，支承销与制动蹄承孔衬套配合间隙符合规定 |
| | | ⑦检查制动蹄复位弹簧 | 复位弹簧应无明显变形，自由长度、拉力符合规定 |
| | | ⑧前轮毂、制动鼓及轴承外座圈，校紧轮胎螺栓内螺母 | ①轮毂无裂损；<br>②轴承外座圈无裂纹，无麻点，无烧蚀；<br>③制动鼓无裂纹，外边缘不得高出工作表面，检视孔完整，内径尺寸、圆度误差、左右内径误差符合规定；<br>④轮胎螺栓齐全完好，规格一致，按规定力矩扭紧 |
| | | ⑨装复前轮毂、调整前轮轴承松紧度及制动间隙 | ①装复支承销，制动蹄支承销孔均应涂润滑脂，开口销或卡簧齐全有效；<br>②润滑轴承；<br>③制动鼓、制动片表面清洁，无油污；<br>④制动片与制动鼓的间隙应符合规定，转动无碰擦现象或声响，检视孔挡板齐全；<br>⑤轮毂转动灵活，用拉力计测量时可转动，且无轴向间隙；<br>⑥锁紧螺母按规定力矩拧紧；<br>⑦保险可靠，防尘罩、衬垫完好，螺栓垫圈齐全紧固(螺栓规格一致) |

续上表

| 序号 | 维护项目 | 作业内容 | 技术要求 |
| --- | --- | --- | --- |
| 20 | 后轮制动 | ①拆半轴、轮毂总成、制动蹄、支承销,清洗各零件及制动底板、半轴套管 | ①轮毂通气孔畅通;<br>②各零件及制动盘、后桥套管清洁无油污 |
| | | ②检查制动底板、制动凸轮轴,校紧连接螺栓 | ①制动底盘不变形,连接螺栓按规定力矩紧固;<br>②凸轮轴载动灵活,无卡滞,轴向间隙和径向间隙符合规定 |
| | | ③检查后桥半轴套管、螺母及油封 | ①套管无裂纹及明显松动,与螺母配合无径向松旷;<br>②油封完好,无损坏,无漏油;<br>③套管径与轴承配合间隙符合规定 |
| | | ④检查内外轴承 | ①轴承保持架无断裂,滚柱不脱落,无裂损和烧蚀;<br>②轴承内座圈无裂纹和烧蚀 |
| | | ⑤检查制动蹄及支承销 | ①制动蹄无裂纹及变形,摩擦片不破裂,铆接可靠,摩擦片厚度符合规定;<br>②支承销与制动蹄承孔衬套配合间隙符合规定;<br>③支承销无过量磨损 |
| | | ⑥检查制动蹄复位弹簧 | 复位弹簧无变形,自由长度符合规定,拉力良好 |
| | | ⑦检查后轮毂、制动鼓及轴承外座圈,检查扭紧半轴螺栓,校紧内螺母 | ①轮毂无裂损;<br>②轴承外座圈不松动,无损坏;<br>③制动鼓无裂损,内径、圆度误差、左右内径误差符合规定,外边缘不得高出工作表面,制动鼓检视孔完整;<br>④半轴螺栓齐全有效 |
| | | ⑧检查半轴 | 半轴无明显弯曲,不磨套管,无裂纹,花键无过量磨损或扭曲变形 |
| | | ⑨装复后轮毂、调整制动间隙 | ①装复支承销,制动蹄片时,承孔均应涂润滑脂,开口销或卡簧齐全可靠;<br>②润滑轴承;<br>③套管轴颈表面应涂机油再装上轴承;<br>④制动蹄片、制动鼓面应清洁,无油污;<br>⑤制动蹄片与制动鼓的间隙应符合规定,转动无碰撞现象或声响,检视孔挡板齐全紧固;<br>⑥轮毂转动灵活,拉力符合规定;<br>⑦锁紧螺母按规定力矩拧紧 |
| 21 | 转向器、转向传动机构 | ①检查转向器传动机构的工作状况和密封性,校紧各部螺栓;<br>②检查调整转向盘自由转动量 | 转向盘自由转动量符合规定,转向轻便、灵活,无卡滞和漏油现象,垂臂及转向节臂无弯曲及裂损,各部螺栓连接可靠 |

续上表

| 序号 | 维护项目 | 作业内容 | 技术要求 |
|---|---|---|---|
| 22 | 前束及转向角 | 调整 | 符合规定 |
| 23 | 变速器、差速器 | 检查密封状况和操纵机构，清洁通气孔 | 密封良好，通气孔畅通，操纵机构作用正常，无异响、跳动、乱挡现象 |
| 24 | 传动轴、传动轴承支架、中间轴承 | ①检查防尘罩；<br>②检查传动轴万向节工作状态；<br>③检查传动轴承支架；<br>④检查中间轴承间隙 | ①防尘罩不得有裂纹、损坏，卡箍可靠，支架无松动；<br>②万向节不松旷，无卡滞，无异响；<br>③传动轴承支架无松动；<br>④中间轴承间隙符合规定 |
| 25 | 空气压缩机、储气筒、安全阀 | 清洁，校紧 | 清洁、连接可靠，无漏气，安全阀工作正常 |
| 26 | 制动阀、制动管路、制动踏板 | ①检查制动踏板自由行程；<br>②检查紧固制动阀和管路接头；<br>③液压制动检查制动管路内是否有气 | ①制动踏板自由行程符合规定；<br>②制动阀和管路接头连接可靠，无漏气；<br>③液压制动管路内无气 |
| 27 | 驻车制动 | 检查驻车制动性能，检查驻车制动器自由行程 | 符合规定，作用正常 |
| 28 | 悬架 | 检查、紧固，视情补焊，校正 | 不松动，无裂纹，无断片，按规定扭紧力矩紧固螺栓 |
| 29 | 轮胎(包括备胎) | 检查紧固，补气，进行轮胎换位，磨损严重时更换轮胎 | 气压符合规定，清洁，无裂损、老化、变形，气门嘴完好，轮胎螺栓紧固，轮胎的装用符合规定 |
| 30 | 发电机、发电机调整器、起动机 | 清洁，润滑 | 符合规定 |
|  | 蓄电池 | 检查，清洁，补给 | 清洁，安装牢固，电解液液面符合规定 |
| 31 | 前照灯、仪表、喇叭、刮水器、全车电路线路 | 检查、调整，必要时修理或更换 | ①前照灯、喇叭，各仪表及信号装置功能齐全、有效、符合规定；<br>②刮水器电动机运转无异响，连动杆连接可靠；<br>③全车线路整齐，连接可靠，绝缘良好 |
| 32 | 车身、车架、安全带 | 检查、紧固 | 性能可靠，工作良好<br>无变形、断裂、脱焊，连接螺栓、铆钉紧固 |
| 33 | 内装饰 | 检查、紧固 | 设备完好，无松动 |
| 34 | 空调装置 | 检查空调系统工作状况、密封状况 | ①制冷系统密封，制冷效果良好；<br>②暖气装置工作正常 |
| 35 | 润滑 | 全车加注润滑脂的部位全部润滑 | 润滑脂嘴齐全有效，润滑良好 |

注：技术要求栏中的“符合规定”指符合实际应用中有关技术规定或技术要求。

7.6　二级维护竣工检验

汽车在维修企业进行二级维护后,必须进行竣工检验;各项目参数符合国家或行业及地方标准;竣工检验合格的车辆填写维护竣工出厂合格证后方可出厂。检验不合格的车辆应进行进一步的检测、诊断和维护,直到达到维护竣工技术要求为止。

二级维护竣工要求见表4。

二级维护竣工要求　　表4

| 序号 | 检测部位 | 检验项目 | 技术要求 | 备注 |
|---|---|---|---|---|
| 1 | 整车 | ①清洁 | 汽车外部、各总成外部,三滤应清洁 | 检视 |
| | | ②面漆 | 车身面漆、腻子无脱落现象,补漆颜色应与原色基本一致 | 检视 |
| | | ③对称 | 车体应周正,左右对称 | 汽车平置检查 |
| | | ④紧固 | 各总成外部螺栓、螺母按规定力矩扭紧,锁销齐全有效 | 检查 |
| | | ⑤润滑 | 发动机、变速器、转向器,减速器润滑符合规定,各通气孔畅通。各部润滑点润滑加注符合要求,滑脂嘴齐全有效,安装位置正确 | 检视 |
| | | ⑥密封及电器 | 全车无油、水,气泄漏,密封良好,电器装置工作可靠,绝缘良好 | 检视 |
| | | ⑦前照灯、信号、仪表、刮水器、后视镜等装置 | 稳固、齐全、有效符合有关规定 | 检视 |
| 2 | 发动机 | ①发动机工作状况 | 发动机能正常启动,低、中、高速运转均匀及稳定,冷却液温度正常,加速性能良好,无断缸、回火、放炮现象,发动机运转稳定后应无异响 | 路试 |
| | | ②发动机功率 | 无负荷功率不小于额定值的80% | 检测 |
| | | ③发动机装备 | 齐全有效 | 检视 |
| 3 | 离合器 | ①踏板自由行程 | 符合原厂规定 | 检测 |
| | | ②离合情况 | 接合平稳,分离彻底,无打滑、抖动及异响 | 路试 |
| 4 | 转向系 | ①转向盘最大转动量 | 符合规定 | 检查 |
| | | ②横直拉杆装置 | 球头销不松旷,各部螺栓螺母紧固,锁止可靠 | 检查 |
| | | ③转向机构 | 操作轻便、转动灵活,无摆振、跑偏等现象,车轮转到极限位置时,不得与其他部件有碰擦现象 | 路试 |
| | | ④前束及最大转向角 | 符合规定 | 检测 |
| | | ⑤侧滑 | 符合GB 7258中的有关规定 | 检测 |

续上表

| 序号 | 检测部位 | 检验项目 | 技术要求 | 备注 |
|---|---|---|---|---|
| 5 | 传动系 | 变速器、传动轴、主减速器 | 变速器操纵灵活，不跳挡，不乱挡。变速器传动轴、主减速器各部无异响，传动轴装配正确 | 路试 |
| 6 | 行驶系 | ①轮胎 | 轮胎磨损应在规定范围内，同轴轮胎应为相同的规格和花纹，转向轮不得使用翻新轮胎，轮胎气压符合规定，后轮辋孔与制动鼓观察孔对齐 | 检查 |
|  |  | ②钢板弹簧 | 钢板弹簧无断裂、位移、缺片，U 形螺栓紧固，前后钢板支架无裂纹及变形 | 检查 |
|  |  | ③减振器 | 稳固有效 | 路试 |
|  |  | ④车架 | 车架无变形，纵横梁无裂纹，铆钉无松动，拖车钩、备胎架齐全，无裂损变形，连接牢固 | 检查 |
|  |  | ⑤前后轴 | 无变形及裂纹 | 检查 |
| 7 | 制动系 | ①制动性能 | 应符合 GB 7258 中的有关规定 | 路试或检测 |
|  |  | ②制动踏板自由行程 | 符合规定 |  |
|  |  | ③驻车制动性能 | 应符合 GB 7258 中的有关规定 | 路试或检测 |
| 8 | 滑行 | 滑行性能 | 符合规定 | 路试或检测 |
| 9 | 车身、车厢 | 车身 | 驾驶室装置紧固，门锁链灵活无松旷，限动装置齐全有效，驾驶室门关闭牢靠，无旷动，风窗玻璃完好，窗框严密，门把、门锁、玻璃升降器齐全有效。发动机罩锁扣有效，暖风装置工作正常 | 检查 |
|  |  | 车厢 | 车厢不歪斜，整体不变形，底板无损坏，边板、后门平整无变形，铰链完好，关闭严密，前后锁扣作用可靠 | 检视 |
| 10 | 排放 | 尾气排放测量 | 符合有关标准的规定 | 检测 |

# 附　　录
# （提示的附录）

**各类车型汽车维护、检测、诊断技术规范导则**

A1 对于不同车型中汽车维护、检测、诊断技术规范相同作业内容部分，依据本标准中相对应条款执行。

A2 对于不同车型中汽车维护、检测、诊断技术规范不同作业内容部分，参照本标准中相对应的条款，依据该车型的使用说明和维护手册中的有关条款执行。

# 附　录 1

## 上海大众汽车
SHANGHAI VOLKSWAGEN

### 上海大众桑塔纳系列车型维护表

维修站代号:743______ 委托单位:__________ 车牌号:__________ 发动机号:__________

底盘号:__________ 行驶里程:__________ 送修日期:__________ 交车日期:__________

| 7500 | 15000 | 30000 | 45000 | 60000 | 75000 | 90000 | 105000 | 120000 | 135000 | 150000 | 165000 | 180000 | 195000 | 210000 | 225000 | 240000 | 255000 |
|---|---|---|---|---|---|---|---|---|---|---|---|---|---|---|---|---|---|
| | | | | | | | | | | | | | | | | | |
| | | | | | | | | | | | | | | | | | |

| 维护类型 | | | | | 维护内容 | 维护检查情况 | | |
|---|---|---|---|---|---|---|---|---|
| | | | | | | 正常 | 不正常 | 已调整 |
| 每60000 km常规维护 | 每30000 km常规维护 | 每15000 km常规维护 | 15000 km常规维护 | 7500 km首次维护 | 1. 车身内外照明电器,用电设备检查功能:<br>①组合仪表指示灯,阅读器,化妆镜灯,时钟,杂物箱照明灯,点烟器,喇叭,电动摇窗机,电动外后视镜,暖风空调系统,收音机;<br>②近光灯,远光灯,前雾镜,转向灯,警示灯;<br>③驻车灯,后雾镜,制动灯,倒车灯,车牌灯,行李舱照明灯 | | | |
| | | | | | 2. 自诊断:用专用诊断设备 VAS 505X 读取各系统控制器内的故障存储信息 | | | |
| | | | | | 3. 安全气囊和安全带:目测外表是否损伤,并检查安全带性能 | | | |
| | | | | | 4. 手制动器:检查,必要时调整 | | | |
| | | | | | 5. 前风窗玻璃落水槽排水孔:清洁 | | | |
| | | | | | 6. 刮水器/清洗装置:检查刮水片,必要时更换;检查清洗装置功能,必要时调整并加注清洗液 | | | |
| | | | | | 7. 发动机舱:目测各零件是否有损坏或泄漏 | | | |
| | | | | | 8. 发动机机油及机油滤清器:更换(行驶里程较少的车辆建议每6个月更换)<br>选择机油类型:□专用机油　□优选机油　□高端机油 | | | |

续上表

| 维护类型 | | | | | 维护内容 | 维护检查情况 | | |
|---|---|---|---|---|---|---|---|---|
| | | | | | | 正常 | 不正常 | 已调整 |
| 每60000 km 常规维护 | 每30000 km 常规维护 | 每15000 km 常规维护 | 15000 km 常规维护 | 7500 km 首次维护 | 9. 冷却系统:检查冷却液冰点数值________℃,检查系统是否泄漏,必要时补充原装冷却液。(标准值:-35℃,极寒地区低于-35℃。请使用折射计T10007检测冷却液冰点数值) | | | |
| | | | | | 10. 空气滤清器:清洁罩壳和滤芯 | | | |
| | | | | | 11. 蓄电池:观察蓄电池上电眼,必要时使用MCR 341V检查蓄电池状况,检查正负极连接状态 | | | |
| | | | | | 12. 前照灯:检查灯光,必要时调整 | | | |
| | | | | | 13. 助力转向系统:检查是否泄漏,检查转向液液面,必要时加注 | | | |
| | | | | | 14. 转向横拉杆:检查间隙,连接是否牢固 | | | |
| | | | | | 15. 车身底部:检查燃油管,制动液管及底部保护层是否损坏,排气管是否泄漏,固定是否牢靠 | | | |
| | | | | | 16. 底盘螺栓:按规定力矩检查并紧固 | | | |
| | | | | | 17. 制动系统:检查制动液管路是否泄漏,检查制动液液面,必要时补充 | | | |
| | | | | | 18. 轮胎/轮毂(包括备胎):检查轮胎磨损情况,必要时进行轮胎换位,同时校正轮胎气压 | | | |
| | | | | | 19. 车轮固定螺栓:按规定力矩检查并紧固 | | | |
| | | | | | 20. 试车:性能检查 | | | |
| | | | | | 21. 维护周期显示器:复位 | | | |
| | | | | | 22. 空调系统冷凝排水:检查,必要时清洁 | | | |
| | | | | | 23. 离合器(非液压离合器):检查踏板行程位置,必要时调整 | | | |
| | | | | | 24. 灰尘及花粉滤清器:清洁滤网,更换滤芯(行驶里程较少的车辆建议每12个月更换) | | | |
| | | | | | 25. 空气滤清器:清洁罩壳,更换滤芯(行驶里程较少的车辆建议每12个月更换) | | | |
| | | | | | 26. 点火提前角(非电喷发动机):检查,必要时调整 | | | |
| | | | | | 27. 凸轮轴齿形带(桑塔纳):检查(首次30000km),必要时更换;每90000 km更换 | | | |
| | | | | | 28. 活动天窗:检查功能,清洁导轨,涂敷专用油脂 | | | |
| | | | | | 29. 车门限位器,固定销,门锁,发动机罩/行李舱盖铰链和锁扣:检查功能并润滑 | | | |
| | | | | | 30. 变速器/传动轴护套:目测有无渗漏或损坏 | | | |

续上表

| 维护类型 | | 维护内容 | 维护检查情况 | | |
|---|---|---|---|---|---|
| | | | 正常 | 不正常 | 已调整 |
| 每60000 km常规维护 | 每30000 km常规维护 | 31. 发动机燃烧室和进气道:用内窥镜检查积炭情况,必要时请使用上海大众专用汽油清净剂 | | | |
| | | 32. 火花塞:更换 | | | |
| | | 33. 楔形带(桑塔纳2000型、3000型和Vista):检查,必要时更换;每120000 km更换 | | | |
| | | 34. V带(桑塔纳):检查,必要时更换 | | | |
| | | 35. 凸轮轴齿形带(桑塔纳2000型、3000型和Vista):检查(首次60000km),必要时更换;每120000 km更换 | | | |
| | | 36. 齿形带涨紧轮:检查(首次60000 km),必要时更换;每120000 km更换 | | | |
| | | 37. 活动天窗排水功能:检查 | | | |
| | | 38. 制动盘,制动鼓及制动摩擦片:检查厚度及磨损情况,必要时更换;清洁后轮ABS传感器 | | | |
| | | 39. 尾气排放:检测 | | | |
| | | 40. 燃油滤清器:更换 | | | |
| | | 41. 手动变速器:检查变速器齿轮油液位,必要时补充或更换 | | | |
| | | 42. 自动变速器:检查变速器ATF液位,必要时补充或更换 | | | |
| 特殊项目 | | 43. 制动液:更换(每24个月或每50000 km,以先到者为准) | | | |

说明:①本表的维护内容合适桑塔纳系列车型(桑塔纳,桑塔纳2000型,桑塔纳3000型,桑塔纳Vista),CNG、LPG车型除外。维护项目需根据车型的不同配置进行选择。

②本表的维护内容和周期是根据汽车在正常行驶情况下制定的。对于使用条件比较恶劣的车辆,特别是经常停车/起动以及常在低温情况下使用的车辆,应经常检查机油液面,每5000 km更换机油和机油滤清器。

③在灰尘较大环境里行驶的车辆,应缩短空气滤清器滤芯和空调系统花粉滤清器的间隔(如每5000 km更换)。注:花粉滤清器滤芯脏污将影响空调制冷效果,请注意检查并及时更换。

④每次维护时请在表格上方的里程表相应的空格位置内打勾。

⑤本表内容将根据车辆技术状态变化进行调整,请以最新版本为准。

检修工签字(日期):__________ 检验员签字(日期):__________ 客户签字(日期):__________

版本:2010年08月版

# 附　录　2

## 上海大众汽车
SHANGHAI VOLKSWAGEN

### 上海大众帕萨特 2.0/1.8T/2.8V6 车型维护表

维修站代号:743 ______ 委托单位:____________ 车牌号:____________ 发动机号:____________

底盘号:____________ 行驶里程:____________ 送修日期:____________ 交车日期:____________

| 7500 | | 15000 | | 30000 | | 45000 | | 60000 | | 75000 | | 90000 | | 105000 | | 120000 | | 135000 | | 150000 | | 165000 | | 180000 | | 195000 | | 210000 | | 225000 | | 240000 | | 255000 |
|---|---|---|---|---|---|---|---|---|---|---|---|---|---|---|---|---|---|---|---|---|---|---|---|---|---|---|---|---|---|---|---|---|---|---|
| | | | | | | | | | | | | | | | | | | | | | | | | | | | | | | | | | | |
| | | | | | | | | | | | | | | | | | | | | | | | | | | | | | | | | | | |

| 维护类型 | | | 维护内容 | 维护检查情况 | | |
|---|---|---|---|---|---|---|
| | | | | 正常 | 不正常 | 已调整 |
| 15000km之后的每10000km常规维护 | 15000km常规维护 | 7500km首次维护 | 1. 车身内外照明电器,用电设备检查功能:<br>①组合仪表指示灯,阅读器,化妆镜灯,时钟,杂物箱照明灯,点烟器,喇叭,电动摇窗机,电动外后视镜,暖风空调系统,收音机;<br>②近光灯,远光灯,前雾镜,转向灯,警示灯;<br>③驻车灯,后雾镜,制动灯,倒车灯,车牌灯,行李舱照明灯 | | | |
| | | | 2. 自诊断:用专用诊断设备 VAS 505X 读取各系统控制器内的故障存储信息 | | | |
| | | | 3. 安全气囊和安全带:目测外表是否损伤,并检查安全带性能 | | | |
| | | | 4. 多功能转向盘:检查各按键的功能 | | | |
| | | | 5. 手制动器:检查,必要时调整 | | | |
| | | | 6. 前风窗玻璃落水槽排水孔:清洁 | | | |
| | | | 7. 刮水器/清洗装置:检查刮水片,必要时更换;检查清洗装置功能,必要时调整并加注清洗液 | | | |
| | | | 8. 发动机舱:目测各零件是否有损坏或泄漏 | | | |
| | | | 9. 发动机机油及机油滤清器:更换(行驶里程较少的车辆建议每6个月更换)<br>选择机油类型: □专用机油 □优选机油 □高端机油 | | | |

续上表

| 维护类型 | | | 维护内容 | 维护检查情况 | | |
|---|---|---|---|---|---|---|
| | | | | 正常 | 不正常 | 已调整 |
| | | | 10. 冷却系统:检查冷却液冰点数值________℃,检查系统是否泄漏,必要时补充原装冷却液。(标准值:-35℃,极寒地区低于-35℃。请使用折射计T10007检测冷却液冰点数值) | | | |
| | | | 11. 空气滤清器:清洁罩壳和滤芯 | | | |
| | | | 12. 蓄电池:观察蓄电池上电眼,必要时使用MCR 341V检查蓄电池状况,检查正负极连接状态 | | | |
| | | | 13. 前照灯:检查灯光,必要时调整 | | | |
| | | | 14. 助力转向系统:检查是否泄漏,检查转向液液面,必要时加注 | | | |
| | | | 15. 转向横拉杆:检查间隙,连接是否牢固 | | | |
| | | | 16. 车身底部:检查燃油管,制动液管及底部保护层是否损坏,排气管是否泄漏,固定是否牢靠 | | | |
| 15000km之后的每10000km常规维护 | 15000km常规维护 | 7500km首次维护 | 17. 底盘螺栓:按规定力矩检查并紧固 | | | |
| | | | 18. 制动系统:检查制动液管路是否泄漏,检查制动液液面,必要时补充 | | | |
| | | | 19. 轮胎/轮毂(包括备胎):检查轮胎磨损情况,必要时进行轮胎换位,同时校正轮胎气压 | | | |
| | | | 20. 车轮固定螺栓:按规定力矩检查并紧固 | | | |
| | | | 21. 试车:性能检查 | | | |
| | | | 22. 维护周期显示器:复位 | | | |
| | | | 23. 空调系统冷凝排水:检查,必要时清洁 | | | |
| | | | 24. 空气滤清器:清洁罩壳,更换滤芯(行驶里程较少的车辆建议每12个月更换) | | | |
| | | | 25. 活动天窗:检查功能,清洁导轨,涂敷专用油脂 | | | |
| | | | 26. 车门限位器,固定销,门锁,发动机罩/行李舱盖铰链和锁扣:检查功能并润滑 | | | |
| | | | 27. 手动变速器/自动变速器/传动轴护套:目测有无渗漏或损坏 | | | |
| 其他维护项目 | | | 28. 灰尘及花粉滤清器滤芯:检查(首次15000km,之后每10000 km),必要时更换;更换(首次25000 km,之后每20000 km)(行驶里程较少的车辆建议每12个月更换) | | | |
| | | | 29. 发动机燃烧室和进气道:用内窥镜检查积炭情况(首次25000 km,之后每30000 km),必要时请使用上海大众专用汽油清净剂 | | | |

续上表

| 维护类型 | 维护内容 | 维护检查情况 | | |
|---|---|---|---|---|
| | | 正常 | 不正常 | 已调整 |
| 其他维护项目 | 30. 火花塞:更换(首次 25000 km,之后每 30000 km) | | | |
| | 31. 楔形带:检查(首次 25000 km,之后每 30000 km),必要时更换;更换(首次 115000 km,之后每 120000 km) | | | |
| | 32. 凸轮轴齿形带:检查(首次 55000 km,之后每 30000 km),必要时更换;更换(首次 115000 km,之后每 120000 km) | | | |
| | 33. 齿形带涨紧轮:检查(首次 55000 km,之后每 30000 km),必要时更换;更换(首次 115000 km,之后每 120000 km) | | | |
| | 34. 活动天窗排水功能:检查(首次 25000 km,之后每 30000 km) | | | |
| | 35. 制动盘及制动摩擦片:检查厚度及磨损情况(首次 25000km,之后每 30000km),必要时更换 | | | |
| | 36. 手动变速器:检查变速器齿轮油液位(首次 55000 km,之后每 60000km),必要时补充或更换 | | | |
| | 37. 自动变速器:更换变速器 ATF(首次 55000 km,之后每 60000 km) | | | |
| | 38. 燃油滤清器:更换(首次 55000 km,之后每 60000 km) | | | |
| | 39. 尾气排放:检测(首次 25000 km,之后每 30000 km) | | | |
| 特殊项目 | 40. 制动液:更换(每 24 个月或每 50000 km,以先到者为准) | | | |

说明:①本表的维护内容合适帕萨特 2.0/1.8T/2.8V6 车型。维护项目需根据车型的不同配置进行选择。

②本表的维护内容和周期是根据汽车在正常行驶情况下制定的。对于使用条件比较恶劣的车辆,特别是经常停车/起动以及常在低温情况下使用的车辆,应经常检查机油液面,每 5000 km 更换机油和机油滤清器。

③在灰尘较大环境里行驶的车辆,应缩短空气滤清器滤芯和空调系统花粉滤清器的间隔(如每 5000 km 更换)。注:花粉滤清器滤芯脏污将影响空调制冷效果,请注意检查并及时更换。

④每次维护时请在表格上方的里程表相应的空格位置内打勾。

⑤本表内容将根据车辆技术状态变化进行调整,请以最新版本为准。

检修工签字(日期):____________ 检验员签字(日期):____________ 客户签字(日期):____________

版本:2010 年 08 月版

# 附 录 3

## 大众快修服务技师操作指导手册

1. 快修服务双人操作流程大纲

1)7500km 快修服务双人操作流程大纲

| 车辆位置 | A技师 步骤 | A技师 技师位置 | A技师 内容 | B技师 步骤 | B技师 技师位置 | B技师 内容 |
|---|---|---|---|---|---|---|
| 1 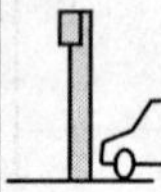 | 1 | 工位内 | 接受任务,与B技师交换信息 | 1 | 工位内 | 接受任务,与A技师交换信息 |
| | 2 | 车辆四周 | 复检外观 | 2 | 工位内 | 检查工位安全做工作准备 |
| | 3 | 驾驶座 | 检查操控机构 | | | |
| 2 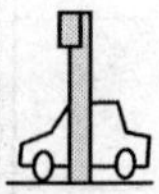 | 1 | 驾驶座 | 车辆驶入工位 | 1 | 驾驶人侧工位 | 引导A技师进入工位 |
| | 2 | 驾驶座 | 检查刮水器<br>检查前部灯光<br>电脑自诊断 | 2 | 车辆后方 | 取出备胎 |
| | 3 | 驾驶座 | 检查后部灯光<br>检查倒车雷达<br>打开发动机罩 | 3 | 车辆后方 | 指挥A技师检查后部灯光和倒车雷达 |
| | 4 | 驾驶座 | 检查仪表、车内灯光、<br>安全气囊、前排座椅、<br>安全带、空调、音响<br>以及其他设备 | 4 | 车辆前方 | 检查刮水器、清洁并检查发动机舱内情况、检查蓄电池、制动液、转向液、玻璃水打开机油加注盖 |
| | 5 | 驾驶人侧举升器 | 支撑车辆<br>工作准备 | 5 | 副驾驶人举升器 | 支撑车辆升车 |
| 3  | 1 | 后部底盘 | 检查后部底盘 | 1 | 前部底盘 | 拆卸发动机护板<br>排放机油<br>检查前部底盘 |
| | 2 | 车辆左后 | 检查左后轮胎<br>左后悬架及排气管 | 2 | 车辆左前 | 检查左前悬架 |
| | 3 | 车辆右后 | 检查右后轮胎<br>右后悬架及燃油管 | 3 | 车辆右前 | 检查右前悬架 |
| | 4 | 中部底盘 | 检查排气密封<br>检查氧传感器 | 4 | 前部底盘 | 检查传动带、散热器<br>更换机油滤清器滤芯<br>检查手动变速器油<br>安装放油螺塞 |
| | 5 | 车辆右前 | 检查右前轮胎 | | | |
| | 6 | 车辆左前 | 检查左前轮胎 | | | |
| | 7 | 驾驶人侧举升器 | 检查工位安全<br>工作准备 | 5 | 副驾驶人举升器 | 降车 |

续上表

<table>
<tr><th rowspan="2">车辆位置</th><th colspan="3">A 技师</th><th colspan="3">B 技师</th></tr>
<tr><th>步骤</th><th>技师位置</th><th>内　容</th><th>步骤</th><th>技师位置</th><th>内　容</th></tr>
<tr><td rowspan="4">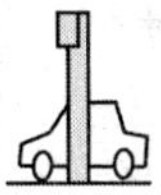 4</td><td>1</td><td>车辆后方</td><td>检查备胎<br>检查加油口盖</td><td>1</td><td>车辆前方</td><td>加注机油<br>清洁空气滤清器滤芯</td></tr>
<tr><td>2</td><td>车辆前方</td><td>检查防冻液<br>检查正时齿形带</td><td>2</td><td>车辆前方</td><td>指挥 A 技师起动发动机</td></tr>
<tr><td>3</td><td>驾驶座</td><td>听指令起动发动机<br>检查发动机运转<br>灭车、拉驻车制动器</td><td>3</td><td>车辆四周</td><td>拆卸轮胎（螺栓）<br>护罩</td></tr>
<tr><td>4</td><td>车辆右后方</td><td>检查工位安全</td><td>4</td><td>副驾驶人<br>举升器</td><td>升车</td></tr>
<tr><td rowspan="2">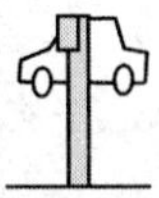 5</td><td>1</td><td>车辆前方</td><td>安装发动机护板</td><td>1</td><td>车辆前方</td><td>复检机油滤清器滤芯</td></tr>
<tr><td>2</td><td>副驾驶人<br>举升器</td><td>降车</td><td>2</td><td>车辆左后</td><td>检查工位安全</td></tr>
<tr><td rowspan="4">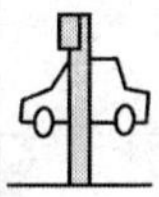 6</td><td>1</td><td>车辆右后</td><td>检查轮胎轴承<br>拆卸轮胎<br>检查制动片和轮缸</td><td>1</td><td>车辆左后</td><td>检查轮胎轴承<br>拆卸轮胎<br>检查制动片和轮缸</td></tr>
<tr><td>2</td><td>车辆右前</td><td>检查轮胎轴承<br>拆卸轮胎<br>检查制动片和轮缸<br>轮胎换位<br>安装轮胎</td><td>2</td><td>车辆左前</td><td>检查轮胎轴承<br>拆卸轮胎<br>检查制动片和轮缸<br>轮胎换位<br>安装轮胎</td></tr>
<tr><td>3</td><td>车辆右后</td><td>安装轮胎</td><td>3</td><td>车辆左后</td><td>安装轮胎</td></tr>
<tr><td>4</td><td>副驾驶人<br>举升器</td><td>降车</td><td>4</td><td>车辆左后</td><td>检查工位安全</td></tr>
<tr><td rowspan="3">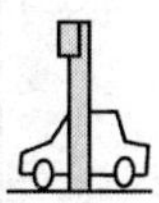 7</td><td rowspan="2">1</td><td rowspan="2">车辆四周</td><td rowspan="2">安装轮胎（螺栓）<br>护罩</td><td>1</td><td>车辆四周</td><td>紧固轮胎螺栓</td></tr>
<tr><td>2</td><td>车辆前方</td><td>检查机油液面</td></tr>
<tr><td>2</td><td>驾驶室内</td><td>移动车辆至灯光检测位置</td><td>3</td><td>车辆后方</td><td>引导 A 技师进入灯光<br>检测位置</td></tr>
<tr><td rowspan="2">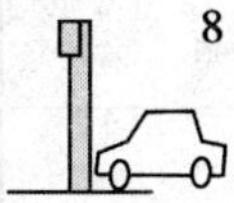 8</td><td>1</td><td>车辆四周</td><td>润滑维护车门<br>行李舱</td><td>1</td><td>车辆前方</td><td>调整前照灯<br>润滑维护发动机罩</td></tr>
<tr><td>2</td><td>工位内</td><td>完成检查表<br>互检签字<br>送交检验</td><td>2</td><td>工位内</td><td>完成检查表<br>互检签字<br>整理工位</td></tr>
</table>

附录

2)15000km 快修服务双人操作流程大纲

<table>
<tr><th rowspan="2">车辆位置</th><th colspan="3">A 技师</th><th colspan="3">B 技师</th></tr>
<tr><th>步骤</th><th>技师位置</th><th>内容</th><th>步骤</th><th>技师位置</th><th>内容</th></tr>
<tr><td rowspan="3">1 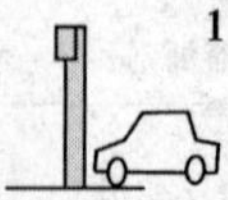</td><td>1</td><td>工位内</td><td>接受任务，与 B 技师交换信息</td><td>1</td><td>工位内</td><td>接受任务，与 A 技师交换信息</td></tr>
<tr><td>2</td><td>车辆四周</td><td>复检外观</td><td rowspan="2">2</td><td rowspan="2">工位内</td><td rowspan="2">检查工位安全做工作准备</td></tr>
<tr><td>3</td><td>驾驶座</td><td>检查操控机构</td></tr>
<tr><td rowspan="5">2 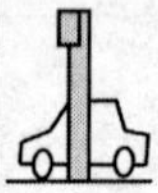</td><td>1</td><td>驾驶座</td><td>车辆驶入工位</td><td>1</td><td>驾驶人侧工位</td><td>引导 A 技师进入工位</td></tr>
<tr><td>2</td><td>驾驶座</td><td>检查刮水器<br>检查前部灯光<br>电脑自诊断</td><td>2</td><td>车辆后方</td><td>取出备胎</td></tr>
<tr><td>3</td><td>驾驶座</td><td>检查后部灯光<br>检查倒车雷达<br>打开发动机罩</td><td>3</td><td>车辆后方</td><td>指挥 A 技师检查后部灯光和倒车雷达</td></tr>
<tr><td>4</td><td>驾驶座</td><td>检查仪表、车内灯光、<br>安全气囊、前排座椅、<br>安全带、空调、音响<br>天窗以及其他设备</td><td>4</td><td>车辆前方</td><td>检查刮水器<br>清洁并检查发动机<br>舱内情况<br>检查蓄电池、制动液、<br>转向液、玻璃水<br>打开机油加注盖</td></tr>
<tr><td>5</td><td>驾驶人侧举升器</td><td>支撑车辆<br>工作准备</td><td>5</td><td>副驾驶人举升器</td><td>支撑车辆升车</td></tr>
<tr><td rowspan="7">3 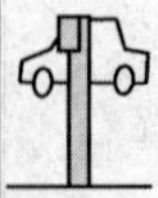</td><td>1</td><td>后部底盘</td><td>检查/更换燃油滤清器滤芯<br>检查后部底盘</td><td rowspan="2">1</td><td rowspan="2">前部底盘</td><td rowspan="2">拆卸发动机护板<br>排放机油<br>检查前部底盘</td></tr>
<tr><td>2</td><td>车辆左后</td><td>检查左后轮胎<br>左后悬架及排气管</td></tr>
<tr><td>3</td><td>车辆右后</td><td>检查右后轮胎<br>右后悬架及燃油管</td><td>2</td><td>车辆左前</td><td>检查左前悬架</td></tr>
<tr><td>4</td><td>中部底盘</td><td>检查排气密封<br>检查氧传感器</td><td>3</td><td>车辆右前</td><td>检查右前悬架</td></tr>
<tr><td>5</td><td>车辆右前</td><td>检查右前轮胎</td><td rowspan="2">4</td><td rowspan="2">前部底盘</td><td rowspan="2">检查传动带、散热器<br>更换机油滤清器滤芯<br>检查变速器油<br>安装放油螺塞</td></tr>
<tr><td>6</td><td>车辆左前</td><td>检查左前轮胎</td></tr>
<tr><td>7</td><td>驾驶人侧举升器</td><td>检查工位安全<br>工作准备</td><td>5</td><td>副驾驶人举升器</td><td>降车</td></tr>
</table>

续上表

| 车辆位置 | A技师 | | | B技师 | | |
|---|---|---|---|---|---|---|
| | 步骤 | 技师位置 | 内容 | 步骤 | 技师位置 | 内容 |
| 4 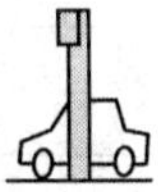 | 1 | 车辆后方 | 检查备胎<br>检查加油口盖 | 1 | 车辆前方 | 加注机油<br>检查/更换火花塞 |
| | 2 | 车辆前方 | 检查防冻液<br>检查正时齿形带<br>清洁/更换空气滤清器滤芯<br>检查/更换花粉滤清器滤芯<br>(速腾、迈腾除外) | 2 | 车辆前方 | 指挥A技师起动发动机 |
| | 3 | 驾驶座 | 听指令起动发动机<br>检查发动机运转<br>灭车、拉驻车制动器 | 3 | 车辆四周 | 拆卸轮胎(螺栓)<br>护罩 |
| | 4 | 车辆右后方 | 检查工位安全 | 4 | 副驾驶人<br>举升器 | 升车 |
| 5 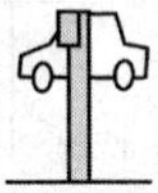 | 1 | 车辆后方 | 复检燃油滤清器滤芯 | 1 | 车辆前方 | 复检机油滤清器滤芯 |
| | 2 | 车辆前方 | 安装发动机护板 | 2 | 车辆前方 | 安装发动机护板 |
| | 3 | 副驾驶人<br>举升器 | 降车 | 3 | 车辆左后 | 检查工位安全 |
| 6 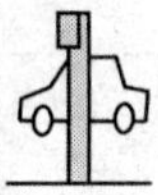 | 1 | 车辆右后 | 检查轮胎轴承<br>拆卸轮胎<br>检查制动片和轮缸 | 1 | 车辆左后 | 检查轮胎轴承<br>拆卸轮胎<br>检查制动片和轮缸 |
| | 2 | 车辆右前 | 检查轮胎轴承<br>拆卸轮胎<br>检查制动片和轮缸<br>轮胎换位<br>安装轮胎 | 2 | 车辆左前 | 检查轮胎轴承<br>拆卸轮胎<br>检查制动片和轮缸<br>轮胎换位<br>安装轮胎 |
| | 3 | 车辆右后 | 安装轮胎 | 3 | 车辆左后 | 安装轮胎 |
| | 4 | 副驾驶人<br>举升器 | 降车 | 4 | 车辆左后 | 检查工位安全 |
| 7 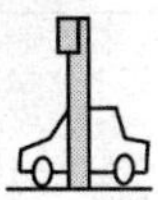 | 1 | 车辆四周 | 安装轮胎(螺栓)<br>护罩 | 1 | 车辆四周 | 紧固轮胎螺栓 |
| | | | | 2 | 车辆前方 | 检查机油液面 |
| | 2 | 驾驶室内 | 移动车辆至灯光<br>检测位置 | 3 | 车辆后方 | 引导A技师进入灯光检测位置 |
| 8 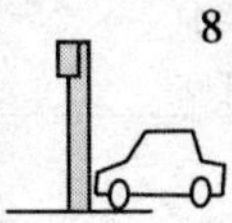 | 1 | 车辆四周 | 润滑维护天窗、车门、<br>行李舱<br>检查/更换花粉滤清器滤芯<br>(速腾、迈腾) | 1 | 车辆前方 | 调整前照灯<br>润滑维护发动机罩 |
| | 2 | 工位内 | 完成检查表<br>互检签字<br>送交检验 | 2 | 工位内 | 完成检查表<br>互检签字<br>整理工位 |

附录

3)30000km 快修服务双人操作流程大纲

| 车辆位置 | A技师 | | | B技师 | | |
|---|---|---|---|---|---|---|
| | 步骤 | 技师位置 | 内容 | 步骤 | 技师位置 | 内容 |
| 1 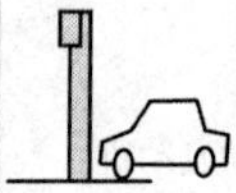 | 1 | 工位内 | 接受任务，与B技师交换信息 | 1 | 工位内 | 接受任务，与A技师交换信息 |
| | 2 | 车辆四周 | 复检外观 | 2 | 工位内 | 检查工位安全做工作准备 |
| | 3 | 驾驶座 | 检查操控机构 | | | |
| 2 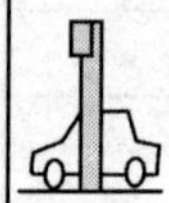 | 1 | 驾驶座 | 车辆驶入工位 | 1 | 驾驶人侧工位 | 引导A技师进入工位 |
| | 2 | 驾驶座 | 检查刮水器<br>检查前部灯光<br>电脑自诊断 | 2 | 车辆后方 | 取出备胎 |
| | 3 | 驾驶座 | 检查后部灯光<br>检查倒车雷达<br>打开发动机罩 | 3 | 车辆后方 | 指挥A技师检查后部灯光和倒车雷达 |
| | 4 | 驾驶座 | 检查仪表、车内灯光、安全气囊、前排座椅、安全带、空调、音响天窗以及其他设备 | 4 | 车辆前方 | 检查刮水器<br>清洁并检查发动机舱内情况<br>检查蓄电池、制动液、转向液、玻璃水<br>打开机油加注盖 |
| | 5 | 驾驶人侧举升器 | 支撑车辆<br>工作准备 | 5 | 副驾驶人举升器 | 支撑车辆<br>升车 |
| 3 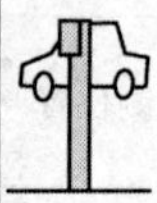 | 1 | 后部底盘 | 更换燃油滤清器滤芯<br>检查后部底盘 | 1 | 前部底盘 | 拆卸发动机护板<br>排放机油<br>检查前部底盘 |
| | 2 | 车辆左后 | 检查左后轮胎<br>左后悬架及排气管 | | | |
| | 3 | 车辆右后 | 检查右后轮胎<br>右后悬架及燃油管 | 2 | 车辆左前 | 检查左前悬架 |
| | 4 | 中部底盘 | 检查排气密封<br>检查氧传感器 | 3 | 车辆右前 | 检查右前悬架 |
| | 5 | 车辆右前 | 检查右前轮胎 | 4 | 前部底盘 | 检查/更换发动机传动带、检查散热器<br>更换机油滤清器滤芯<br>检查变速器油<br>安装放油螺塞 |
| | 6 | 车辆左前 | 检查左前轮胎 | | | |
| | 7 | 驾驶人侧举升器 | 检查工位安全<br>工作准备 | 5 | 副驾驶人举升器 | 降车 |

续上表

<table>
<tr><th rowspan="2">车辆位置</th><th colspan="3">A 技师</th><th colspan="3">B 技师</th></tr>
<tr><th>步骤</th><th>技师位置</th><th>内　容</th><th>步骤</th><th>技师位置</th><th>内　容</th></tr>
<tr><td rowspan="6">4<br>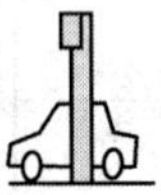</td><td>1</td><td>车辆后方</td><td>检查备胎<br>检查加油口盖</td><td rowspan="3">1</td><td rowspan="3">车辆前方</td><td rowspan="3">加注机油<br>更换火花塞</td></tr>
<tr><td></td><td></td><td>检查防冻液</td></tr>
<tr><td>2</td><td>车辆前方</td><td>检查正时齿形带<br>更换空气滤清器滤芯<br>更换花粉滤清器滤芯<br>（速腾、迈腾除外）</td></tr>
<tr><td rowspan="2">3</td><td rowspan="2">驾驶座</td><td rowspan="2">听指令起动发动机<br>检查发动机运转<br>灭车、拉驻车制动器</td><td>2</td><td>车辆前方</td><td>指挥 A 技师起动发动机</td></tr>
<tr><td>3</td><td>车辆四周</td><td>拆卸轮胎(螺栓)<br>护罩</td></tr>
<tr><td>4</td><td>车辆右后方</td><td>检查工位安全</td><td>4</td><td>副驾驶人<br>举升器</td><td>升车</td></tr>
<tr><td rowspan="3">5<br>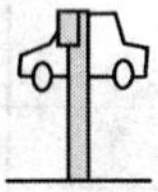</td><td>1</td><td>车辆后方</td><td>复检燃油滤清器滤芯</td><td>1</td><td>车辆前方</td><td>复检机油滤清器滤芯</td></tr>
<tr><td>2</td><td>车辆前方</td><td>安装发动机护板</td><td>2</td><td>车辆前方</td><td>安装发动机护板</td></tr>
<tr><td>3</td><td>副驾驶人<br>举升器</td><td>降车</td><td>3</td><td>车辆左后</td><td>检查工位安全</td></tr>
<tr><td rowspan="4">6<br>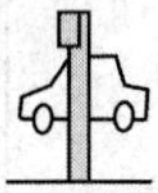</td><td>1</td><td>车辆右后</td><td>检查轮胎轴承<br>拆卸轮胎<br>检查制动片和轮缸</td><td>1</td><td>车辆左后</td><td>检查轮胎轴承<br>拆卸轮胎<br>检查制动片和轮缸</td></tr>
<tr><td>2</td><td>车辆右前</td><td>检查轮胎轴承<br>拆卸轮胎<br>检查制动片和轮缸<br>轮胎换位<br>安装轮胎</td><td>2</td><td>车辆左前</td><td>检查轮胎轴承<br>拆卸轮胎<br>检查制动片和轮缸<br>轮胎换位<br>安装轮胎</td></tr>
<tr><td>3</td><td>车辆右后</td><td>安装轮胎</td><td>3</td><td>车辆左后</td><td>安装轮胎</td></tr>
<tr><td>4</td><td>副驾驶人<br>举升器</td><td>降车</td><td>4</td><td>车辆左后</td><td>检查工位安全</td></tr>
<tr><td rowspan="3">7<br>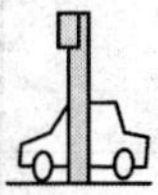</td><td rowspan="2">1</td><td rowspan="2">车辆四周</td><td rowspan="2">安装轮胎(螺栓)<br>罩护</td><td>1</td><td>车辆四周</td><td>紧固轮胎螺栓</td></tr>
<tr><td>2</td><td>车辆前方</td><td>检查机油液面</td></tr>
<tr><td>2</td><td>驾驶室内</td><td>移动车辆至灯光<br>检测位置</td><td>3</td><td>车辆后方</td><td>引导 A 技师进入灯光检测位置</td></tr>
<tr><td rowspan="2">8<br>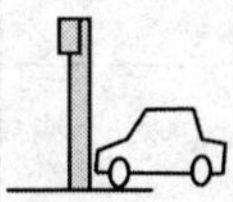</td><td>1</td><td>车辆四周</td><td>润滑维护天窗、车门、<br>行李舱<br>更换花粉滤清器滤芯<br>（速腾、迈腾）</td><td>1</td><td>车辆前方</td><td>调整前照灯<br>润滑维护发动机罩</td></tr>
<tr><td>2</td><td>工位内</td><td>完成检查表<br>互检签字<br>送交检验</td><td>2</td><td>工位内</td><td>完成检查表<br>互检签字<br>整理工位</td></tr>
</table>

2. 快修服务双人操作流程步骤

1）捷达7500km快修服务双人操作流程步骤

<table>
<tr><th rowspan="2">车辆位置</th><th colspan="4">A技师</th><th colspan="4">B技师</th></tr>
<tr><th>步骤</th><th>技师位置</th><th>内容</th><th>操作方法</th><th>步骤</th><th>技师位置</th><th>内容</th><th>操作方法</th></tr>
<tr><td rowspan="3">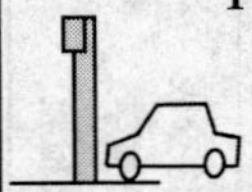<br>1</td><td>1</td><td>工位内</td><td>接受任务，与B技师交换信息</td><td>①接受服务顾问指派；<br>②与B技师做工作前的沟通</td><td>1</td><td>工位内</td><td>接受任务，与A技师交换信息</td><td>①接受服务顾问指派<br>②与A技师做工作前的沟通</td></tr>
<tr><td>2</td><td>车辆四周</td><td>复检外观</td><td>①从驾驶人侧逆时针方向检查外观；<br>②坐在车内检查四件套使用</td><td rowspan="2">2</td><td rowspan="2">工位内</td><td rowspan="2">检查工位安全做工作准备</td><td rowspan="2">①将备件和工具按照A、B技师的需求分成两组，准备维护表；<br>②将举升器调至支撑对应车型的准备位置，站在举升器驾驶人侧</td></tr>
<tr><td>3</td><td>驾驶座</td><td>检查操控机构</td><td>①感觉制动踏板、离合器踏板（手动挡）、加速踏板行程间隙、自动复位功能，有无干涉、卡滞现象；<br>②检查转向盘调节和锁止功能，有无松旷，最后将转向盘位置还原；<br>③使用车内中控锁开关，测试上锁和开锁功能是否正常；<br>④检查玻璃升降器的控制开关和升降功能，检查后窗锁止功能，最后将玻璃全部落下；<br>⑤检查左右反光镜是否调节自如，最后将反光镜位置还原</td></tr>
</table>

续上表

<table>
<tr><th rowspan="2">车辆位置</th><th colspan="4">A 技师</th><th colspan="4">B 技师</th></tr>
<tr><th>步骤</th><th>技师位置</th><th>内容</th><th>操作方法</th><th>步骤</th><th>技师位置</th><th>内容</th><th>操作方法</th></tr>
<tr><td rowspan="3">2<br>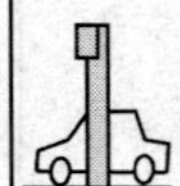</td><td>1</td><td>驾驶座</td><td>车辆驶入工位</td><td>①起动发动机,变速杆置于前进挡,检查操作是否顺畅;<br>②进入工位前必须鸣笛,检查喇叭功能,并且提醒 B 技师注意引导;<br>③左侧轮胎外沿,与地面行车线对齐,左前轮轴心与停止线垂直;<br>④将变速杆置于“P”(手动置空挡)</td><td>1</td><td>驾驶人侧工位</td><td>引导 A 技师进入工位</td><td>①引导 A 技师按照行车线和停止线将车停入工位;<br>②将检测电脑交给 A 技师</td></tr>
<tr><td>2</td><td>驾驶座</td><td>检查刮水器<br>检查前部灯光<br>电脑自诊断</td><td>①测试刮水器喷水功能,检查喷水位置和刮水器控制柄各挡位功能;<br>②检查刮水器起止位置;<br>③灭车,打开点火开关;<br>④开小灯、前照灯、前后雾灯,对照车前凸面镜检查前部灯光是否齐全;<br>⑤开远光灯开关,检查远光功能;<br>⑥开闪光灯开关,检查闪光功能;<br>⑦检查仪表或灯光开关上相应指示灯是否正常;<br>⑧将检测电脑连接,进行电脑自诊断,读取故障存储器内容,消除故障记录,维护归零</td><td>2</td><td>车辆后方</td><td>取出备胎</td><td>①打开行李舱,在箱口处铺好翼子板护罩,取出备胎,放到轮胎架上;<br>②轻合行李舱盖,不锁上</td></tr>
<tr><td>3</td><td>驾驶座</td><td>检查后部灯光<br>打开发动机罩</td><td>①将变速杆置于“R”(手动置倒挡);<br>②听 B 技师口令分别打开左、右转向开关,危险报警灯开关,检查车前和仪表显示灯是否正常;<br>③踩制动踏板,辅助检查制动灯;<br>④打开发动机罩</td><td>3</td><td>车辆后方</td><td>指挥 A 技师检查后部灯光</td><td>①检查左尾灯、后雾灯、牌照灯、倒车灯、右尾灯是否正常;<br>②依次向 A 技师发口令:“左转灯、右转灯、危险报警灯、制动灯”检查各灯光是否正常;<br>③打开行李舱盖,用手拢在行李舱灯处,检查灯光是否正常,保持行李舱盖打开;<br>④完毕后向 A 技师发口令“关灯”</td></tr>
</table>

续上表

| 车辆位置 | A 技师 | | | | B 技师 | | | |
|---|---|---|---|---|---|---|---|---|
| | 步骤 | 技师位置 | 内容 | 操作方法 | 步骤 | 技师位置 | 内容 | 操作方法 |
| 2  | 4 | 驾驶座 | 检查仪表、车内灯光、安全气囊、前排座椅、安全带、空调、音响以及其他设备 | ①用手拢在仪表处，检查仪表背光是否正常；<br>②调节仪表亮度按钮，检查仪表亮度是否变化；<br>③检查各警报指示灯、指针是否正常；<br>④检查并校正仪表时钟；<br>⑤听B技师口令关闭前照灯，将灯光开关放在小灯位置；<br>⑥将变速杆置于“N”（手动置空挡）；<br>⑦用手分别拢在车内各按钮处，检查各按钮夜视背光功能是否正常；<br>⑧打开空调开关，将风量调至最大，检查风量变化；<br>⑨打开各风向控制按钮，检查各开关功能，从左向右检查各出风口的风量、开闭和风向调节功能；<br>⑩打开内循环开关，检查开关功能和送风情况，将风量调至最小；<br>⑪调节温度控制开关，检查开关功能和温度变化情况；<br>⑫将空调各控制开关调整至客户进厂时的初始状态，关闭空调；<br>⑬打开音响开关，调整音量，检查功能是否正常；<br>⑭检查音响屏幕显示是否正常；<br>⑮将音响调整至客户进厂时的初始状态，关闭音响；<br>⑯检查主、辅安全气囊罩壳是否损坏； | 4 | 车辆前方 | 检查刮水器<br>清洁并检查发动机舱内情况<br>检查蓄电池、制动液、转向液、玻璃水<br>打开机油加注盖 | ①从驾驶人侧回到车前，检查刮水片是否老化破损，是否安装到位；<br>②用翼子板护罩保护车身两前翼子板，打开前机盖；<br>③拆下蓄电池护罩，用棉布擦拭蓄电池；<br>④检查蓄电池和电极安装是否牢固，蓄电池有无破损漏液；<br>⑤清洁极柱；<br>⑥测试蓄电池状况是否正常，打印测试报告；<br>⑦用棉布简单清洁发动机舱；<br>⑧拆卸发动机罩，放在工具车上；<br>⑨检查制动液液面和油质是否正常，必要时添加；<br>⑩检查制动主缸和真空助力器是否正常；<br>⑪检查制动油管是否渗漏，是否有机械干涉；<br>⑫检查转向液液面和油质是否正常，必要时添加； |

续上表

| 车辆位置 | A技师 | | | | B技师 | | | |
|---|---|---|---|---|---|---|---|---|
| | 步骤 | 技师位置 | 内容 | 操作方法 | 步骤 | 技师位置 | 内容 | 操作方法 |
| 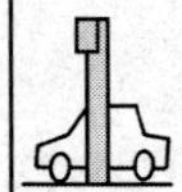 2 | 4 | 驾驶座 | 检查仪表、车内灯光、安全气囊、前排座椅、安全带、空调、音响以及其他设备 | ⑰从左向右检查左遮光板灯、顶灯、右遮光板灯、杂物箱灯，用手拢在各灯光处，检查是否正常；<br>⑱打开烟灰缸，按下点烟器，检查操作是否顺畅，烟灰缸保持打开；<br>⑲检查后视镜防眩目功能是否正常；<br>⑳检查驻车制动器紧度是否正常；拉紧和松开过程是否顺畅；<br>㉑检查仪表驻车制动器指示灯是否正常，松开驻车制动器；<br>㉒从左向右检查前排安全带的高度调节、拉紧和卡扣功能是否正常；<br>㉓检查座椅各方向调节功能是否正常、顺畅；<br>㉔检查座椅固定是否牢固；<br>㉕检查点烟器是否正常弹出，关闭烟灰缸，打开中控锁和加油口盖，关闭点火开关，下车 | 4 | 车辆前方 | 检查刮水器<br>清洁并检查发动机舱内情况<br>检查蓄电池、制动液、转向液、玻璃水<br>打开机油加注盖 | ⑬检查转向油管是否渗漏，是否有机械干涉；<br>⑭打开玻璃水加注盖，检查是否可看到液面，必要时添加；<br>⑮检查发动机是否有渗漏现象；<br>⑯检查各油路、气路、容器和接头有无渗漏、破损、干涉现象；<br>⑰检查各电线及插头有无老化、破损、松动和干涉现象；<br>⑱检查各橡胶件有无老化破损现象；<br>⑲擦拭加注盖四周，打开盖子，放在工具车上；<br>⑳擦拭机油加注口和机油尺四周，拔开机油尺，保持前机盖打开 |
| | 5 | 驾驶人侧举升器 | 支撑车辆工作准备 | ①将驾驶人侧举升器的胶垫，支撑在车底边的规定位置；<br>②检查并保证驾驶人侧车辆支撑安全后向B技师做升车手势；<br>③举升器胶垫与车身完全接触后，再次检查驾驶人侧车辆支撑，保证安全后向B技师做升车手势；<br>④B技师举升车辆的同时，为B技师准备零件，向量杯中倒入适量机油，并准备相应工具 | 5 | 副驾驶人举升器 | 支撑车辆升车 | ①将副驾驶人侧举升器的胶垫，支撑在车底边的规定位置；<br>②检查并保证副驾驶人侧车辆支撑安全；<br>③看到A技师升车手势后，升车；<br>④举升器胶垫与车身完全接触后，再次检查副驾驶人侧车辆支撑并保证安全；<br>⑤看到A技师升车手势后，升车 |

续上表

<table>
<tr><th rowspan="2">车辆位置</th><th colspan="4">A 技师</th><th colspan="4">B 技师</th></tr>
<tr><th>步骤</th><th>技师位置</th><th>内容</th><th>操作方法</th><th>步骤</th><th>技师位置</th><th>内容</th><th>操作方法</th></tr>
<tr><td rowspan="3">3 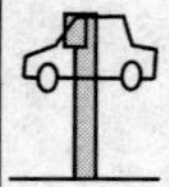</td><td>1</td><td>后部底盘</td><td>检查后部底盘</td><td>①检查后保险杠安装是否牢固；<br>②检查备胎槽和底盘是否损伤</td><td>1</td><td>前部底盘</td><td>排放机油<br>检查前部底盘</td><td>①将机油桶放在放油螺塞处，慢慢松开放油螺塞，放机油；<br>②检查发动机后侧是否渗漏；<br>③检查排气歧管密封是否正常；<br>④检查转向机有无异常；<br>⑤检查前桥螺栓紧固标记是否正常；<br>⑥检查变速器、主减速器、等速万向节有无松动，并检查是否有磕碰、泄漏</td></tr>
<tr><td>2</td><td>车辆左后</td><td>检查左后轮胎、左后悬架及排气管</td><td>①检查轮胎气压，胎面状况清洁胎面杂物，检查三点轮胎深度；<br>②检查下支臂、平衡杆、球头是否松旷受损；<br>③检查制动轮缸、油管是否连接牢固和漏油；<br>④检查驻车制动器拉线、制动液管是否变形、扭曲和有干涉；<br>⑤检查车轮传感器线路安装是否完好牢固；<br>⑥检查减振器是否渗漏；<br>⑦检查排气管是否锈蚀、渗漏；<br>⑧检查排气吊耳连接是否牢固</td><td>2</td><td>车辆左前</td><td>检查左前悬架</td><td>①检查下支臂、平衡杆、定位球头、转向球头、内外球笼是否松旷受损；<br>②检查防尘胶套是否老化、破损；<br>③检查制动轮缸、油管是否连接牢固、有无干涉和漏油；<br>④检查车轮传感器线路安装是否完好牢固；<br>⑤检查减振器是否渗漏；<br>⑥用手托举轮胎，检查上压力轴承是否正常</td></tr>
<tr><td>3</td><td>车辆右后</td><td>检查右后轮胎、右后悬架及燃油管</td><td>①检查轮胎气压，胎面状况，清洁胎面杂物，检查三点轮胎深度；<br>②检查下支臂、平衡杆、球头是否松旷受损；<br>③检查制动轮缸、油管是否连接牢固和漏油；<br>④检查驻车制动器拉线、制动液管是否变形、扭曲和有干涉；<br>⑤检查车轮传感器线路安装是否完好牢固；<br>⑥检查减振器是否渗漏；<br>⑦检查燃油管路是否有干涉受损；<br>⑧检查油箱安装是否牢固，是否受损</td><td>3</td><td>车辆右前</td><td>检查右前悬架</td><td>①检查下支臂、平衡杆、定位球头、转向球头、内外球笼是否松旷受损；<br>②检查防尘胶套是否老化、破损；<br>③检查制动轮缸、油管是否连接牢固、有无干涉和漏油；<br>④检查车轮传感器线路安装是否完好牢固；<br>⑤检查减振器是否渗漏；<br>⑥用手托举轮胎，检查上压力轴承是否正常</td></tr>
</table>

续上表

<table>
<tr><th rowspan="2">车辆位置</th><th colspan="4">A 技师</th><th colspan="4">B 技师</th></tr>
<tr><th>步骤</th><th>技师位置</th><th>内容</th><th>操作方法</th><th>步骤</th><th>技师位置</th><th>内容</th><th>操作方法</th></tr>
<tr><td rowspan="4">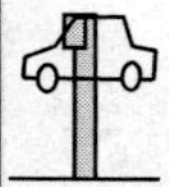<br>3</td><td>4</td><td>中部底盘</td><td>检查排气密封<br>检查氧传感器</td><td>①检查排气管接口是否漏气、受损；<br>②检查氧传感器安装和线路是否完好</td><td rowspan="3">4</td><td rowspan="3">前部底盘</td><td rowspan="3">检查 V 形皮带、散热器<br>更换机油滤清器滤芯<br>检查手动变速箱油<br>安装放油螺塞</td><td rowspan="3">①检查油、水、空调管路有无老化、破损、渗漏和干涉现象；<br>②检查散热器有无磕碰渗漏；<br>③检查各电线及插头有无老化、破损、松动和干涉现象；<br>④检查 V 形皮带有无老化，有裂纹、开裂、有油脂痕迹，涨紧度是否正常；<br>⑤必要时更换，将旧件密封保存；<br>⑥使用专用工具慢慢松开机油滤清器滤芯，使溢出的机油流到机油桶中，卸下滤芯；<br>⑦用棉布清洁滤芯底座，检查旧滤芯的密封垫是否已清理干净；<br>⑧紧固底座螺母，如有松动，需更换机油冷却器密封圈；<br>⑨将量杯中的机油灌入滤芯，并在新滤芯密封圈上涂抹适量的新机油；<br>⑩先用手安装滤芯，再用扭力扳手将滤芯紧至标准力矩，清洁残留油迹；<br>⑪按要求旋开变速器油检查螺塞，检查液面和油质是否正常，安装并紧固螺塞，用漆笔作标记；<br>⑫更新放油螺塞垫圈，先用手安装螺塞，再用扭力扳手紧固至标准力矩，用漆笔做标记；<br>⑬清洁残留油迹，将机油车推回原位，到举升器控制钮处</td></tr>
<tr><td>5</td><td>车辆右前</td><td>检查右前轮胎</td><td>检查轮胎气压，胎面状况，清洁胎面杂物，检查三点轮胎深度</td></tr>
<tr><td>6</td><td>车辆左前</td><td>检查左前轮胎</td><td>①检查轮胎气压，胎面状况，清洁胎面杂物，检查三点轮胎深度；<br>②将四条轮胎的检查结果记录在维护检查表上</td></tr>
<tr><td>7</td><td>驾驶人侧举升器</td><td>检查工位安全工作准备</td><td>①确保工位和四周安全，向 B 技师做降车手势；<br>②B 技师下降车辆的同时，为 B 技师准备机油、吸尘器等</td><td>5</td><td>副驾驶人举升器</td><td>降车</td><td>①看到 A 技师的降车手势后，降车；<br>②降到四轮刚与地面接触即可</td></tr>
</table>

续上表

| 车辆位置 | A技师 | | | | B技师 | | | |
|---|---|---|---|---|---|---|---|---|
| | 步骤 | 技师位置 | 内容 | 操作方法 | 步骤 | 技师位置 | 内容 | 操作方法 |
| 4  | 1 | 车辆后方 | 检查备胎<br>检查加油口盖 | ①检查轮胎气压，胎面状况，清洁胎面杂物，检查三点轮胎深度；<br>②将备胎放回行李舱中，固定好，关闭行李舱盖；<br>③安装尾气排放装置；<br>④检查加油口盖是否完好，关闭加油口盖 | 1 | 车辆前方 | 加注机油清洁空气滤清器滤芯 | ①按照规定用量加注机油，清洁残留油迹，拧紧机油加注盖；<br>②安装发动机罩；<br>③拆卸空气滤清器滤芯，用吸尘器清理滤芯壳，并用棉布擦拭，简单清理空气滤清器滤芯上尘土后，安装 |
| | 2 | 车辆前方 | 检查防冻液<br>检查正时齿形带 | ①检查液面高度；<br>②安全打开补水罐盖子，检查防冻液冰点，如需要补充，应添加一定配比的防冻液；<br>③检查涨紧度；<br>④检查是否老化，有裂纹、开裂；<br>⑤检查是否有油脂痕迹 | 2 | 车辆前方 | 指挥A技师起动发动机 | ①向A技师发口令“着车”；<br>②检查发动机工作是否正常 |
| | 3 | 驾驶座 | 听指令起动发动机<br>检查发动机运转灭车、拉驻车制动器 | ①坐在驾驶人位，听到B技师“着车”口令后，起动车辆检查是否正常；<br>②关闭点火开关，拉紧驻车制动器，下车；<br>③将尾气排放装置归位 | 3 | 车辆四周 | 拆卸轮胎（螺栓）护罩 | ①所用工具归位，将检查结果记录在维护检查表上；<br>②从左前车轮逆时针拆卸轮胎（螺栓）护罩，放在收集盒里；<br>③到举升器控制钮处 |
| | 4 | 车辆右后方 | 检查工位安全 | ①站在车辆右后方，保证工位安全后，向B技师做升车手势；<br>②B技师升车时，整理工具；<br>③将旧件集中放置 | 4 | 副驾驶人举升器 | 升车 | 看到A技师的升车手势后，升车 |

续上表

| 车辆位置 | A技师 | | | | B技师 | | | |
|---|---|---|---|---|---|---|---|---|
| | 步骤 | 技师位置 | 内容 | 操作方法 | 步骤 | 技师位置 | 内容 | 操作方法 |
|  5 | 1 | 副驾驶人举升器 | 降车 | ①到举升器控制钮处；<br>②看到B技师降车手势后，下降车辆；<br>③降到拆卸轮胎的位置停止 | 1 | 车辆前方 | 复检机油滤清器滤芯 | 检查放油螺塞和机油滤清器滤芯有无渗漏 |
| | | | | | 2 | 车辆左后 | 检查工位安全 | ①确保工位和四周安全，向A技师做降车手势；<br>②A技师下降车辆的同时，分别准备A、B技师拆装轮胎所需的工具后，站在左后轮处 |
|  6 | 1 | 车辆右后 | 检查轮胎轴承<br>拆卸轮胎<br>检查制动片和轮缸 | ①上下、左右晃动轮胎，检查轮胎轴承是否松旷；<br>②简单清洁轮毂表面，用气动扳手先对角松开所有轮胎螺栓，再全部卸下，将拆下的轮胎放在轮胎架上；<br>③清理制动碎屑，用塞规检查制动片厚度；<br>④检查制动轮缸是否渗漏、卡滞；<br>⑤将轮胎架及轮胎移至车辆右前轮处 | 1 | 车辆左后 | 检查轮胎轴承<br>拆卸轮胎<br>检查制动片和轮缸 | ①上下、左右晃动轮胎，检查轮胎轴承是否松旷；<br>②简单清洁轮毂表面，用气动扳手先对角松开所有轮胎螺栓，再全部卸下，将拆下的轮胎放在轮胎架上；<br>③清理制动碎屑，用塞规检查制动片厚度；<br>④检查制动轮缸是否渗漏、卡滞；<br>⑤将轮胎架及轮胎移至车辆左前轮处 |

续上表

| 车辆位置 | A技师 | | | | B技师 | | | |
|---|---|---|---|---|---|---|---|---|
| | 步骤 | 技师位置 | 内容 | 操作方法 | 步骤 | 技师位置 | 内容 | 操作方法 |
|  6 | 2 | 车辆右前 | 检查轮胎轴承<br>拆卸轮胎<br>检查制动片和轮缸<br>轮胎换位<br>安装轮胎 | ①上下、左右晃动轮胎，检查轮胎轴承是否松旷；<br>②简单清洁轮毂表面，用气动扳手先对角松开所有轮胎螺栓，再全部卸下，将拆下的轮胎放在轮胎架上；<br>③清理制动碎屑，用塞规检查制动片厚度；<br>④检查制动轮缸是否渗漏、卡滞；<br>⑤检查制动油管是否与悬架有机械干涉；<br>⑥将原右后轮安装在右前轮位置，先用手将轮胎螺栓对角安装，再用气动扳手对角旋入，不可紧死 | 2 | 车辆左前 | 检查轮胎轴承<br>拆卸轮胎<br>检查制动片和轮缸<br>轮胎换位<br>安装轮胎 | ①上下、左右晃动轮胎，检查轮胎轴承是否松旷；<br>②简单清洁轮毂表面，用气动扳手先对角松开所有轮胎螺栓，再全部卸下，将拆下的轮胎放在轮胎架上；<br>③清理制动碎屑，用塞规检查制动片厚度；<br>④检查制动轮缸是否渗漏、卡滞；<br>⑤检查制动油管是否与悬架有机械干涉；<br>⑥将原左后轮安装在左前轮位置，先用手将轮胎螺栓对角安装，再用气动扳手对角旋入，不可紧死 |
| | 3 | 车辆右后 | 安装轮胎 | ①将轮胎架移至右后轮处，将原右前轮安装在右后轮位置，先用手将轮胎螺栓对角安装，再用气动扳手对角旋入，不可紧死；<br>②完成后到举升器控制钮处 | 3 | 车辆左后 | 安装轮胎 | 将轮胎架移至左后轮处，将原左前轮安装在左后轮位置，先用手将轮胎螺栓对角安装，再用气动扳手对角旋入，不可紧死 |
| | 4 | 副驾驶人举升器 | 降车 | ①看到B技师降车手势后，下降车辆至地面；<br>②将副驾驶人侧举升器胶垫复位 | 4 | 车辆左后 | 检查工位安全 | ①确保工位和四周安全，向A技师做降车手势；<br>②A技师下降车辆的同时，将所用工具归位；<br>③准备紧固轮胎螺栓所需工具 |

续上表

| 车辆位置 | A技师 | | | | B技师 | | | |
|---|---|---|---|---|---|---|---|---|
| | 步骤 | 技师位置 | 内容 | 操作方法 | 步骤 | 技师位置 | 内容 | 操作方法 |
| 7  | 1 | 车辆四周 | 安装轮胎（螺栓）护罩 | ①在B技师紧固螺栓后，从左后轮开始用漆笔在螺栓上作标记，然后安装护罩；<br>②将驾驶人侧举升器胶垫复位；<br>③安装左前、右前、右后护罩；<br>④工具归位，将检查结果记录在维护检查表上 | 1 | 车辆四周 | 紧固轮胎螺栓 | ①从左后轮开始，对角紧固轮胎螺栓至标准力矩；<br>②紧固左前、右前、右后轮胎螺栓 |
| | | | | | 2 | 车辆前方 | 检查机油液面 | ①检查机油液面是否正确，必要时调整；<br>②安装好机油尺，关闭前机盖 |
| | 2 | 驾驶室内 | 移动车辆至灯光检测位置 | ①进入驾驶位置，起动发动机<br>②将车移动到灯光检测位置<br>②保持发动机运转<br>④打开前照灯，打开发动机罩 | 3 | 车辆后方 | 引导A技师进入灯光检测位置 | ①引导A技师将车辆停移动至灯光检测位置；<br>②安装尾气排放装置 |
| 8 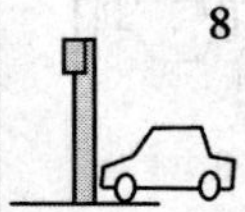 | 1 | 车辆四周 | 润滑维护车门<br>行李舱 | ①下车，准备车门润滑脂及润滑工具；<br>②开关两前车门检查门灯、内外拉手工作是否正常，润滑门锁和铰链，开闭两次车门；<br>③开关两后车门，检查门灯、内外拉手工作是否正常；<br>④检查儿童锁功能是否正常；<br>⑤检查安全带高度调节、拉紧和卡扣功能是否正常；<br>⑥检查阅读灯是否正常；<br>⑦润滑两后门锁和铰链，开闭两次车门；<br>⑧润滑行李舱锁和两侧铰链，开闭两次 | 1 | 车辆前方 | 调整前照灯<br>润滑维护发动机罩 | ①准备灯光测试仪和调试工具；<br>②检查调整前照灯至标准值范围；<br>③润滑前机盖锁和两侧铰链，开闭两次，关闭前机盖 |

续上表

| 车辆位置 | A技师 | | | | B技师 | | | |
|---|---|---|---|---|---|---|---|---|
| | 步骤 | 技师位置 | 内容 | 操作方法 | 步骤 | 技师位置 | 内容 | 操作方法 |
| 8 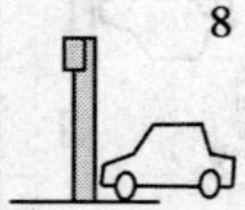 | 2 | 工位内 | 完成检查表<br>互检签字<br>送交检验 | ①所用工具归位，将所有检查结果和车辆改装内容记录在维护检查表上，并签字；<br>②在任务委托书上签字；<br>③进入驾驶位置，起动发动机，关闭所有车窗；<br>④将车辆和单据交质量检验员检验 | 2 | 工位内 | 完成检查表<br>互检签字<br>整理工位 | ①所用工具和尾气排放装置归位，将所有检查结果记录在维护检查表上，并签字；<br>②在任务委托书上签字；<br>③整理清洁工具、设备、旧件，现场场地，准备开始下个工作 |

2）捷达15000km快修服务双人操作流程步骤

| 车辆位置 | A技师 | | | | B技师 | | | |
|---|---|---|---|---|---|---|---|---|
| | 步骤 | 技师位置 | 内容 | 操作方法 | 步骤 | 技师位置 | 内容 | 操作方法 |
| 1 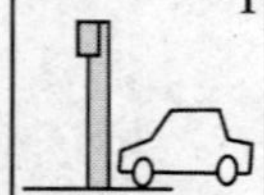 | 1 | 工位内 | 接受任务，与B技师交换信息 | ①接受服务顾问指派；<br>②与B技师做工作前的沟通 | 1 | 工位内 | 接受任务，与A技师交换信息 | ①接受服务顾问指派；<br>②与A技师做工作前的沟通 |
| | 2 | 车辆四周 | 复检外观 | ①从驾驶人侧逆时针方向检查外观；<br>②坐在车内检查四件套使用 | 2 | 工位内 | 检查工位安全<br>做工作准备 | ①将备件和工具按照A、B技师的需求分成两组，准备维护表；<br>②将举升器调至支撑对应车型的准备位置，站在举升器驾驶人侧 |
| | 3 | 驾驶座 | 检查操控机构 | ①感觉制动踏板、离合器踏板（手动挡）、加速踏板行程间隙、自动复位功能，有无干涉、卡滞现象；<br>②检查转向盘调节和锁止功能，有无松旷，最后将转向盘位置还原；<br>③使用车内中控锁开关，测试上锁和开锁功能是否正常；<br>④检查玻璃升降器的控制开关和升降功能，检查后窗锁止功能，最后将玻璃全部落下；<br>⑤检查左右反光镜是否调节自如，最后将反光镜位置还原 | | | | |

续上表

| 车辆位置 | A技师 | | | | B技师 | | | |
|---|---|---|---|---|---|---|---|---|
| | 步骤 | 技师位置 | 内容 | 操作方法 | 步骤 | 技师位置 | 内容 | 操作方法 |
|  2 | 1 | 驾驶座 | 车辆驶入工位 | ①起动发动机，变速杆置于前进挡，检查操作是否顺畅；<br>②进入工位前必须鸣笛，检查喇叭功能，并且提醒B技师注意引导；<br>③左侧轮胎外沿，与地面行车线对齐，左前轮轴心与停止线垂直；<br>④将变速杆置于“P”（手动置空挡） | 1 | 驾驶人侧工位 | 引导A技师进入工位 | ①引导A技师按照行车线和停止线将车停入工位；<br>②将检测电脑交给A技师 |
| | 2 | 驾驶座 | 检查刮水器<br>检查前部灯光<br>电脑自诊断 | ①测试刮水器喷水功能，检查喷水位置和刮水器控制柄各挡位功能；<br>②检查刮水器起止位置；<br>③灭车，打开点火开关；<br>④开小灯、前照灯、前后雾灯，对照车前凸面镜检查前部灯光是否齐全；<br>⑤开远光灯开关，检查远光功能；<br>⑥开闪光灯开关，检查闪光功能；<br>⑦检查仪表或灯光开关上相应指示灯是否正常；<br>⑧将检测电脑连接，进行电脑自诊断，读取故障存储器内容，消除故障记录，维护归零 | 2 | 车辆后方 | 取出备胎 | ①打开行李舱，在行李舱口处铺好翼子板护罩，取出备胎，放到轮胎架上；<br>②轻合行李舱盖，不锁上 |
| | 3 | 驾驶座 | 检查后部灯光<br>打开发动机罩 | ①将变速杆置于“R”（手动置倒挡）；<br>②听B技师口令分别打开左、右转向开关，危险报警灯开关，检查车前和仪表显示灯是否正常；<br>③踩制动踏板，辅助检查制动灯；<br>④打开发动机罩 | 3 | 车辆后方 | 指挥A技师检查后部灯光 | ①检查左尾灯、后雾灯、牌照灯、倒车灯、右尾灯是否正常；<br>②依次向A技师发口令：“左转灯、右转灯、危险报警灯、制动灯”检查各灯光是否正常；<br>③打开行李舱盖，用手拢在行李舱灯处，检查灯光是否正常，保持行李舱盖打开；<br>④完毕后向A技师发口令“关灯” |

续上表

| 车辆位置 | A 技师 | | | | B 技师 | | | |
|---|---|---|---|---|---|---|---|---|
| | 步骤 | 技师位置 | 内容 | 操作方法 | 步骤 | 技师位置 | 内容 | 操作方法 |
| 2  | 4 | 驾驶座 | 检查仪表、车内灯光、安全气囊、前排座椅、安全带、空调、音响以及其他设备 | ①用手拢在仪表处,检查仪表背光是否正常;<br>②调节仪表亮度按钮,检查仪表亮度是否变化;<br>③检查各警报指示灯、指针是否正常;<br>④检查并校正仪表时钟;<br>⑤听 B 技师口令关闭前照灯,将灯光开关放在小灯位置;<br>⑥将变速杆置于"N"(手动置空挡);<br>⑦用手分别拢在车内各按钮处,检查各按钮夜视背光功能是否正常;<br>⑧打开空调开关,将风量调至最大,检查风量变化;<br>⑨打开各风向控制按钮,检查各开关功能,从左向右检查各出风口的风量、开闭和风向调节功能;<br>⑩打开内循环开关,检查开关功能和送风情况,将风量调至最小;<br>⑪调节温度控制开关,检查开关功能和温度变化情况;<br>⑫将空调各控制开关调整至客户进厂时的初始状态,关闭空调;<br>⑬打开音响开关,调整音量,检查功能是否正常;<br>⑭检查音响屏幕显示是否正常;<br>⑮将音响调整至客户进厂时的初始状态,关闭音响;<br>⑯检查主、辅安全气囊罩壳是否损坏; | 4 | 车辆前方 | 检查刮水器<br>清洁并检查发动机舱内情况<br>检查蓄电池、制动液、转向液、玻璃水<br>打开机油加注盖 | ①从驾驶人侧回到车前,检查刮水片是否老化破损,是否安装到位;<br>②用翼子板护罩保护车身两前翼子板,打开前机盖;<br>③拆下蓄电池护罩,用棉布擦拭蓄电池;<br>④检查蓄电池和电极安装是否牢固,蓄电池有无破损漏液;<br>⑤清洁极柱;<br>⑥测试蓄电池状况是否正常,打印测试报告;<br>⑦用棉布简单清洁发动机舱;<br>⑧拆卸发动机护罩,放在工具车上;<br>⑨检查制动液液面和油质是否正常,必要时添加;<br>⑩检查制动主缸和真空助力器是否正常;<br>⑪检查制动油管是否渗漏,是否有机械干涉;<br>⑫检查转向液液面和油质是否正常,必要时添加;<br>⑬检查转向油管是否渗漏,是否有机械干涉;<br>⑭打开玻璃水加注盖,检查是否可看到液面,必要时添加;<br>⑮检查发动机是否有漏现象;<br>⑯检查各油路、气路、容器和接头有无渗漏、破损、干涉现象; |

续上表

| 车辆位置 | A技师 | | | | B技师 | | | |
|---|---|---|---|---|---|---|---|---|
| | 步骤 | 技师位置 | 内容 | 操作方法 | 步骤 | 技师位置 | 内容 | 操作方法 |
| 2  | 4 | 驾驶座 | 检查仪表、车内灯光、安全气囊、前排座椅、安全带、空调、音响以及其他设备 | ⑰从左向右检查左遮光板灯、顶灯、右遮光板灯、杂物箱灯，用手拢在各灯光处，检查是否正常；<br>⑱打开烟灰缸，按下点烟器，检查操作是否顺畅，烟灰缸保持打开；<br>⑲检查后视镜防眩目功能是否正常；<br>⑳检查驻车制动器紧度是否正常；拉紧和松开过程是否顺畅；<br>㉑检查仪表驻车制动器指示灯是否正常，松开驻车制动器；<br>㉒从左向右检查前排安全带的高度调节、拉紧和卡扣功能是否正常；<br>㉓检查座椅各方向调节功能是否正常、顺畅；<br>㉔检查座椅固定是否牢固；<br>㉕检查点烟器是否正常弹出，关闭烟灰缸，打开中控锁和加油口盖，关闭点火开关，下车 | 4 | 车辆前方 | 检查刮水器<br>清洁并检查发动机舱内情况<br>检查蓄电池、制动液、转向液、玻璃水<br>打开机油加注盖 | ⑰检查各电线及插头有无老化、破损、松动和干涉现象；<br>⑱检查各橡胶件有无老化破损现象；<br>⑲擦拭加注盖四周，打开盖子，放在工具车上；<br>⑳擦拭机油加注口和机油尺四周，拔出机油尺，保持前机盖打开 |
| | 5 | 驾驶人侧举升器 | 支撑车辆工作准备 | ①将驾驶人侧举升器的胶垫，支撑在车底边的规定位置；<br>②检查并保证驾驶人侧车辆支撑安全后向B技师做升车手势；<br>③举升器胶垫与车身完全接触后，再次检查驾驶人侧车辆支撑，保证安全后向B技师做升车手势；<br>④B技师举升车辆的同时，为B技师准备零件，向量杯中倒入适量机油，并准备燃油滤清器滤芯和相应工具 | 5 | 副驾驶人举升器 | 支撑车辆升车 | ①将副驾驶人侧举升器的胶垫，支撑在车底边的规定位置；<br>②检查并保证副驾驶人侧车辆支撑安全；<br>③看到A技师升车手势后，升车；<br>④举升器胶垫与车身完全接触后，再次检查副驾驶人侧车辆支撑并保证安全；<br>⑤看到A技师升车手势后，升车 |

续上表

| 车辆位置 | A技师 | | | | B技师 | | | |
|---|---|---|---|---|---|---|---|---|
| | 步骤 | 技师位置 | 内容 | 操作方法 | 步骤 | 技师位置 | 内容 | 操作方法 |
| 3 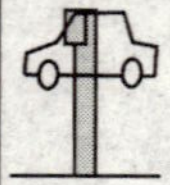 | 1 | 后部底盘 | 检查/更换燃油滤清器滤芯检查后部底盘 | ①拆卸燃油滤清器滤芯，使用棉布吸附溢出燃油，检查燃油油质；<br>②安装时在新滤芯的管口处涂抹少量润滑脂；<br>③必要时更换，并将旧件密封存放；<br>④检查后保险杠安装是否牢固；<br>⑤检查备胎槽和底盘是否损伤 | 1 | 前部底盘 | 排放机油检查前部底盘 | ①将机油桶放在放油螺塞处，慢慢松开放油螺塞，放机油；<br>②检查发动机后侧是否渗漏；<br>③检查排气歧管密封是否正常；<br>④检查转向机有无异常；<br>⑤检查前桥螺栓紧固标记是否正常；<br>⑥检查变速器、主减速器、等速万向节有无松动，并检查是否有磕碰、泄漏 |
| | 2 | 车辆左后 | 检查左后轮胎<br>左后悬架及排气管 | ①检查轮胎气压，胎面状况清洁胎面杂物，检查三点轮胎深度；<br>②检查下支臂、平衡杆、球头是否松旷受损；<br>③检查制动轮缸、油管是否连接牢固和漏油；<br>④检查驻车制动器拉线、制动油管是否变形、扭曲和有干涉；<br>⑤检查车轮传感器线路安装是否完好牢固；<br>⑥检查减振器是否渗漏；<br>⑦检查排气管是否锈蚀、渗漏；<br>⑧检查排气吊耳连接是否牢固 | | | | |
| | 3 | 车辆右后 | 检查右后轮胎<br>右后悬架及燃油管 | ①检查轮胎气压，胎面状况，清洁胎面杂物，检查三点轮胎深度；<br>②检查下支臂、平衡杆、球头是否松旷受损；<br>③检查制动轮缸、油管是否连接牢固和漏油；<br>④检查驻车制动器拉线、制动油管是否变形、扭曲和有干涉；<br>⑤检查车轮传感器线路安装是否完好牢固；<br>⑥检查减振器是否渗漏；<br>⑦检查燃油管路是否有干涉受损；<br>⑧检查油箱安装是否牢固，是否受损 | 2 | 车辆左前 | 检查左前悬架 | ①检查下支臂、平衡杆、定位球头、转向球头、内外球笼是否松旷、受损；<br>②检查防尘胶套是否老化、破损；<br>③检查制动轮缸、油管是否连接牢固、有无干涉和漏油；<br>④检查车轮传感器线路安装是否完好牢固；<br>⑤检查减振器是否渗漏；<br>⑥用手托举轮胎，检查上压力轴承是否正常 |

续上表

| 车辆位置 | A技师 | | | | B技师 | | | |
|---|---|---|---|---|---|---|---|---|
| | 步骤 | 技师位置 | 内容 | 操作方法 | 步骤 | 技师位置 | 内容 | 操作方法 |
| 3<br>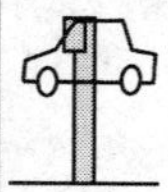 | 4 | 中部底盘 | 检查排气密封<br>检查氧传感器 | ①检查排气管接口是否漏气、受损；<br>②检查氧传感器安装和线路是否完好 | 3 | 车辆右前 | 检查右前悬架 | ①检查下支臂、平衡杆、定位球头、转向球头、内外球笼是否松旷、受损；<br>②检查防尘胶套是否老化、破损；<br>③检查制动轮缸、油管是否连接牢固、有无干涉和漏油；<br>④检查车轮传感器线路安装是否完好牢固；<br>⑤检查减振器是否渗漏；<br>⑥用手托举轮胎，检查上压力轴承是否正常 |
| | 5 | 车辆右前 | 检查右前轮胎 | 检查轮胎气压，胎面状况，清洁胎面杂物，检查三点轮胎深度 | 4 | 前部底盘 | 检查传动带、散热器<br>更换机油滤清器滤芯<br>检查变速器油<br>安装放油螺塞 | ①检查油、水、空调管路有无老化、破损、渗漏和干涉现象；<br>②检查散热器有无磕碰、渗漏；<br>③检查各电线及插头有无老化、破损、松动和干涉现象；<br>④检查发动机传动带有无老化，有无裂纹、开裂、油脂痕迹，涨紧度是否正常；<br>⑤必要时更换，将旧件密封保存；<br>⑥使用专用工具慢慢松开滤芯，使溢出的机油流到机油桶中，卸下滤芯；<br>⑦用棉布清洁滤芯底座，检查旧滤芯的密封垫是否已清理干净；<br>⑧紧固底座螺母，如有松动，需更换机油冷却器密封圈；<br>⑨将量杯中的机油灌入滤芯，并在新滤芯密封圈上涂抹适量的新机油；<br>⑩先用手安装滤芯，再用扭力扳手将滤芯紧至标准力矩，清洁残留油迹；<br>⑪按要求旋开变速器油检查螺塞，检查液面和油质是否正常，安装并紧固螺塞，用漆笔作标记；<br>⑫更新放油螺塞垫圈，先用手安装螺塞，再用扭力扳手紧固至标准力矩，用漆笔做标记；<br>⑬清洁残留油迹，将机油车推回原位，到举升器控制钮处 |
| | 6 | 车辆左前 | 检查左前轮胎 | ①检查轮胎气压，胎面状况，清洁胎面杂物，检查三点轮胎深度；<br>②将四条轮胎的检查结果记录在维护检查表上 | | | | |

续上表

| 车辆位置 | A 技师 | | | | B 技师 | | | |
|---|---|---|---|---|---|---|---|---|
| | 步骤 | 技师位置 | 内容 | 操作方法 | 步骤 | 技师位置 | 内容 | 操作方法 |
| 3 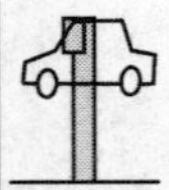 | 7 | 驾驶人侧举升器 | 检查工位安全<br>工作准备 | ①确保工位和四周安全,向 B 技师做降车手势;<br>②B 技师下降车辆的同时,为 B 技师准备机油、空气滤清器滤芯,吸尘器等 | 5 | 副驾驶人举升器 | 降车 | ①看到 A 技师的降车手势后,降车;<br>②降到四轮刚与地面接触即可 |
| 4  | 1 | 车辆后方 | 检查备胎<br>检查加油口盖 | ①检查轮胎气压,胎面状况,清洁胎面杂物,检查三点轮胎深度;<br>②将备胎放回行李舱中,固定好,关闭行李舱盖;<br>③安装尾气排放装置;<br>④检查加油口盖是否完好,关闭加油口盖 | 1 | 车辆前方 | 加注机油<br>检查/更换火花塞 | ①按照规定用量加注机油,清洁残留油迹,拧紧机油加注盖;<br>②用专用工具拔掉高压线;<br>③依次拆卸检查火花塞间隙和陶瓷体是否正常,清除积炭;<br>④安装火花塞,并用扭力扳手紧固至标准力矩;<br>⑤必要时更换,并将旧件密封存放 |
| | 2 | 车辆前方 | 检查防冻液<br>检查正时齿形带<br>清洁/更换空气滤清器滤芯检查/更换花粉滤清器滤芯 | ①检查液面高度;<br>②安全打开补水罐盖子,检查防冻液冰点,如需要补充,应添加一定配比的防冻液;<br>③检查涨紧度;<br>④检查是否老化,有裂纹、开裂;<br>⑤检查是否有油脂痕迹;<br>⑥清洁或更换花粉滤清器滤芯;<br>⑦用吸尘器清理滤芯壳,并用棉布擦拭,将旧件密封存放;<br>⑧拆卸空气滤清器滤芯,用吸尘器清理滤芯壳,用棉布擦拭后安装空气滤清器滤芯,必要时更换,并将旧件密封存放 | 2 | 车辆前方 | 指挥 A 技师起动发动机 | ①安装护罩;<br>②向 A 技师发口令"着车",检查发动机工作是否正常 |

续上表

| 车辆位置 | A 技师 | | | | B 技师 | | | |
|---|---|---|---|---|---|---|---|---|
| | 步骤 | 技师位置 | 内容 | 操作方法 | 步骤 | 技师位置 | 内容 | 操作方法 |
| 4  | 3 | 驾驶座 | 听指令起动发动机<br>检查发动机运转<br>灭车、拉驻车制动器 | ①坐在驾驶人位，听到 B 技师“着车”口令后，起动车辆检查是否正常；<br>②关闭点火开关，拉紧驻车制动器，下车；<br>③将尾气排放装置归位 | 3 | 车辆四周 | 拆卸轮胎（螺栓）护罩 | ①所用工具归位，将检查结果记录在保养检查表上；<br>②从左前车轮逆时针拆卸轮胎（螺栓）护罩，放在收集盒里；<br>③到举升器控制钮处 |
| | 4 | 车辆右后方 | 检查工位安全 | ①站在车辆右后方，保证工位安全后，向 B 技师做升车手势；<br>②B 技师升车时，整理工具；<br>③将旧件集中放置 | 4 | 副驾驶人举升器 | 升车 | 看到 A 技师的升车手势后，升车 |
| 5 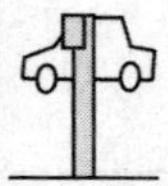 | 1 | 车辆后方 | 复检燃油滤清器滤芯 | ①检查燃油滤清器滤芯安装是否牢固，接头是否渗漏；<br>②完成后到举升器控制钮处 | 1 | 车辆前方 | 复检机油滤清器滤芯 | 检查放油螺塞和机油滤清器滤芯有无渗漏 |
| | 2 | 副驾驶人举升器 | 降车 | ①看到 B 技师降车手势后，下降车辆；<br>②降到拆卸轮胎的位置停止 | 2 | 车辆左后 | 检查工位安全 | ①确保工位和四周安全，向 A 技师做降车手势；<br>②A 技师下降车辆的同时，分别准备 A、B 技师拆装轮胎所需的工具后，站在左后轮处 |

续上表

| 车辆位置 | A技师 | | | | B技师 | | | |
|---|---|---|---|---|---|---|---|---|
| | 步骤 | 技师位置 | 内容 | 操作方法 | 步骤 | 技师位置 | 内容 | 操作方法 |
| 6  | 1 | 车辆右后 | 检查轮胎轴承<br>拆卸轮胎<br>检查制动片和轮缸 | ①上下、左右晃动轮胎，检查轮胎轴承是否松旷；<br>②简单清洁轮毂表面，用气动扳手先对角松开所有轮胎螺栓，再全部卸下，将拆下的轮胎放在轮胎架上；<br>③清理制动碎屑，用塞规检查制动片厚度；<br>④检查制动轮缸是否渗漏、卡滞；<br>⑤将轮胎架及轮胎移至车辆右前轮处 | 1 | 车辆左后 | 检查轮胎轴承<br>拆卸轮胎<br>检查制动片和轮缸 | ①上下、左右晃动轮胎，检查轮胎轴承是否松旷；<br>②简单清洁轮毂表面，用气动扳手先对角松开所有轮胎螺栓，再全部卸下，将拆下的轮胎放在轮胎架上；<br>③清理制动碎屑，用塞规检查制动片厚度；<br>④检查制动轮缸是否渗漏、卡滞；<br>⑤将轮胎架及轮胎移至车辆左前轮处 |
| | 2 | 车辆右前 | 检查轮胎轴承<br>拆卸轮胎<br>检查制动片和轮缸<br>轮胎换位<br>安装轮胎 | ①上下、左右晃动轮胎，检查轮胎轴承是否松旷；<br>②简单清洁轮毂表面，用气动扳手先对角松开所有轮胎螺栓，再全部卸下，将拆下的轮胎放在轮胎架上；<br>③清理制动碎屑，用塞规检查制动片厚度；<br>④检查制动轮缸是否渗漏、卡滞；<br>⑤检查制动油管是否与悬架有机械干涉；<br>⑥将原右后轮安装在右前轮位置，先用手将轮胎螺栓对角安装，再用气动扳手对角旋入，不可紧死 | 2 | 车辆左前 | 检查轮胎轴承<br>拆卸轮胎<br>检查制动片和轮缸<br>轮胎换位<br>安装轮胎 | ①上下、左右晃动轮胎，检查轮胎轴承是否松旷；<br>②简单清洁轮毂表面，用气动扳手先对角松开所有轮胎螺栓，再全部卸下，将拆下的轮胎放在轮胎架上；<br>③清理制动碎屑，用塞规检查制动片厚度；<br>④检查制动轮缸是否渗漏、卡滞；<br>⑤检查制动油管是否与悬架有机械干涉；<br>⑥将原左后轮安装在左前轮位置，先用手将轮胎螺栓对角安装，再用气动扳手对角旋入，不可紧死 |
| | 3 | 车辆右后 | 安装轮胎 | ①将轮胎架移至右后轮处，将原右前轮安装在右后轮位置，先用手将轮胎螺栓对角安装，再用气动扳手对角旋入，不可紧死；<br>②完成后到举升器控制钮处 | 3 | 车辆左后 | 安装轮胎 | 将轮胎架移至左后轮处，将原左前轮安装在左后轮位置，先用手将轮胎螺栓对角安装，再用气动扳手对角旋入，不可紧死 |
| | 4 | 副驾驶人举升器 | 降车 | ①看到B技师降车手势后，下降车辆至地面；<br>②将副驾驶人侧举升器胶垫复位 | 4 | 车辆左后 | 检查工位安全 | ①确保工位和四周安全，向A技师做降车手势；<br>②A技师下降车辆的同时，将所用工具归位；<br>③准备紧固轮胎螺栓所需工具 |

| 车辆位置 | A技师 | | | | B技师 | | | |
|---|---|---|---|---|---|---|---|---|
| | 步骤 | 技师位置 | 内容 | 操作方法 | 步骤 | 技师位置 | 内容 | 操作方法 |
| 7  | 1 | 车辆四周 | 安装轮胎(螺栓)护罩 | ①在B技师紧固螺栓后,从左后轮开始用漆笔在螺栓上作标记,然后安装护罩;<br>②将驾驶人侧举升器胶垫复位;<br>③安装左前、右前、右后护罩;<br>④工具归位,将检查结果记录在维护检查表上 | 1 | 车辆四周 | 紧固轮胎螺栓 | ①从左后轮开始,对角紧固轮胎螺栓至标准力矩;<br>②紧固左前、右前、右后轮胎螺栓 |
| | | | | | 2 | 车辆前方 | 检查机油液面 | ①检查机油液面是否正确,必要时调整;<br>②安装好机油尺,关闭前机盖 |
| | 2 | 驾驶室内 | 移动车辆至灯光检测位置 | ①进入驾驶位置,起动发动机;<br>②将车移动到灯光检测位置;<br>③保持发动机运转;<br>④打开前照灯,打开发动机罩 | 3 | 车辆后方 | 引导A技师进入灯光检测位置 | ①引导A技师将车辆停移动至灯光检测位置;<br>②安装尾气排放装置 |
| 8  | 1 | 车辆四周 | 润滑维护车门、行李舱 | ①下车,准备车门润滑脂及润滑工具;<br>②开关两前车门检查门灯、内外拉手工作是否正常,润滑门锁和铰链,开闭两次车门;<br>③开关两后车门检查门灯、内外拉手工作是否正常;<br>④检查儿童锁功能是否正常;<br>⑤检查安全带高度调节、拉紧和卡扣功能是否正常;<br>⑥检查阅读灯是否正常;<br>⑦润滑两后门锁和铰链,开闭两次车门;<br>⑧润滑行李舱锁和两侧铰链,开闭两次 | 1 | 车辆前方 | 调整前照灯<br>润滑维护发动机罩 | ①准备灯光测试仪和调试工具;<br>②检查调整前照灯至标准值范围;<br>③润滑前机盖锁和两侧铰链,开闭两次,关闭前机盖 |
| | 2 | 工位内 | 完成检查表<br>互检签字<br>送交检验 | ①所用工具归位,将所有检查结果和车辆改装内容记录在维护检查表上,并签字;<br>②在任务委托书上签字;<br>③进入驾驶位置,起动发动机,关闭所有车窗;<br>④将车辆和单据交质量检验员检验 | 2 | 工位内 | 完成检查表<br>互检签字<br>整理工位 | ①所用工具和尾气排放装置归位,将所有检查结果记录在维护检查表上,并签字;<br>②在任务委托书上签字;<br>③整理清洁工具、设备、旧件,现场场地,准备开始下个工作 |

3)30000km 快修服务双人操作流程步骤

| 车辆位置 | A技师 | | | | B技师 | | | |
|---|---|---|---|---|---|---|---|---|
| | 步骤 | 技师位置 | 内容 | 操作方法 | 步骤 | 技师位置 | 内容 | 操作方法 |
|  1 | 1 | 工位内 | 接受任务，与B技师交换信息 | ①接受服务顾问指派；<br>②与B技师做工作前的沟通 | 1 | 工位内 | 接受任务，与A技师交换信息 | ①接受服务顾问指派；<br>②与A技师做工作前的沟通 |
| | 2 | 车辆四周 | 复检外观 | ①从驾驶人侧逆时针方向检查外观；<br>②坐在车内检查四件套使用 | | | | |
| | 3 | 驾驶座 | 检查操控机构 | ①感觉制动踏板、离合器踏板(手动挡)、加速踏板行程间隙、自动复位功能，有无干涉、卡滞现象；<br>②检查转向盘调节和锁止功能，有无松旷，最后将转向盘位置还原；<br>③使用车内中控锁开关，测试上锁和开锁功能是否正常；<br>④检查玻璃升降器的控制开关和升降功能，检查后窗锁止功能，最后将玻璃全部落下；<br>⑤检查左右反光镜是否调节自如，最后将反光镜位置还原 | 2 | 工位内 | 检查工位安全<br>做工作准备 | ①将备件和工具按照A、B技师的需求分成两组，准备维护表；<br>②将举升器调至支撑对应车型的准备位置，站在举升器驾驶人侧 |

续上表

| 车辆位置 | A技师 | | | | B技师 | | | |
|---|---|---|---|---|---|---|---|---|
| | 步骤 | 技师位置 | 内容 | 操作方法 | 步骤 | 技师位置 | 内容 | 操作方法 |
|  2 | 1 | 驾驶座 | 车辆驶入工位 | ①起动发动机，变速杆置于前进挡，检查操作是否顺畅；<br>②进入工位前必须鸣笛，检查喇叭功能，并且提醒B技师注意引导；<br>③左侧轮胎外沿，与地面行车线对齐，左前轮轴心与停止线垂直；<br>④将变速杆置于“P”（手动置空挡） | 1 | 驾驶人侧工位 | 引导A技师进入工位 | ①引导A技师按照行车线和停止线将车停入工位；<br>②将检测电脑交给A技师 |
| | 2 | 驾驶座 | 检查刮水器<br>检查前部灯光<br>电脑自诊断 | ①测试刮水器喷水功能，检查喷水位置和刮水器控制柄各挡位功能；<br>②检查刮水器起止位置；<br>③灭车，打开点火开关；<br>④开小灯、前照灯、前后雾灯，对照车前凸面镜检查前部灯光是否齐全；<br>⑤开远光灯开关，检查远光功能；<br>⑥开闪光灯开关，检查闪光功能；<br>⑦检查仪表或灯光开关上相应指示灯是否正常；<br>⑧将检测电脑连接，进行电脑自诊断，读取故障存储器内容，消除故障记录，维护归零 | 2 | 车辆后方 | 取出备胎 | ①打开行李舱，在行李舱口处铺好翼子板护罩，取出备胎，放到轮胎架上；<br>②轻合行李舱盖，不锁上 |
| | 3 | 驾驶座 | 检查后部灯光<br>打开发动机罩 | ①将变速杆置于“R”（手动置倒挡）；<br>②听B技师口令分别打开左、右转向开关，危险报警灯开关，检查车前和仪表显示灯是否正常；<br>③踩制动踏板，辅助检查制动灯；<br>④打开发动机罩 | 3 | 车辆后方 | 指挥A技师检查后部灯光 | ①检查左尾灯、后雾灯、牌照灯、倒车灯、右尾灯是否正常；<br>②依次向A技师发口令：“左转灯、右转灯、危险报警灯、制动灯”检查各灯光是否正常；<br>③打开行李舱盖，用手拢在行李舱灯处，检查灯光是否正常，保持行李舱盖打开；<br>④完毕后向A技师发口令“关灯” |

续上表

| 车辆位置 | A技师 | | | | B技师 | | | |
|---|---|---|---|---|---|---|---|---|
| | 步骤 | 技师位置 | 内容 | 操作方法 | 步骤 | 技师位置 | 内容 | 操作方法 |
|  2 | 4 | 驾驶座 | 检查仪表、车内灯光、安全气囊、前排座椅、安全带、空调、音响以及其他设备 | ①用手拢在仪表处,检查仪表背光是否正常;<br>②调节仪表亮度按钮,检查仪表亮度是否变化;<br>③检查各警报指示灯、指针是否正常;<br>④检查并校正仪表时钟;<br>⑤听B技师口令关闭前照灯,将灯光开关放在小灯位置;<br>⑥将变速杆置于“N”(手动置空挡);<br>⑦用手分别拢在车内各按钮处,检查各按钮夜视背光功能是否正常;<br>⑧打开空调开关,将风量调至最大,检查风量变化;<br>⑨打开各风向控制按钮,检查各开关功能,从左向右检查各出风口的风量、开闭和风向调节功能;<br>⑩打开内循环开关,检查开关功能和送风情况,将风量调至最小;<br>⑪调节温度控制开关,检查开关功能和温度变化情况;<br>⑫将空调各控制开关调整至客户进厂时的初始状态,关闭空调;<br>⑬打开音响开关,调整音量,检查功能是否正常;<br>⑭检查音响屏幕显示是否正常;<br>⑮将音响调整至客户进厂时的初始状态,关闭音响;<br>⑯检查主、辅安全气囊罩壳是否损坏; | 4 | 车辆前方 | 检查刮水器<br>清洁并检查发动机舱内情况<br>检查蓄电池、制动液、转向液、玻璃水<br>打开机油加注盖 | ①从驾驶人侧回到车前,检查刮水片是否老化破损,是否安装到位;<br>②用翼子板护罩保护车身两前翼子板,打开前机盖;<br>③拆下蓄电池护罩,用棉布擦拭蓄电池;<br>④检查蓄电池和电极安装是否牢固,蓄电池有无破损漏液;<br>⑤清洁极柱;<br>⑥测试蓄电池状况是否正常,打印测试报告;<br>⑦用棉布简单清洁发动机舱;<br>⑧拆卸发动机罩,放在工具车上;<br>⑨检查制动液液面和油质是否正常,必要时添加;<br>⑩检查制动主缸和真空助力器是否正常;<br>⑪检查制动油管是否渗漏,是否有机械干涉;<br>⑫检查转向液液面和油质是否正常,必要时添加;<br>⑬检查转向油管是否渗漏,是否有机械干涉;<br>⑭打开玻璃水加注盖,检查是否可看到液面,必要时添加;<br>⑮检查发动机是否有渗漏现象;<br>⑯检查各油路、气路、容器和接头有无渗漏、破损、干涉现象 |

续上表

| 车辆位置 | A 技师 | | | | B 技师 | | | |
|---|---|---|---|---|---|---|---|---|
| | 步骤 | 技师位置 | 内容 | 操作方法 | 步骤 | 技师位置 | 内容 | 操作方法 |
| 2  | 4 | 驾驶座 | 检查仪表、车内灯光、安全气囊、前排座椅、安全带、空调、音响以及其他设备 | ⑰从左向右检查左遮光板灯、顶灯、右遮光板灯、杂物箱灯,用手拢在各灯光处,检查是否正常;<br>⑱打开烟灰缸,按下点烟器,检查操作是否顺畅,烟灰缸保持打开;<br>⑲检查后视镜防炫目功能是否正常;<br>⑳检查驻车制动器紧度是否正常;拉紧和松开过程是否顺畅;<br>㉑检查仪表驻车制动器指示灯是否正常,松开驻车制动器;<br>㉒从左向右检查前排安全带的高度调节、拉紧和卡扣功能是否正常;<br>㉓检查座椅各方向调节功能是否正常、顺畅;<br>㉔检查座椅固定是否牢固;<br>㉕检查点烟器是否正常弹出,关闭烟灰缸,打开中控锁和加油口盖,关闭点火开关,下车 | 4 | 车辆前方 | 检查刮水器<br>清洁并检查发动机舱内情况<br>检查蓄电池、制动液、转向液、玻璃水<br>打开机油加注盖 | ⑰检查各电线及插头有无老化、破损、松动和干涉现象;<br>⑱检查各橡胶件有无老化破损现象;<br>⑲擦拭加注盖四周,打开盖子,放在工具车上;<br>⑳擦拭机油加注口和机油尺四周,拔出机油尺,保持前机盖打开 |
| | 5 | 驾驶人侧举升器 | 支撑车辆工作准备 | ①将驾驶人侧举升器的胶垫,支撑在车底边的规定位置;<br>②检查并保证驾驶人侧车辆支撑安全后向B技师做升车手势;<br>③举升器胶垫与车身完全接触后,再次检查驾驶人侧车辆支撑,保证安全后向B技师做升车手势;<br>④B技师举升车辆的同时,为B技师准备零件,向量杯中倒入适量机油,并准备燃油滤清器滤芯和相应工具 | 5 | 副驾驶人举升器 | 支撑车辆升车 | ①将副驾驶人侧举升器的胶垫,支撑在车底边的规定位置;<br>②检查并保证副驾驶人侧车辆支撑安全;<br>③看到A技师升车手势后,升车;<br>④举升器胶垫与车身完全接触后,再次检查副驾驶人侧车辆支撑并保证安全;<br>⑤看到A技师升车手势后,升车 |

续上表

<table>
<tr><th rowspan="2">车辆位置</th><th colspan="4">A 技师</th><th colspan="4">B 技师</th></tr>
<tr><th>步骤</th><th>技师位置</th><th>内容</th><th>操作方法</th><th>步骤</th><th>技师位置</th><th>内容</th><th>操作方法</th></tr>
<tr><td rowspan="3">3<br>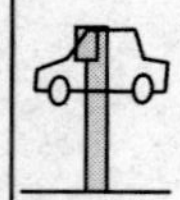</td><td>1</td><td>后部底盘</td><td>更换燃油滤清器滤芯<br>检查后部底盘</td><td>①拆卸燃油滤清器滤芯，使用棉布吸附溢出燃油；<br>②安装时在新滤芯的管口处涂抹少量润滑脂；<br>③将旧件密封存放；<br>④检查后保险杠安装是否牢固；<br>⑤检查备胎槽和底盘是否损伤</td><td rowspan="2">1</td><td rowspan="2">前部底盘</td><td rowspan="2">排放机油<br>检查前部底盘</td><td rowspan="2">①将机油桶放在放油螺塞处，慢慢松开放油螺塞，放机油；<br>②检查发动机后侧是否渗漏；<br>③检查排气歧管密封是否正常；<br>④检查转向机有无异常；<br>⑤检查前桥螺栓紧固，标记是否正常；<br>⑥检查变速器、主减速器、等速万向节有无松动，并检查是否有磕碰、泄漏</td></tr>
<tr><td>2</td><td>车辆左后</td><td>检查左后轮胎<br>左后悬架及排气管</td><td>①检查轮胎气压，胎面状况清洁胎面杂物，检查三点轮胎深度；<br>②检查下支臂、平衡杆、球头是否松旷受损；<br>③检查制动轮缸、油管是否连接牢固和漏油；<br>④检查驻车制动器拉线、制动油管是否变形、扭曲和有干涉；<br>⑤检查车轮传感器线路安装是否完好牢固；<br>⑥检查减振器是否渗漏；<br>⑦检查排气管是否锈蚀、渗漏；<br>⑧检查排气吊耳连接是否牢固</td></tr>
<tr><td>3</td><td>车辆右后</td><td>检查右后轮胎<br>右后悬架及燃油管</td><td>①检查轮胎气压，胎面状况，清洁胎面杂物，检查三点轮胎深度；<br>②检查下支臂、平衡杆、球头是否松旷受损；<br>③检查制动轮缸、油管是否连接牢固和漏油；<br>④检查驻车制动器拉线、制动油管是否变形、扭曲和有干涉；<br>⑤检查车轮传感器线路安装是否完好牢固；<br>⑥检查减振器是否渗漏；<br>⑦检查燃油管路是否有干涉受损；<br>⑧检查油箱安装是否牢固，是否受损</td><td>2</td><td>车辆左前</td><td>检查左前悬架</td><td>①检查下支臂、平衡杆、定位球头、转向球头、内外球笼是否松旷、受损；<br>②检查防尘胶套是否老化、破损；<br>③检查制动轮缸、油管是否连接牢固、有无干涉和漏油；<br>④检查车轮传感器线路安装是否完好牢固；<br>⑤检查减振器是否渗漏；<br>⑥用手托举轮胎，检查上压力轴承是否正常</td></tr>
</table>

续上表

| 车辆位置 | A技师 | | | | B技师 | | | |
|---|---|---|---|---|---|---|---|---|
| | 步骤 | 技师位置 | 内容 | 操作方法 | 步骤 | 技师位置 | 内容 | 操作方法 |
| 3 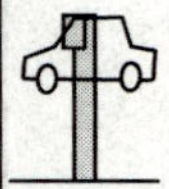 | 4 | 中部底盘 | 检查排气密封<br>检查氧传感器 | ①检查排气管接口是否漏气、受损；<br>②检查氧传感器安装和线路是否完好 | 3 | 车辆右前 | 检查右前悬架 | ①检查下支臂、平衡杆、定位球头、转向球头、内外球笼是否松旷、受损；<br>②检查防尘胶套是否老化、破损；<br>③检查制动轮缸、油管是否连接牢固、无干涉和漏油；<br>④检查车轮传感器线路安装是否完好牢固；<br>⑤检查减振器是否渗漏；<br>⑥用手托举轮胎，检查上压力轴承是否正常 |
| | 5 | 车辆右前 | 检查右前轮胎 | 检查轮胎气压，胎面状况，清洁胎面杂物，检查三点轮胎深度 | 4 | 前部底盘 | 检查散热器<br>检查/更换传动带<br>更换机油滤清器滤芯<br>检查变速器油<br>安装放油螺塞 | ①检查油、水、空调管路有无老化、破损、渗漏和干涉现象；<br>②检查散热器有无磕碰、渗漏；<br>③检查各电线及插头有无老化、破损、松动和干涉现象；<br>④检查发动机传动带有无老化、裂纹、开裂、油脂痕迹，涨紧度是否正常；<br>⑤必要时更换，将旧件密封保存；<br>⑥使用专用工具慢慢松开滤芯，使溢出的机油流到机油桶中，卸下滤芯；<br>⑦用棉布清洁滤芯底座，检查旧滤芯的密封垫是否已清理干净；<br>⑧紧固底座螺母，如有松动，需更换机油冷却器密封圈；<br>⑨将量杯中的机油灌入滤芯，并在新滤芯密封圈上涂抹适量的新机油；<br>⑩先用手安装滤芯，再用扭力扳手将滤芯紧至标准力矩，清洁残留油迹；<br>⑪按要求旋开变速器油检查螺塞，检查液面和油质是否正常，安装并紧固螺塞，用漆笔作标记；<br>⑫更新放油螺塞垫圈，先用手安装螺塞，再用扭力扳手紧固至标准力矩，用漆笔做标记；<br>⑬清洁残留油迹，将机油车推回原位，到举升器控制钮处 |
| | 6 | 车辆左前 | 检查左前轮胎 | ①检查轮胎气压，胎面状况，清洁胎面杂物，检查三点轮胎深度；<br>②将四条轮胎的检查结果记录在维护检查表上 | | | | |

续上表

<table>
<tr><th rowspan="2">车辆位置</th><th colspan="4">A 技师</th><th colspan="4">B 技师</th></tr>
<tr><th>步骤</th><th>技师位置</th><th>内容</th><th>操作方法</th><th>步骤</th><th>技师位置</th><th>内容</th><th>操作方法</th></tr>
<tr><td>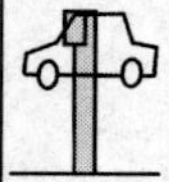 3</td><td>7</td><td>驾驶人侧举升器</td><td>检查工位安全<br>工作准备</td><td>①确保工位和四周安全,向 B 技师做降车手势;<br>②B 技师下降车辆的同时,为 B 技师准备机油、空气滤清器滤芯,吸尘器等</td><td>5</td><td>副驾驶人举升器</td><td>降车</td><td>①看到 A 技师的降车手势后,降车;<br>②降到四轮刚与地面接触即可</td></tr>
<tr><td rowspan="2"> 4</td><td>1</td><td>车辆后方</td><td>检查备胎<br>检查加油口盖</td><td>①检查轮胎气压,胎面状况,清洁胎面杂物,检查三点轮胎深度;<br>②将备胎放回行李舱中,固定好,关闭行李舱盖;<br>③安装尾气排放装置;<br>④检查加油口盖是否完好,关闭加油口盖</td><td>1</td><td>车辆前方</td><td>加注机油<br>更换火花塞</td><td>①按照规定用量加注机油,清洁残留油迹,拧紧机油加注盖;<br>②用专用工具拔掉高压线;<br>③依次拆卸更换火花塞;<br>④安装火花塞,并用扭力扳手紧固至标准力矩;<br>⑤将旧件密封存放</td></tr>
<tr><td>2</td><td>车辆前方</td><td>检查防冻液<br>检查正时齿形带<br>更换空气滤清器滤芯<br>更换过滤器花粉滤芯</td><td>①检查液面高度;<br>②安全打开补水罐盖子,检查防冻液冰点,如需要补充,应添加一定配比的防冻液;<br>③检查张紧度;<br>④检查是否老化,有裂纹、开裂;<br>⑤检查是否有油脂痕迹;<br>⑥更换花粉过滤器滤芯;<br>⑦用吸尘器清理滤芯壳,并用棉布擦拭,将旧件密封存放;<br>⑧拆卸空气滤清器滤芯,用吸尘器清理滤芯壳,用棉布擦拭后安装新空气滤清器滤芯,并将旧件密封存放</td><td>2</td><td>车辆前方</td><td>指挥 A 技师起动发动机</td><td>①安装护罩;<br>②向 A 技师发口令"着车",检查发动机工作是否正常</td></tr>
</table>

续上表

| 车辆位置 | A 技师 | | | | B 技师 | | | |
|---|---|---|---|---|---|---|---|---|
| | 步骤 | 技师位置 | 内容 | 操作方法 | 步骤 | 技师位置 | 内容 | 操作方法 |
| 4  | 3 | 驾驶座 | 听指令起动发动机<br>检查发动机运转灭车、拉驻车制动器 | ①坐在驾驶人位,听到 B 技师“着车”口令后,起动车辆检查是否正常;<br>②关闭点火开关,拉紧驻车制动器,下车;<br>③将尾气排放装置归位 | 3 | 车辆四周 | 拆卸轮胎(螺栓)护罩 | ①所用工具归位,将检查结果记录在维护检查表上;<br>②从左前车轮逆时针拆卸轮胎(螺栓)护罩,放在收集盒里;<br>③到举升器控制钮处 |
| | 4 | 车辆右后方 | 检查工位安全 | ①站在车辆右后方,保证工位安全后,向 B 技师做升车手势;<br>②B 技师升车时,整理工具;<br>③将旧件集中放置 | 4 | 副驾驶人举升器 | 升车 | 看到 A 技师的升车手势后,升车 |
| 5  | 1 | 车辆后方 | 复检燃油滤清器滤芯 | 检查燃油滤清器滤芯安装是否牢固,接头是否渗漏 | 1 | 车辆前方 | 复检机油滤清器滤芯 | 检查放油螺塞和机油滤清器滤芯有无渗漏 |
| | 2 | 副驾驶人举升器 | 降车 | ①看到 B 技师降车手势后,下降车辆;<br>②降到拆卸轮胎的位置停止 | 2 | 车辆左后 | 检查工位安全 | ①确保工位和四周安全,向 A 技师做降车手势;<br>②A 技师下降车辆的同时,分别准备 A、B 技师拆装轮胎所需的工具后,站在左后轮处 |

续上表

| 车辆位置 | A技师 | | | | B技师 | | | |
|---|---|---|---|---|---|---|---|---|
| | 步骤 | 技师位置 | 内容 | 操作方法 | 步骤 | 技师位置 | 内容 | 操作方法 |
| 6 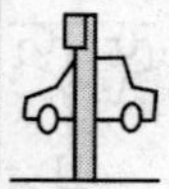 | 1 | 车辆右后 | 检查轮胎轴承<br>拆卸轮胎<br>检查制动片和轮缸 | ①上下、左右晃动轮胎，检查轮胎轴承是否松旷；<br>②简单清洁轮毂表面，用气动扳手先对角松开所有轮胎螺栓，再全部卸下，将拆下的轮胎放在轮胎架上；<br>③清理制动碎屑，用塞规检查制动片厚度；<br>④检查制动轮缸是否渗漏、卡滞；<br>⑤将轮胎架及轮胎移至车辆右前轮处 | 1 | 车辆左后 | 检查轮胎轴承<br>拆卸轮胎<br>检查制动片和轮缸 | ①上下、左右晃动轮胎，检查轮胎轴承是否松旷；<br>②简单清洁轮毂表面，用气动扳手先对角松开所有轮胎螺栓，再全部卸下，将拆下的轮胎放在轮胎架上；<br>③清理制动碎屑，用塞规检查制动片厚度；<br>④检查制动轮缸是否渗漏、卡滞；<br>⑤将轮胎架及轮胎移至车辆左前轮处 |
| | 2 | 车辆右前 | 检查轮胎轴承<br>拆卸轮胎<br>检查制动片和轮缸<br>轮胎换位<br>安装轮胎 | ①上下、左右晃动轮胎，检查轮胎轴承是否松旷；<br>②简单清洁轮毂表面，用气动扳手先对角松开所有轮胎螺栓，再全部卸下，将拆下的轮胎放在轮胎架上；<br>③清理制动碎屑，用塞规检查制动片厚度；<br>④检查制动轮缸是否渗漏、卡滞；<br>⑤检查制动油管是否与悬架有机械干涉；<br>⑥将原右后轮安装在右前轮位置，先用手将轮胎螺栓对角安装，再用气动扳手对角旋入，不可紧死 | 2 | 车辆左前 | 检查轮胎轴承<br>拆卸轮胎<br>检查制动片和轮缸<br>轮胎换位<br>安装轮胎 | ①上下、左右晃动轮胎，检查轮胎轴承是否松旷；<br>②简单清洁轮毂表面，用气动扳手先对角松开所有轮胎螺栓，再全部卸下，将拆下的轮胎放在轮胎架上；<br>③清理制动碎屑，用塞规检查制动片厚度；<br>④检查制动轮缸是否渗漏、卡滞；<br>⑤检查制动油管是否与悬架有机械干涉；<br>⑥将原左后轮安装在左前轮位置，先用手将轮胎螺栓对角安装，再用气动扳手对角旋入，不可紧死 |
| | 3 | 车辆右后 | 安装轮胎 | ①将轮胎架移至右后轮处，将原右前轮安装在右后轮位置，先用手将轮胎螺栓对角安装，再用气动扳手对角旋入，不可紧死；<br>②完成后到举升器控制钮处 | 3 | 车辆左后 | 安装轮胎 | 将轮胎架移至左后轮处，将原左前轮安装在左后轮位置，先用手将轮胎螺栓对角安装，再用气动扳手对角旋入，不可紧死 |
| | 4 | 副驾驶人举升器 | 降车 | ①看到B技师降车手势后，下降车辆至地面；<br>②将副驾驶人侧举升器胶垫复位 | 4 | 车辆左后 | 检查工位安全 | ①确保工位和四周安全，向A技师做降车手势；<br>②A技师下降车辆的同时，将所用工具归位；<br>③准备紧固轮胎螺栓所需工具 |

续上表

<table>
<tr><th rowspan="2">车辆位置</th><th colspan="4">A技师</th><th colspan="4">B技师</th></tr>
<tr><th>步骤</th><th>技师位置</th><th>内容</th><th>操作方法</th><th>步骤</th><th>技师位置</th><th>内容</th><th>操作方法</th></tr>
<tr><td rowspan="3">7<br></td><td rowspan="2">1</td><td rowspan="2">车辆四周</td><td rowspan="2">安装轮胎(螺栓)护罩</td><td rowspan="2">①在B技师紧固螺栓后,从左后轮开始用漆笔在螺栓上作标记,然后安装护罩;<br>②将驾驶人侧举升器胶垫复位;<br>③安装左前、右前、右后护罩;<br>④工具归位,将检查结果记录在维护检查表上</td><td>1</td><td>车辆四周</td><td>紧固轮胎螺栓</td><td>①从左后轮开始,对角紧固轮胎螺栓至标准力矩;<br>②紧固左前、右前、右后轮胎螺栓</td></tr>
<tr><td>2</td><td>车辆前方</td><td>检查机油液面</td><td>①检查机油液面是否正确,必要时调整;<br>②安装好机油尺,关闭前机盖</td></tr>
<tr><td>2</td><td>驾驶室内</td><td>移动车辆至灯光检测位置</td><td>①进入驾驶位置,起动发动机;<br>②将车移动到灯光检测位置;<br>③保持发动机运转;<br>④打开前照灯,打开发动机罩</td><td>3</td><td>车辆后方</td><td>引导A技师进入灯光检测位置</td><td>①引导A技师将车辆停移动至灯光检测位置;<br>②安装尾气排放装置</td></tr>
<tr><td rowspan="2">8<br>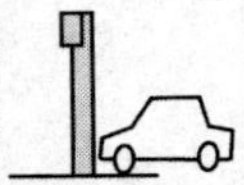</td><td>1</td><td>车辆四周</td><td>润滑维护车门、行李舱</td><td>①下车,准备车门润滑脂及润滑工具;<br>②开关两前车门,检查门灯、内外拉手工作是否正常,润滑门锁和铰链,开闭两次车门;<br>③开关两后车门,检查门灯、内外拉手工作是否正常;<br>④检查儿童锁功能是否正常;<br>⑤检查安全带高度调节、拉紧和卡扣功能是否正常;<br>⑥检查阅读灯是否正常;<br>⑦润滑两后门锁和铰链,开闭两次车门;<br>⑧润滑行李舱锁和两侧铰链,开闭两次</td><td>1</td><td>车辆前方</td><td>调整前照灯<br>润滑维护发动机罩</td><td>①准备灯光测试仪和调试工具;<br>②检查调整前照灯至标准值范围;<br>③润滑前机盖锁和两侧铰链,开闭两次,关闭前机盖</td></tr>
<tr><td>2</td><td>工位内</td><td>完成检查表<br>互检签字送交检验</td><td>①所用工具归位,将所有检查结果和车辆改装内容记录在维护检查表上,并签字;<br>②在任务委托书上签字;<br>③进入驾驶位置,起动发动机,关闭所有车窗;<br>④将车辆和单据交质量检验员检验</td><td>2</td><td>工位内</td><td>完成检查表<br>互检签字整理工位</td><td>①所用工具和尾气排放装置归位,将所有检查结果记录在维护检查表上,并签字;<br>②在任务委托书上签字;<br>③整理清洁工具、设备、旧件,现场场地,准备开始下个工作</td></tr>
</table>

# 参考文献


[1] 陈家瑞. 汽车构造[M]. 5 版. 北京:人民交通出版社,2006.

[2] 徐清富. 国外汽车最新结构图册[M]. 北京:机械工业出版社,1996.

[3] 张东升,刘易军. 汽车安全驾驶技巧[M]. 北京:人民交通出版社,2005.

[4] 邱伟明,沈云鹤. 汽车使用与日常维护[M]. 北京:高等教育出版社,2007.

[5] 宋传平,施红星. 汽车驾驶实用指南[M]. 北京:机械工业出版社,2007.

[6] 陆华忠,赵云峰,吴慕春. 本田汽车维修手册[M]. 辽宁科学技术出版社,1997.

[7] 刘仲国. 现代汽车检测与诊断[M]. 北京:机械工业出版社,2001.

[8] 李品华. 现代汽车故障诊断技术[M]. 上海:上海交通出版社,1997.

[9] 夏均忠. 汽车检测技术与设备[M]. 北京:机械工业出版社,2009.

[10] 李柄泉. 桑塔纳轿车使用与维修手册[M]. 北京:机械工业出版社,1996.